リデルハート

戦略家の生涯とリベラルな戦争観

石津朋之

中央公論新社

はじめに

なぜリデルハートなのか

本書は二十世紀のイギリスを代表する戦略思想家バジル・ヘンリー・リデルハート卿の生涯とその戦略思想を紹介する啓蒙書である。ここでは、リデルハートの人物像をエピソードを交えながら紹介するとともに、戦争の世紀と評される二十世紀の大きな時代の流れのなかで、「総力戦」の思想に対するアンチテーゼとして提示された彼の戦略概念が検証される。また、テロリズムの時代といわれる二十一世紀の今日において、彼の戦略思想がいかなる意味をもち得るかについても考えてみたい。

こうした問題を検討するための一助として、本書では、著者がリデルハートに縁《ゆかり》の深い場所、とりわけ彼の「ステート・ハウス」や墓地を自ら訪れた時のエピソードや、リデルハートの影響を強く受けたとされるイギリスを代表する戦争史家、マイケル・ハワード卿やブライアン・ボンドとの著者の個人的交流を通して浮かび上がったリデルハート像も併せて紹介してみたい。

「間接アプローチ戦略」と「イギリス流の戦争方法」

十九世紀を代表する戦略思想家がプロイセン゠ドイツの戦略思想家カール・フォン・クラウゼヴィッツであるとすれば、二十世紀という時代を象徴する戦略思想家はリデルハートであるというのが本書の示す結論である。

リデルハートは、自身で第一次世界大戦の西部戦線における悲惨な塹壕戦を経験したため、以後、母国イギリスをヨーロッパ大陸での大規模な戦争に関与させないよう、さらには、仮に将来、戦争が生起した場合、それを少しでも「洗練化」するべく思索を続けた人物である。そして、この難問に対する彼なりの回答が、軍事戦略の次元における「間接アプローチ戦略」として開花したのであり、また、国家戦略の次元における「イギリス流の戦争方法」という概念であった。

もちろん、リデルハートが提唱したこれらの戦略概念に対しては、様々な批判が寄せられたことは言うまでもない。彼の願いも空しく、現実に第二次世界大戦は生起したのであり、イギリスも参戦を余儀なくされた。そして、周知の通り、第二次世界大戦は第一次世界大戦を遥かに上回る悲惨な戦争になったのである。また、いわゆる戦間期にリデルハートが主唱したとされる「機甲戦理論」などについても、その真偽や有用性に対しては、今日まで数多くの疑問が投げかけられてきた。

「リベラルな戦争観」と「西側流の戦争方法」

だが、近年の研究では、二十世紀思想史という大きな枠組みの中でリデルハートの戦略思想を「リベラルな戦争観」と位置付け、彼を今日の「西側流の戦争方法」の生みの親として高く評価する見解が主流になりつつある。それとともに、戦争研究全般の発展に対するリデルハートの貢献を再評価しようとする著作も次々に出版されており、本書ではこうした議論を簡潔に整理できればと考えている。

確かに、クラウゼヴィッツの戦略思想が備える普遍性と比較する時、リデルハートの概念が少々見劣りする事実は否定できない。だが同時に、直接的であれ間接的であれ、リデルハートから何らかの影響を受けたと自認する軍人や研究者の数の多さに注目すれば、改めて彼の重要性を思い知らされることになる。リデルハートが、デニス・ヒーリーやハワード卿らとともに日本でもＩＩＳＳとして知られるイギリス国際戦略問題研究所の設立及び発展に寄与したことは誰もが知っており、また、彼が主宰した数多くの私的研究会を通じて、イギリスの軍人や研究者は言うまでもなく、例えばレイモン・アロンやアンドレ・

ボーフルといったヨーロッパ大陸の著名な研究者、さらには、ピーター・パレットに代表されるアメリカの研究者にも常に強い影響力を及ぼし続けてきた事実は、決して過小に評価されてはならない。

それにもかかわらず、あたかもリデルハート自身の著作の多さと反比例するかのように、彼の軍事戦略や国家戦略を学術的かつ体系的に解説した文献が、彼が死去した一九七〇年以降ごく最近にいたるまで比較的少数に留まっていたことは、あまりにも不自然なように思われたし、また、彼の全生涯を描いた評伝は一冊も出版されていなかった。リデルハートと同時代人で、しばしば彼と比較の対象とされるイギリスの軍人、ジョン・フレデリック・チャールズ・フラーに関連する著作の多さとその研究水準の高さに注目した時、その違いは明らかであった。そこで、リデルハートに関する何かまとまった著作を書いてみようと考えたのが、本書のそもそもの出発点である。残念ながら著者にはこれを英語で書く自信も能力もないため、まずは日本語で挑戦してみた次第である。

リデルハートの今日的意義

リデルハートは極めて魅力的な人物である。本書は、彼の人物像や戦略思想をめぐる考察に留まらず、リデルハートが生きた時代の中での彼の戦略思想の位置付け、二十世紀思想史という文脈の下での彼の戦略思想の位置付け、さらには、今日におけるリデルハートの意義などを包括的に考えるものである。おそらく、こうした事項のすべてをこの一冊の著作にまとめることは、少し野心的すぎたのかも知れない。だが、戦争という人類が営む一つの大きな社会現象と真摯に向き合い、戦争をめぐる問題をどうにかして解決しようと試みたリデルハートの戦略思想とその生き方は、今日の日本の国家戦略や軍事戦略に対しても大きな示唆を与えてくれるに違いなく、本書がその一助となれば著者の目的は達成されたと言えよう。

目次

第七章　『戦略論』の誕生（その一）

リデルハート——戦略家の生涯とリベラルな戦争観

第一部　リデルハートとその時代

第一章　誕生から第一次世界大戦まで

「ステート・ハウス」

ロンドンのマリルボーン駅から急行で約三〇分、ロンドンとオックスフォードのほぼ中間に位置するところにハイ・ウィコムという地方都市がある。ロンドンの西方に位置するこのハイ・ウィコムという都市の名前は、観光客にはあまり馴染みがないものの、第二次世界大戦の「バトル・オブ・ブリテン」や冷戦時のＮＡＴＯ（北大西洋条約機構）の軍事戦略に関心を抱く読者であれば聞いたことがあるはずである。ここには、イギリス空軍の中核的な基地の一つが存在するからである。このハイ・ウィコムから車で約一五分、テムズ河沿いにのどかな田舎町メドレンナムがある。著者はイギリス留学時代の恩師であるブライアン・ボンド氏（ロンドン大学キングス・カレッジ名誉教授）のご自宅を訪問するため、何度かこの町を訪れたことがある。

ボンド教授は夫人と二人暮らしで、コテージのようなお洒落なお宅は常に隅々まで清潔に保たれており、庭にはいつも季節の花々が咲いている。ボンド教授のご自宅を訪問した際、著者はいつも教授に連れられてこの地方のドライブやテムズ河の散策を楽しんだが、なかでもとりわけ興味をそそられたのが、長年にわたってリデルハートが居を構えていた「ステート・ハウス」の訪問と、今日彼が静かに眠る教会の訪問であった。リデルハートが眠る教会はボンド教授のお宅から歩いて二、三分のところにあり、ここで町の人々と出会った記憶がないほど、ひっそりとした小さな教会である。この教会の小さな中庭にリデルハートのお墓はあるのだが、とりたてて大きなものではなく、うっかりすると見落としてしまいそうなほどのお墓である。著者はボンド教授とともにこのお墓を訪ねた後、リデルハートに関する隠れたエピソードを教授から聞き出すことを一つの楽しみとしていた。

著者にとって幸運なことは、ボンド教授以外にも、例えばマイケル・ハワード卿（オックスフォード大学名誉教授）やロバート・オニール博士（元オックスフォード大学戦争史講座担当教授）、さらにはジョン・リン博士（イリノイ大学アーバナ・シャンペーン校名誉教授）といった世界的に著名な研究者からリデルハートに関するお話を聞かせていただく機会に恵まれたことである。

サロン

リデルハートは晩年、彼の「ステート・ハウス」を戦争や戦略の研究を志す若き学究やジャーナリスト、そして軍人に門戸を開き、いわゆるサロンを設けていたため、彼を慕っ

「ステート・ハウス」のリビング・ルームで若手研究者と歓談するリデルハート（右から5人目）。右端はジョン・リン博士

て多くの人々がこの地を訪ねてきたのである。興味深いことに、これらの人々の多くが、後年、研究者や軍人としてそれぞれアメリカやヨーロッパ主要諸国で要職に就いている。そしてその代表的人物が、ハワード卿であり、ボンド教授である。その意味において、著者はリデルハートを単に遠い異国の戦略思想家としてだけではなく、ごく身近な一人の人物として捉えることができるものと自負している。もちろん、著者はリデルハートに直接会ったことはないが、ボンド教授などを通して彼の人物像に触れる機会を得たことは幸いであった。言うまでもなく、本書は

入手可能な一次史資料や出版された著作を基礎としたリデルハートの戦略思想をめぐる書であるが、時として本書の中に著者がボンド教授などとの会話を通じて知り得たエピソードなどを織り交ぜることにより、一般の読者にも理解しやすいものを書きたいと考えている。

しかしながら、これによって研究者としての著者の立場が影響されることはない。エピソードはあくまでもエピソードである。振り返れば、イギリス留学前から著者はどういうわけかリデルハートという人物に魅せられ、彼の戦略思想に関する日本語の文献や初歩的な英語文献を読んでいた記憶があるが、その著者が実際に彼の住居やお墓を何度も訪ねることになり、そして今回、こうしてリデルハートの戦略思想に関する著作の執筆に挑戦する機会に恵まれたことは、何か運命的なものを感じざるを得ないのである。

思えば、リデルハートの生涯は波瀾万丈という表現がもっとも当てはまるであろう。著名な人物の宿命であろうが、彼に対する評価は時には高すぎ、時には不当なまでに低いものである。すなわち、彼自身が「グレート・キャプテン（偉大な将軍）」であったという評価と、実はそれを過度に自己宣伝した人物にすぎないとの否定的評価の二つの相反する見解が存在するのである。彼に対する評価は時代とともに過度な称讃と不当なまでの批判の間を大きく揺れ動いているが、そのどちらの場合も、リデルハートは著しく誤解されている。本書は、リデルハートの死から約五十年が経過した今日、彼の戦略思想を二十世紀という大きな時代の流れの中で客観的に位置付けようとする試みであり、その意味では、こうした両極端な評価には与しない。

セルフ・ポートレート

イギリスではリデルハートに対して、戦争史研究家、批評家、ジャーナリスト、宣伝屋、異論ばかり唱える人物、史資料収集家、アドバイザー、模範となる人物、そして、ある事柄に一石を投じる論客など様々な評価が混在している。なかには、散文によって戦争史を記述した人物とのユニークな評価もある。確かに、リデルハートを二十世紀のクラウゼヴィッツとするのはやや過大な評価であるかも知れない。しかしながら、クラウゼヴィッツとほぼ同程度の評価をされて然るべき重要な戦略思想家であることは間違いない。

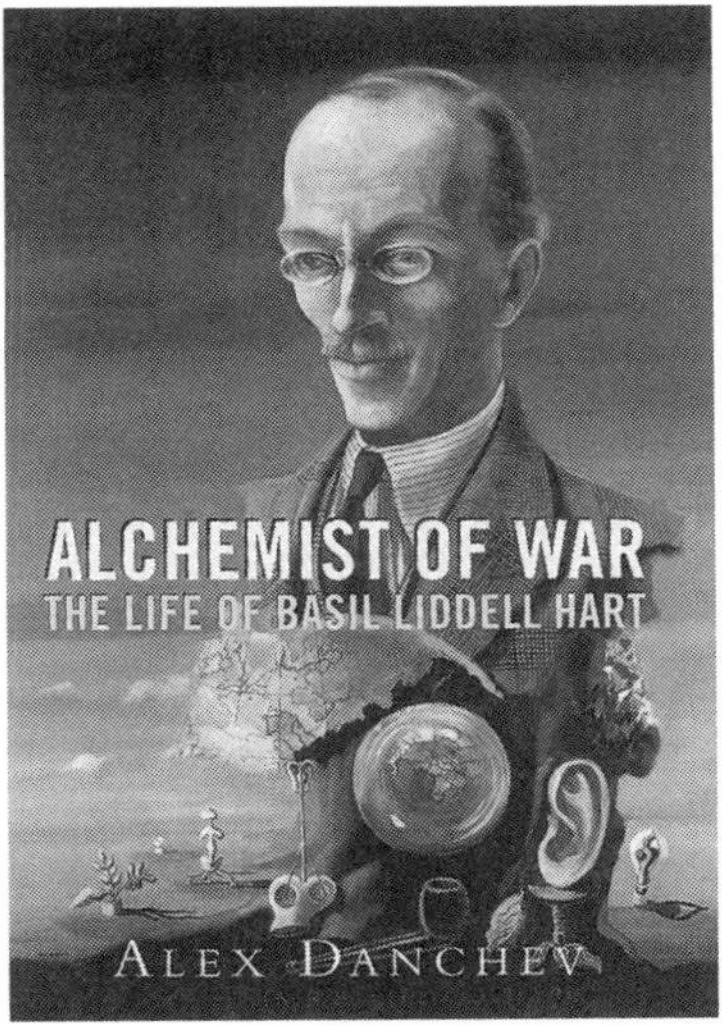

ダンチェフによる評伝『戦争の錬金術師―リデルハートの生涯』の表紙。デフォルメされたリデルハートの肖像画が用いられ、彼自身はそれをとても気に入っていた

興味深いことに、リデルハートはそのエキセントリックな行動や態度から、風刺漫画の絶好の対象となった。イギリスの歴史家アレックス・ダンチェフによるリデルハートの評伝『戦争の錬金術師——リデルハートの生涯』の表紙にも、現在、ロンドンのナショナル・ポートレート・ギャラリーが所蔵するデフォルメされた彼の肖像画が用いられている。この肖像画はピカソやダリの作品を彷彿とさせるものであるが、リデルハート自身はそれをとても気に入っていたようである。

リデルハートは自らを「ボーダー（境界線上の人物）」と表現している。この言葉は必ずしも地理的な範囲を意味するものではなく、イギリスの社会的、知的中心からある程度の距離が存在することを彼自身が常に意識していた結果としてのものである。すなわちリデルハートは、いわゆるエリート階級に属する人物ではなかった。そして彼は、その距離を縮めようと異常なまでの熱心さで活動した人物なのである。

リデルハートの趣味の一つにリスト作りが挙げられるが、その中で彼は、歴史上の人物で夕食をともにしたい者の名前を七名挙げている。そこにはソクラテス、孔子、ガリレオ、ベーコン（あるいはシェークスピア）、モンタギュー、ヴォルテール、そしてゾラの名前がある。同様にリデルハートは、夕食をともにしたい軍人（あるいは戦略思想家）のリストを作成しており、これは彼の戦争観を知るうえでも大変興味深い。その中には、孫子、ゼノフォン、スキピオ・アフリカヌス、ペリサリウス、サクス、ナポレオン、そして、最後に和解の意味も込めてクラウゼヴィッツの名前が挙がっている。

次に、リデルハートのとても几帳面な性格を示すものとして、あらゆる事柄について詳細な記録やメモを遺しておく彼の癖が挙げられる。例えば、ひげを剃った時間、灯油の消費量、ウイスキーの残りの量、そしてマッチの購入金額など、人間の生活で考えられるありとあらゆる彼のメモが今日まで保管されているのである。その中でもリデルハートは一九一四年、自分の性格について次のような興味深いメモを遺しているので、ここで紹介しておこう。


合理的、自己愛（取り消し）、あまりにも自己中心的、愛想が良いがあまりそれを表現することはない。高い知的能力、思慮深く社交的、ありきたりの、ある程度の個人主義思想、かなり方法論的あるいは曖昧な、どちらかといえば実践的でなく哲学的、知力も精神力もほぼ同程度にバランスがとれている、細部に対する過剰なまでのこだわり、全体像を見落とす可能性あり。

狂気的でなく、自殺傾向なし、貴族主義的傾向なし、かなり長寿、自分の運命を見極め、幸運により成功、自らが求めているものを知り、他者に影響されることなく、質素な生活、旅行好きでない、メアリー〔これが誰かは不明〕についてその愛情に深い嫉妬を覚え、趣味や気質が正反対であり、生まれつき軽薄ではなく、健康状態は良好、何かをやろうとする気力を備え、芸術や詩が大きな影響を及ぼしているわけではないが、それらに魅かれる可能性あり、神経質ではないが過敏、精神的にバランスがとれており、少々怠惰。

これが、一九一四年、第一次世界大戦に参加する直前のリデルハートのセルフ・ポートレートである。

それではリデルハートの評伝から始めよう。

幼少年時代

リデルハートは一八九五年、イギリス人牧師の子供としてパリで生まれ、一九七〇年、ロンドン近郊で死去した。一九六六年には、ナイトの称号を授かっている。彼は、裕福なブルジョワ家庭に生まれたため、名門パブリック・スクール（私立高校）であるセント・ポール校、そして、ケンブリッジ大学のコーパス・クリスティ・カレッジに入学することができた。イギリスの上流階級の子弟が数多く在籍したセント・ポール校での彼の成績は決して優秀とは言えなかった。また、ケンブリッジ大学での成績はさらに悪いものであった。リデルハートは後年、「ケンブリッジ大学から何を得たか」という問いに対して、最高級の料理とワインの味と答えている。実際、彼が大学一年の最後に受けた試験の結果は、非常に問題を抱えたサード（日本でいえば落第ぎりぎりの「可」）であった。彼の専攻は歴史学であった。

幼年時代のリデルハートは、航空機や戦争に異常なまでの関心を示したといわれるが、その体格は屈強とはいえず、十三歳の時には、志望した海軍学校の入学試験を身体検査で不合格にされている。リデルハートは病気がちな少年であり、自らも認めているように相当に甘やかされて育った。そのためか、神経質ではないにしても、かなりデリケートな少年だったようである。他方でリデルハートは、知的に早熟な少年であった。早くも十四歳の時に彼は、いわゆる冒険小説を書いているが、この小説の内容から理解できることは、彼にはヒーローに対する特別な思い入れがあった事実である。彼は読書好きの少年で、八歳から十六歳までの間、毎年約二〇〇冊の小説を読んでいたとされるが、その多くは歴史に関するものであった。彼はまた、鉄道や旅行に関する本も数多く読んでいたようである。今日でいうところのマニアであった。小学生時代の彼は国語（英語）、歴史、そして地理が得意であったようである。病気がちなわりにはスポーツにも大きな関心を示し、とりわけクリケットとサッカーに夢中になっていた。また、彼はゲームにも熱中していた。ここでいうゲームとはいわゆる戦争ゲームのことであり、例えばナポレオン戦争時代のフィギュアを並べて当時と同じ戦略で戦うといった遊びであった。このゲームは今日のイギリスにおいても大きな人気を博しており、著者も何度かこれに参加したことがある。最近では二〇〇七年末、ローマ軍の最高司令官として、ハンニバル（実際にはロンドン大学教授のフィリップ・セイビン博士）率いるカルタゴ軍と第二次ポエニ戦争におけるカンネーの戦いを再演したが、こうしたゲームは戦争史を研究する大きな資となるのである。リデルハートはまた、熱心なチェス愛好家でもあった。

パブリック・スクール時代とケンブリッジ大学時代

セント・ポール校に進学したリデルハートはスポーツ、とりわけクリケットとテニス、そして、ここではサッカーではなくラグビーに夢中になっていた。いわゆる主要科目は得意ではなかったが、古典の成績だけは良かったようである。そして、彼が大学への進学を真剣に考え始める頃には以前から関心を抱いていた航空機に対して異常なまでの情熱を注ぎ込み、数多くの航空雑誌に自らの意見を投稿していた事実はよく知られている。当時のリデルハートは、いわゆる投稿マニアでもあった。

また、ケンブリッジ大学に入学した頃のリデルハートは、詩の創作にも関心を寄せていた。同時に、地理や軍事史にも本格的に興味を示し始めている。この当時のリデルハートは、地図を眺めながら軍事史を研究することに熱中していた。もちろん、航空機や軍事史に限らず、リデルハートは自らが関心を寄せたあらゆる分野に関して新聞や雑誌に投稿を続けており、依然として彼は、投稿マニアであった。こうした中、第一次世界大戦が始まるのであるが、この戦争が一九一四年七月に勃発した当初、リデルハートは深い関心を寄せて状況を見守っていた。彼の心の中には、素朴な愛国心と強烈なエゴイズムが共存していたのである。ここでエゴイズムとは、一刻も早く退屈な大学生活から離れたいという欲求のことである。

その後、彼の人生における最大の事件が起こることになる。すなわち、この第一次世界大戦においてリデルハートは、ホレシオ・ハーバート・キチャナー陸軍大臣の呼びかけに応えて陸軍を志願し、大学の将校養成センターで訓練を受けて臨時将校となった後、一九一四年冬から西部戦線に従軍したのである。リデルハートは正規のプロセスを経て職業軍人への道を歩み始めることも考えたが、それまでには戦争が終わってしまうと心配した結果、臨時将校として直ちに戦場に赴くやり方を選択したのである。一九一四年十二月七日、彼はキングス・オウン・ヨークシャー軽歩兵連隊の少尉として任官した。リデルハート十九歳の時である。当時、リデルハートはケンブリッジ大学での最初の一年を終えたばかりであった。

興味深いことに、この戦争に対する当初の彼の反応は、イギリス上流及び中産階級出身でパブリック・スクールを卒業した多くの若者に共通して見られたものであった。すなわち、それは愛国主義的かつ理想主義的であり、さらには、当初、この戦争は短期間で終結すると考えられていたため、少しでも早く戦場に赴いて自らの価値を証明しようというものであった。また、後にリデルハートが厳しく批判することになるダグラス・ヘイグに対しても、当時のリデルハートは、「イギリスが生んだ最高の将軍」という高い評価を下していたのである。この戦争でリデルハートは、戦場での熱病、負傷などのため二回にわたり本国に送還されて治療を受けた後、一九一六年、三度目の西部戦線に従軍して、七月のソンムの大攻勢に参加した。だが、彼がその当時所属していたイギリス陸軍第二一師団第九ヨークシャー軽騎兵大隊は、この攻勢において壊滅的な損害をこうむるのである。イギリス陸軍は、ソンムの大攻勢の初日だけで約六万名の死傷者を出したと言われるが、これは、イギリスの戦争史上、一日の死傷者数としては最大のものである。実際、ソンムでの悲惨な記憶は、今日でもイギリス国民に大きな影響を及ぼし続けているのである。

マメッツの森

第一次世界大戦の勃発を受けて陸軍を志願した際、リデルハートはイギリス国民の一人としてこの戦争に参加することを熱望しており、同時に、戦争はクリスマスまでには終わるであろうと楽観的に考えていた。実際、この大戦に対するリデルハートの当初の印象は、戦争は、長期間継続することのない「大規模なピクニック」のようなものであった。そうした彼が、現実の機械的かつ非人間的な戦争に接した時、それを、とても不愉快なものと捉えたとしても不思議ではない。

リデルハートは三度にわたって第一次世界大戦の戦場を経験している。それぞれの期間は極めて短いものであり、いずれも突然の戦場離脱と不透明性が付きまとうものであった。彼の最初の戦争体験は一九一五年九月下旬から十月中旬までの約三週間であり、フランスのアルベー近郊のモーランコーにおいてであった。ここは当時、ソンム北方の比較的静かな地域であった。二回目は、一九一五年十一月中旬のわずか数日間であり、この時はベルギーのイープル突出部の中で泥沼と化した塹壕線《ライン》で勤務している。三回目もやはりわずか約三週間の短い勤務であり、一九一六年六月下旬から七月中旬にかけての期間である。これは、ソンムの大攻勢の開始時期にあたるが、フリーコー地域に布陣したリデルハートの部隊は、最初にクルーシフィックス塹壕、次いでマメッツの森を通過してバゼンティンを目指すことになっていた。そして、このマメッツの森におけるリデルハートの「空白の時間」が、今日でも大きな論争を呼んでいるのである。

最初の戦いでリデルハートは病気で戦線を離れたとされる。毒ガス攻撃による負傷という説もあるが、その真偽については疑問点も多い。おそらく食中毒であった可能性が高い。二回目のイープルの戦場についてリデルハートは、負傷後、両親に宛てた手紙の中で自らが九死に一生を得たと報告しているが、これもまた真相は定かではない。三回目のソンムの戦いをリデルハートがどうにか生き延びたことは確かであるが、マメッツの森での空白の時間については、今日でも多くの憶測を呼んでいる。こうした憶測の真偽は定かではないが、端的に言えば一九一六年七月十六日夜、リデルハートはマメッツの森で行方不明になったのである。そして不思議なことに、七月十八日朝に彼は再び姿を現したのである。この空白の時間についてリデルハートは、自らの『回顧録』でもほとんど触れていないが、おそらく真相は、ドイツ軍の砲撃を受けたリデルハートが一時的にいわゆる「砲弾症候群」に陥り、パニックとなり、そして、毒ガス攻撃を受けたというものであろう。著者はここ数年の間に、ソンムの古戦場、そしてマメッツの森を何度か訪問する機会を得たが、不思議なことにこの古戦場にかつてリデルハートがいたということだけで、強い感動を覚えるのである。

リデルハートと第一次世界大戦

リデルハートが一九一四年十一月二十八日に遺したメモには、「私は絶対平和は真の意味での男性らしさにとって有害であると固く信じているが、二十世紀の戦争はあまりにも恐ろしい。仮にこのような爆発的とも言える恐怖がないままに戦争ができれば、戦争も悪くはない」と第一次世界大戦に対する彼のやや複雑な心境が述べられている。

次に一九一五年初頭、この大戦を実際に経験する前にリデルハートが戦争や軍事問題について記した興味深いメモが今日まで保存されているが、その中で彼は、後年の主張とはまったく逆に、イギリス国内での完全な徴兵制度を支持する旨を明言している。なぜなら、

「軍隊での生活こそ男性にとっての唯一可能な理想であり、男性のもっとも優れた特性を導き出すものである」からである。リデルハートはまた、真の意味での男性らしさとは何かについて完全には理解していないただの思索家や読書に耽《ふけ》る学者に対して、どちらかと言えば軽蔑の念を抱いていることも告白している。彼によれば、「もし徴兵制度が熱心に施行されるのであれば、最高レベルの精神的、道義的、そして肉体的特性に発展させ得るのであり、同時にそうした発展を要求することになる」のである。このメモから明らかなことは、当時のリデルハートが戦争や徴兵制度に対してナイーブかつロマンチックな感情すら抱いていた事実である。彼は、すべての男性が真の男性らしさを発展させる機会を得るために完全なる徴兵制度を主唱したのである。思えば、こうした思考はヴィクトリア朝やエドワード朝の比較的裕福な家庭に育ったイギリス男性には、ごく一般的に見られたものである。さらには、リデルハートは両親へ宛てた「遺書」の中で、自分の属する国家のため、あるいは文明のために死ぬことほど高貴なものはないと記している。このように、第一次世界大戦勃発当初のリデルハートには、戦争を通じての自己実現や自己発展への欲求が強く感じられる。

また、リデルハートは一九一六年のソンムの大攻勢の直前には次のようなメモを遺している。「この戦争の前半でのイギリスの戦争指導にはまったく問題が見当たらない。そして我がイギリスの将軍はそのほかの交戦諸国の将軍とは違い、唯一完璧であることは特筆に値する」。同年九月には、彼は『イギリスのソンムの大攻勢に対する印象』という小冊子を書いているが、その中でリデルハートは熱狂的に「素晴らしい」という言葉を乱発している。後年には悪名高きソンムの戦いの初日に向けての準備を称讃してリデルハートは、「我が組織の驚くほどの完璧さ、すなわち、その任務においても将軍の技量においてもドイツ軍を遥かに上回る」と手放しで評価している。彼によれば、ヘイグ指揮下のイギリス欧州大陸派遣軍司令部は世界でもっとも優秀な頭脳集団であり、その参謀将校の九〇パーセントは極めて優れた人物であり、その中の多くは戦争の天才という範疇に入る軍人なのであった。そしてこの短著の最後でリデルハートは次のように述べている。

戦争、少なくとも現代の戦争、それも西部戦線で行われているようなものは恐ろしく、かつ、一般国民の想像を遥かに超えたものである。それにもかかわらず、戦争はそれ自身で畏敬の念を呼び起こすような壮大な行為であり、男性の特性のもっとも高貴なものをもたらし、かつ、高貴たらしめるものである。このようなものはほかに存在しない。仮に恐ろしい災難を別にすれば、戦争は我々がかつて知っているものの中で国民をもっとも綺麗に浄化するものであろう。

戦争をめぐるこうしたリデルハートの見解は、戦争こそ世界で唯一の「衛生」であると喝破したイタリアのフィリポ・トマソ・マリネッティの挑発的な議論を彷彿とさせるものである。

第一次世界大戦の実相

だが、第一次世界大戦はリデルハートの想像を遥かに超えた悲惨な戦争になった。この戦争で戦死したイギリス軍兵士は、少なくとも総動員数の一二パーセントに到達したとされる。この数字は、そのほかの主要交戦諸国の兵士の戦死者数と比較した時、絶対数でもその比率においても少ない方である。事実、イギリスの約七五万に対して、フランスの一三〇万とドイツの二〇〇万という数字がある。だがそれにもかかわらず、第一次世界大戦で戦死した三万七〇〇〇名以上のイギリス軍将校の多くは、同国のエリート階級の子弟を教育するパブリック・スクールと大学の卒業生及び在校生であった。例えばこの戦争に従軍した五五八八名のイートン校卒業生のうち、一一五九名が戦死し、一四六九名が負傷したという記録が残っている。イートン校以外のパブリック・スクールでも比率はほぼ同じであり、それ以上のところも多く見られる。オックスフォード大学とケンブリッジ大学の学生について言えば、彼らの犠牲者の割合とされる約四分の一という数字は、イギリス国民全体の平均の二倍に達するのである。リデルハートが在籍したケンブリッジ大学コーパス・クリスティ・カレッジでは、この戦争で全学生の二七パーセントが犠牲になったとの記録も残っている。こうした世代を、今日でもイギリス国民は「一九一四年の世代」あるいは「失われた世代」と呼んでいる。

こうした現実に直面して第一次世界大戦直後のリデルハートは、「母国のために死ぬことは決して甘美なことではない。それは苦しいことである」と述べる一方で、「だが同時にそれは高貴なことである」と、ウィルフレッド・オーウェンやジークフリード・サスーンに代表されるイギリスの戦争詩人とは少し距離を置いた複雑な戦争観を表明している。

こうして第一次世界大戦の戦場においてリデルハートは、戦争に対する英雄的かつロマンチックなイメージと実際に経験した惨禍の間の、あまりにも大きなギャップに衝撃を受けるのであるが、この衝撃こそ、その後の彼の戦略思想を形成する不断の原動力となったのである。後年、彼は自らの『回顧録』の中で、「戦争で同じ目的を達成するために必要とされる人的犠牲と物的損害を極小化するにはどうするべきか」という問題意識こそ、「間接アプローチ戦略」の原点であったと明言している。また、第一次世界大戦という原体験があって初めて、「現代の戦争では既に『勝利』は戦争目的としての意味を失っており、『戦後の平和』構想なき戦争指導は無意味である」という、国家戦略をめぐるリデルハートの確信が生まれてきたのである。詳しくは後述するが、第一次世界大戦に関するリデルハートの一連の著作の記述が、主として一九一四年から一五年という戦争の前期、すなわちイギリス軍が失態を重ねていた時期に集中しているのも、戦場での彼自身の衝撃があまりにも大きかったからであろう。

第一次世界大戦の遺産

第一次世界大戦中、イギリス政府にまったく無批判の愛国主義者であったリデルハートが、戦後、その態度を大きく変えた理由について、ボンドは三つの観点から説明している。

第一に、リデルハートは戦場において多数の軍事的失態に実際に接したため、さらには、戦後、軍事的失態に関する多くの史資料や著作に接したため、イギリス軍、とりわけ陸軍には劇的なまでの変革が必要であると認識し始めた可能性が考えられる。また、リデルハートが当時の軍事指導者が第一次世界大戦での失態を意図的に隠蔽していると疑っていたことも事実である。確かに、既に少なくとも西部戦線には、優秀かつ想像力に富む軍人が活躍する余地などまったく残されておらず、彼が称讃したような「グレート・キャプテン」には、活躍の場所はなかったのである。

第二に、リデルハートは一九一四年、ヨーロッパ大陸での戦争にイギリスが参戦した必要性について、戦後、極めて懐疑的になっていたのである。言うまでもなく、イギリスは第一次世界大戦に過大なまでに関与し、大規模な消耗戦争を戦った後、国家として完全に疲弊してしまう。その反省からリデルハートは、同国の誇る海軍力に依拠した「間接アプローチ戦略」を用いる方が、イギリスの国益にかなう結果をもたらすと考え始めたのである。

第三に、第一次世界大戦の結果、戦争が節度ある政治の統制から逸脱し、長期かつ過度な犠牲をともなうものになる一方で、戦後の平和が極めて不安定なものになった事実をリデルハートが強く懸念していた事実が挙げられる。

ただし、ここで付言すべきは、第一次世界大戦におけるリデルハートの経験は、一九一六年のソンムの戦いの初期までに限られており、彼はソンムの戦いの後半、さらには、一九一七年や一八年の戦争の様相はまったく知らないのである。だが、まさにこの時期にこそ、イギリス軍はヨーロッパ大陸にて膨大な資源を投資し、連合国側の最終的な勝利に貢献したのである。また、技術の発展とともに軍事戦略の次元での革新的な運用概念が登場したのもこの時期であり、その意味では、リデルハートは西部戦線での硬直した塹壕戦というイメージに囚われすぎていたように思われる。

第二章　戦間期

大戦術

第一次世界大戦後、戦略思想家としては各種の歩兵のための操典類の作成から出発したリデルハートであるが、一九二〇年の夏頃までには彼は、敵のいわゆる「柔らかい場所」に対する攻撃方法を強く意識するようになっていた。これは、第一次世界大戦末期の一九一八年、それまでにドイツ軍が採用していた「浸透戦略」を手本として連合国側が発展させた戦略概念の延長線上にあった。彼はこの概念を縦深攻撃及び縦深防御としてさらに発展させ、それらを「拡大する急流」と「収縮する漏斗《じょうご》」と名付けたのである。

だがその一方でリデルハートが、この戦争の後半の約二年間の実相をあまり理解していなかったことも事実である。その意味において、戦後、イギリス国内に第一次世界大戦に対するある種の固定観念を形成し、それを定着させた人物の一人がリデルハートであったという指摘は正しい。すなわち、大量集中しすぎた大規模陸軍による攻勢の繰り返しといった一般的認識の定着、そして、一九一七年と一八年に開花した新たな戦争方法に対する過小評価などの責任の一端は、リデルハートの一連の著作に求めることができるのである。

当然ながら、リデルハートの関心は歩兵戦術の領域に留まるものではなかった。戦場での訓練に対する彼の執着は、こうした戦闘行為のすべてに共通する何らかの原理の存在をリデルハートに強く意識させることになった。また、フランスの軍人フェルディナン・フォッシュやジャン・コランの著作にも刺激された結果、「こうした考えから私〔リデルハート〕は、すべてのレベルにおいて成功とは敵を見極め、機動し、その状況を活用するという一つの総合を達成できるか否かにかかっているという結論に達したのである」。これが、リデルハートが戦争における「暗闇の中の人間理論」と名付けた概念である。その中で彼は、クラウゼヴィッツと同様に、戦争においてはあらゆることが極めて単純である一方、単純なものこそ難しいとの興味深い戦争観を表明している。

このように第一次世界大戦直後のリデルハートの関心は、基本的には戦術レベルのものであったが、同時に低次の戦術レベルから一歩踏み込んだ領域、彼の用語で「大戦術」と呼ばれる領域にも関心を示し始めている。こうした過程で彼がフランスの戦略思想家ジャック・アントワーヌ・ギベールの影響を強く受けたことは事実であり、前述の「拡大する急流」といった概念は、明らかにギベールの概念の影響である。依然として粗削りとは言え、この時期からリデルハートは戦争の一般理論を構築しようと試みることになる。そして、まさにこの時期に彼は、同志でありライバルでもある同時代のイギリス軍人フラーとめぐり会うのである。一九二〇年五月末、あるいは六月初旬のことであった。

フラーとの出会い

リデルハートは、第一次世界大戦では中隊レベルの将校であったため、彼の当初の主たる関心が小規模な部隊における戦術レベルのものに限定されていたとしても不思議ではないが、その後、このフラーの影響を受けて、彼の関心は高次の軍事戦略、さらには、国家戦略の次元へと拡大していく。そうした過程で、歴史上のすべての偉大な芸術家と同様、彼の最良の発想あるいは概念はフラーに代表される他者から拝借したものであったが、リデルハートがそれらを巧みに自らのものへと取り込む能力に長けていた事実は否定できない。また、リデルハートは人々の注目を集めるキャッチ・フレーズ作りにも長けており、前述した戦争における「暗闇のなかの人間理論」や「拡大する急流」、さらには「電撃戦」といった表現を多用して人々の注目を集め得たことも彼の恵まれた才能の一つと言えよう。コピー・ライターとしてのリデルハートの才能である。

フラーについては第九章で改めて触れるが、彼と同様にリデルハートも数多くの著作を発表しているが、この両者ともある論点の反復が非常に多いことで共通点が見られる。また、リデルハートはフラーの論点を多々自らの著作に援用しているのであるが、ここで彼がフラーの著書からではなく、主として比較的容易に読めるフラーの論文から自らの戦略思想への示唆を得ていたことは興味深い事実である。このあたりにジャーナリストとしてのリデルハートの一端がうかがわれるが、彼がフラーを尊敬し、クラウゼヴィッツよりも偉大な戦略思想家であると高く評価して（ここではなぜかクラウゼヴィッツは高く評価されている）、その発言に注目していた一方で、自身に対するフラーの影響を意図的に隠していたこともまた事実なのである。

ジャーナリストと軍事顧問

実は既にリデルハートは、ソンムの戦いでの負傷後、母国イギリスで歩兵戦術に関する冊子の作成を任されていたが、この冊子が第一次世界大戦中の一九一七年、フランス駐留のイギリス陸軍部隊に配布されて注目を集めた結果、その名を知られるようになった。その後、彼は陸軍の要請を受けて公式の『歩兵操典』を作成することになる。以後、一九二二年から二四年の間、リデルハートは新たに設立されたイギリス陸軍教育部隊で勤務し、この分野での彼の才能を大いに発揮したが、その一方で彼の強烈な個性のため将校としては不適格と判断され、最終的には一九二七年、大尉で退役することになる。リデルハートの肩書きである「キャプテン」とは、陸軍大尉としてのものである。

一九二四年には陸軍のいわゆる「ハーフペイ・リスト（半給リスト）」に載せられ、結局は退役を迫られたリデルハートは、その生涯を通じてこれを悔しがっていたようである。

その後、基本的にリデルハートは、作家及びジャーナリストとして活躍の場を求めることになる。彼は、「モーニング・ポスト」「デーリー・テレグラフ」「タイムズ」の軍事問題担当記者をそれぞれ務めるとともに、一九三五年から三七年の間は、当時の陸軍大臣レスリー・ホーア＝ベリシアの非公式とは言え極めて影響力の強い軍事顧問として働いた。また、とりわけリデルハートが「タイムズ」に移籍してからは、イギリスのあらゆる政党の大物政治家に対して防衛問題に関するブリーフィングを行うなど、彼の影響力は絶頂へと達していた。

ここまでのリデルハートの経歴から理解できることは、第一に、彼が通常の軍事教育を通じて戦争や戦略を学んだ経験を持たないという事実であり、第二に、おそらくそれが一つの理由で、彼の戦略概念が批判精神に富む自由な立場から形成されたものであるという事実である。新聞各社に論評を寄稿し始めてからは、リデルハートの名声はその知名度とともに高まる一方であった。この間、リデルハートはケンブリッジ大学での博士号取得を真剣に考えたことがあったが、多忙のためか、結局はあきらめたようである。こうしたリデルハートの活躍を受けて第二次世界大戦後、彼を「将軍を教える大尉」と表現したのは、イスラエルの将軍イガル・アロンであった。また、ハインツ・グデーリアンやクロード・オーキンレック、そしてバーナード・ロウ・モントゴメリーらが等しく述べたように、リデルハートは、「我々の世紀の中でもっとも優れた軍事的才能」であった。確かに、リデルハートのように戦争を一つの全体として包括的に捉えようとする戦略思想家は意外と少なく、また、そうするためには膨大な知識と人並みはずれた才能が必要とされるのである。

ホーア＝ベリシア陸相の軍事顧問となったリデルハートは、多くの政策提言を積極的に行った。後年、リデルハートが自ら自身の項目を執筆した『人名事典（フーズ・フー）』の中には、彼がホーア＝ベリシアに対して提言したイギリス陸軍改革のリストのうち、一九三九年までに六二項目が達成されたと自慢げに書かれている。実は、ホーア＝ベリシアの前任者であるアルフレッド・ダフ・クーパーとリデルハートの関係もまた親密であった事実が、近年の研究から明らかになりつつある。その当時のリデルハートは、ナイト（爵位）を得ることを切望しており、そのためにダフ・クーパーが自らの影響力を最大限に行使したようである。詳細は定かではないが、この試みは見事に失敗し、リデルハートが実際にナイトの称号を授かったのは、一九六六年のことである。その一方で当時のリデルハートは、直ちに多くの敵と遭遇することになった。その理由の一端は、リデルハート自身は彼が提唱するイギリス陸軍の改革に対して、その責任を一切負う必要がなかったことにある。その結果、彼は軍人を含めた実務者から敬遠されることになる。実際、イギリス陸軍の改革をめぐるリデルハートの主張は、軍の内部事情をまったく知らない青臭い書生論にすぎないと、多くの軍人からの反発を招いたのである。また、リデルハートが主唱した改革案の中には、高齢及び能力の欠如した高級将官の早期退職奨励が含まれていたため、当然ながら彼は、イギリス陸軍指導者層全般の嫌悪の対象となったのである。

スポーツとファッション

興味深いことに、一九二〇年代初めのリデルハートはテニスに精通した人物として知られていた。また、彼はファッション、とりわけ女性のファッションに関する当時を代表する権威の一人であった。一九四〇年代、軍事問題専門家としての彼の名声が失墜した時には、リデルハートは自分の職業領域を軍事からファッションや衣装（コスチューム）へと変えようと真面目に考えたほどである。おそらく、一九二〇年代のリデルハートにとっては軍事ではなく、スポーツと衣装がもっとも関心を引く問題であった。実際、一九二八年の時点でリデルハートの著作でもっとも高く評価されていたものは、『パリス、または戦争の将来（後に『世界史の名将たち』と改題）』『ナポレオンより偉大な将軍――スキピオ・アフリカヌス』『覆面を剝いだ名将たち――統率の原理と実際（世界史の名将たち）』、さらには『近代軍の再建』や『リピュテーションズ』といった彼の軍事関連の書ではなく、実は『テニスの達人を解剖する』という一九二六年の著作であった。これは、当時の著名なテニス選手の紹介と、そのプレイが選手個人の資質によっていかに影響を受けたか、彼らのストロークの秘密、そして、テニスコートでの戦略について論じた作品であった。今日からすれば信じ難いことではあるが、この時期のリデルハートは、テニスの解説書の著者

最初の妻ジェシーとアスコット競馬を楽しむ（1937年）

としてその名を知られていたのである。実際、毎年ウィンブルドンの季節には、彼はテニス取材の特派員としてそのコメントが評判を呼ぶことになった。リデルハートの戦略思想の「隠れた源泉」については今日でも論争が続けられているが、テニス取材の特派員としても、リデルハートは「錬金術師」としての本領を存分に発揮していたのである。

　また、リデルハートは衣装、さらには女性の美と優雅さ、女性らしさについて異常なまでに関心を寄せていた。彼が自らの服装について極めて神経質であった事実は様々なエピソードで伝えられているが、女性の衣装、とりわけ彼の妻の衣装に対しては細部にわたって注文をつけていたようである。エレガンス、すなわち優美さをめぐる想いがリデルハートの心を捕らえて放さなかったのである。そうした中、リデルハートは一九一八年、ジェシー・ストーンと彼の最初の結婚を行う。だが、この結婚は永くは続かず、一九三八年の「チェコ危機」と「ミュンヘン危機」のさなか、結局、二人は離婚することになる。この最初の結婚生活とその後の離婚については、今日でもジェシーの浮気説など様々な憶測を呼んでいるが、どういうわけかリデルハートは、これについては多くを語っていない。

危機の時代

アドルフ・ヒトラー及びナチス＝ドイツとの対決が近づきつつあった一九三九年三月にイギリスがいわゆる「ポーランド保障条約」を締結したことに対して、リデルハートは「馬鹿げており、不毛、そして挑発的である」と厳しく批判している。また、同年九月の第二次世界大戦勃発後も、リデルハートは広義の意味での「宥和主義者」であり続けた。彼はなお、ヒトラーとの交渉による和平を主張していたのである。だが、こうした主張に対して多くの批判を浴びたこの時期のリデルハートは精神的に疲れ果てており、ノイローゼ気味であった。その結果、彼はこの大戦中にアメリカに移住することすら考え、同国でヒトラーとの和解という自説を展開し続けようとしたのである。だが、結局はそれも実現できず、厳しい批判を浴びながらもイギリス国内でドイツとの妥協による平和を訴えることになる。しかしながら、当然こうした姿勢は、一般的には国家に対する反逆行為であると受け止められることになった。

確かに、リデルハートは第二次世界大戦前のイギリス首相ネヴィル・チェンバレンの「宥和政策」として知られる方針に共鳴し、チェンバレンもまた、当時のリデルハートの戦略概念に共感を示している。多分にお世辞が込められているとは言え、チェンバレンがリデルハートの新著『武装したヨーロッパ』を高く評価した書簡が今でも残っている。周知のように、戦間期におけるリデルハートの政策提言の中でもっとも影響力があったとされるものは、いわゆる「限定関与政策」である。リデルハートの提言をチェンバレン政権がどれだけ真面目に検討したかについては不明であるが、とにかくこのヨーロッパ大陸への消極的介入を中核とする「限定関与政策」は、一九三七年から三八年の宥和政策の理論的支柱になったのである。実際、大多数のイギリス国民にとっては、リデルハートという名前と「限定関与政策」は同義であり、一九三八年のミュンヘン会談後、彼が持論を少しばかり修正してからもこの認識に変化はなかった。また、いかなる理由があったにせよ、第二次世界大戦勃発後、一九四〇年の時点になってもなお、リデルハートがヒトラーとの交渉による和平、しかも単独講和を提唱していた事実は、後に、彼の名声を大きく損なう要因となったのである。

ヨーロッパで第二次世界大戦が勃発する直前の一九三九年六月、リデルハートは心臓麻痺に見舞われ、その後、一度は回復する兆しが見えたものの、同年八月下旬に彼は再び病床に伏し、数ヶ月間も執筆活動を行うことができなかった。その結果、リデルハートは「タイムズ」から正式に解雇通知を受けることになった。と言うのは、「タイムズ」は勃発した第二次世界大戦の戦況を完全に追いかけることができる軍事問題担当記者を必要としていたからである。リデルハートが自らの『回顧録』に記しているのとは反対に、彼は

「タイムズ」を辞職したのではなく、「タイムズ」がリデルハートを解雇したというのが真実であった。だが、リデルハートの病気という表向きの理由以上に、彼の政治観や戦争観が問題とされたことは言うまでもない。実は、それまでにもリデルハートは自らの論説が掲載されなかった時、少なくとも三回にわたって「タイムズ」を辞職する旨をほのめかしていた。その最初がスペイン内戦をめぐる記事であり、第二はチェコ危機に際してイギリスの防空体制のあり方をめぐるものであった。そして、最後が同国の徴兵制度をめぐる記事であったが、リデルハートはどうにか辞職を踏み留まっていたのである。

スペイン内戦をめぐってリデルハートは、一九三六年十一月以降、「タイムズ」の編集方針と鋭く対立するようになった。もちろんアビシニア（エチオピア）問題に代表されるように、彼と「タイムズ」の意見の不一致は以前から存在していたが、この頃からはほぼすべての事案で見解が衝突するようになったのである。その結果、リデルハートがスペイン内戦に関する評論を寄稿するよう「タイムズ」から依頼されることは一度もなかった。そのため、この内戦をめぐる彼の見解が一般に知られることはなかったのである。

今日から振り返れば、スペイン内戦をめぐるリデルハートの見解は優れて戦略的なものであった。彼は、仮にこの内戦でイタリアとドイツの支援を得たフランコ側が勝利することになれば、スペインは枢軸国側の空軍力、海軍の小型艦艇、そして潜水艦の基地を提供することになるであろうと懸念したのである。仮に次なる大規模な戦争がヨーロッパ大陸で勃発すれば、これによりイギリスとフランスの西地中海への接近路が閉ざされてしまい、その結果、この両国のアフリカ大陸周辺及び大西洋における海上ルートが大きな脅威にさらされる危険性があったのである。

スペイン内戦問題に続いてチェコ問題でも、リデルハートは「タイムズ」とその方針をめぐって鋭く見解が対立したのであるが、その当時から繰り返し彼は、航空機と潜水艦の戦闘能力の向上によってドイツに対するイギリスの安全保障とフランスの安全保障が不可分になった事実を指摘していた。「仮にフランスが敵国の支配下に置かれれば、そしてフランスの港湾や航空基地が敵国の使用のために提供されれば、我々が生き延びるために必要な血液の流れは簡単に止められてしまう。だからこそフランスの危機は我々の危機でもある」とリデルハートは述べている。その一方でフランスの安全保障は、東部ヨーロッパにおけるドイツに対する「第二戦線」の存在にかかっていたのであり、だからこそリデルハートはチェコ問題に対しても積極的に発言を続けたのである。ここにも、リデルハートの戦略的発想の一端がうかがわれる。

リデルハートは「タイムズ」の編集部に対してチェコ問題の重要性を繰り返し訴えた。確かに、平和への模索という作業に際して「平和を買う」という誘惑ほど腹立たしいものはない。ミュンヘン会談の結果を受けて、この頃からいわゆる反宥和主義者と同様にリデルハートは、イギリス政府の政策方針に公然と異議を唱えるようになったのである。だが、それではイギリスはヒトラーと戦うのかという問題についてリデルハートは、依然として曖昧な態度に終始していた。

リデルハートはまた、イギリスの海軍力が抱えた新たな脆弱性、すなわち航空機、小型高速艦艇、そして潜水艦の戦闘能力の向上がもたらす意味を指摘していた。そして、ヨーロッパ大陸の同盟諸国の支援がないままでは経済封鎖が効果的でないかもしれず、それ以上に、経済封鎖という手段だけではドイツに対抗するには十分でないと主張していたのである。ここから、イギリスの防空体制のあり方が問題とされることになるのであるが、ここでのリデルハートの発言だけに注目すれば、あたかも彼は経済封鎖の限界を認識していたかのように思われる。しかしながら、依然としてリデルハートにとって経済封鎖はイギリス外交政策の最高の切り札であった。そしてこの彼の確信は、その生涯を通じて揺らぐことはなかった。だが不思議なことには、これほどまでに海上経済封鎖の有用性を主張するリデルハートが、海軍力そのものの有用性について研究した形跡はほとんど残されていないのである。それどころか、彼が通商破壊を目的とする潜水艦戦や対潜水艦戦について真剣に研究したことは一度もないのである。

限定関与政策

ミュンヘン会談を契機に、宥和政策をめぐってリデルハートとチェンバレンや「タイムズ」の見解の相違が決定的になったことは事実であるが、その一方で「限定関与」として知られる政策については、ほとんど違いが見受けられない。リデルハートとチェンバレンはともに限定関与に固執していたのであるが、チェンバレンにとっては経済的な要因がこの政策を唱える主たる根拠である一方で、リデルハートにとっては、やはり第一次世界大戦の経験が彼の思考を支配していた。いずれにせよ、一九三〇年代中頃から第二次世界大戦勃発までの間のイギリスにおいては、チェンバレンが主導する政策は限りなくこのヨーロッパ大陸に対する限定関与に近づいていたのであり、リデルハートはその政策方針の積極的な主唱者の一人であった。そしてリデルハートのこうした姿勢は、最後まで変わることはなかった。

リデルハートによれば、国際社会のあらゆる領域でイギリスが強大であり続けることは不可能であった。同国の安全保障については、イギリス本土の防衛と世界中に広がる大英帝国の防衛が最優先されるべきであった。そして、陸軍よりも防空（その主たる担い手は空軍）と海軍に高い優先順位が与えられるべきであった。その結果、ヨーロッパ大陸への陸軍派遣軍は必要ないとされたのである。ヨーロッパ大陸派遣軍は、西ヨーロッパ防衛のために参戦するには間に合わない可能性が高く、また、派遣軍を地上ルートや海上ルートで輸送する際に敵の空軍力による攻撃で麻痺してしまう可能性も存在した。そうであれば、ヨーロッパ大陸の同盟諸国に対するイギリスのもっとも効果的な貢献は空軍力によるものである、とリデルハートは結論を下したのである。実は第二次世界大戦前のイギリス空軍がその資源を戦略爆撃に集中した理由の一つが、この限定関与政策なのである。すなわち、この政策の下では大規模なイギリス陸軍がヨーロッパ大陸に関与することを想定していなかったため、その支援に必要とされる戦闘機や急降下爆撃機の重要性はあまり高く評価されていなかったのである。逆に、ドイツに対する抑止力という意味もあって、重爆撃機を用いた戦略爆撃が注目を集めたのである。

だが、仮にヨーロッパ大陸の西側及び東側の同盟諸国がイギリスの安全保障にとって死活的なものであるとすれば、大規模なイギリス陸軍による支援の保証もないままでこれらの諸国がドイツに決然として対抗するであろうか。ヨーロッパ大陸の西側地域では、結局、イギリスがドイツに対抗し得る同盟諸国のもっとも強大なメンバーなのであった。そして仮にイギリスがほかの諸国にイギリスの方針に同調するよう求めるのであれば、当然、イギリスはリーダーとして行動し、その決然たる姿勢を内外に示す必要があったのではないか。ここに、当時のイギリス外交政策の、さらには、リデルハートの主張の致命的な欠陥があったように思われる。すなわち、イギリスが主導する「集団安全保障」という体制を維持するためには、それ相当の犠牲が必要とされるのであり、また、もっとも強大なメンバーであるイギリスにはとりわけ大きな責任を果たすことが求められたのである。ヨーロッパ大陸への明確な関与を否定するという、「ラインラント危機」の前後から見られたこのイギリスの外交方針こそ、一九三六年にベルギーが中立政策へと回帰した主たる要因であった事実を改めて想起する必要があろう。

確かに、リデルハートは機甲化部隊の必要性を最後まで唱えていたが、あくまでもそれは大英帝国の防衛のために必要とされたものである。すなわち、この時期のリデルハートは四個の機甲化師団の創設を提唱、その常設化を唱えていたのであるが、二個師団をイギリス国内に留め置く一方で、残りの二個師団はそれぞれインドとエジプトに配備することを想定していたのである。そして周知のように、一九四〇年五月の「フランスの戦い」が始まった時でさえも、イギリス軍の最初の機甲化師団はまだ完全に作戦可能な状態ではなかったのである。

いずれにせよ、「タイムズ」からの解雇通知と第三章で触れる第二次世界大戦の緒戦の東方戦線でのドイツ軍の勝利、その後の西方戦線でのドイツ軍による電撃戦の成功によって、この時期のリデルハートは失意のどん底へと放り込まれたのである。

戦略思想の発展

戦間期のリデルハートの戦略思想は試行錯誤を繰り返しながら徐々に形成されていくのであるが、例えば今日でも有名な「間接アプローチ戦略」や「イギリス流の戦争方法」といった概念は、曖昧さを残しながらも既に一九二七年には発表されており、それが、一九二九年の著作『歴史上の決定的戦争』の出版などで一般に知られるようになったのである。その後、一九三一年には「イギリス流の戦争方法」というタイトルの論考でこうした概念はさらに明確化され、爾後、それは著名なものだけでも少なくとも四回、すなわち、一九四一年、四六年、五四年、そして六七年の著作の中で繰り返されることになる。

リデルハートの著作の内容については章を改めて詳しく検討するが、一九五四年の『戦略論――間接的アプローチ』は、アメリカ国内だけでも五万部以上、この一九六七年版は、同じくアメリカだけで一〇万部以上の販売数があったと記録されている。この数字はハード・カバーだけの売り上げであるが、この数字からも、いかにリデルハートの著作、とりわけ『戦略論』が広く読まれているかが理解できよう。彼の著作の多くは、英語圏であるイギリスやアメリカは言うまでもなく、今日にいたるまでポーランド、ルーマニア、ドイツ、イタリア、韓国、中国、そして日本でもそれぞれの言語に翻訳されて広く親しまれているのである。『戦略論』の中国語版は一九九四年に、そして日本語版はそれよりも早く一九七一年に出版されている。

そうしてみると、「間接アプローチ戦略」といった概念は、今日にいたるまで全世界の人々に大きな刺激を与え続けていると言えよう。この概念の本質を端的に示せば、「戦闘を求めるというよりも、むしろ有利な戦略状況の構築を追求するというもの」であり、ここで有利な戦略状況とは、「たとえそれ自身で戦争の決着をもたらさないにせよ、戦闘でこうした状態が継続することによって間違いなく決着を付けることが可能な状況を意味する」のである。リデルハートにとって「間接アプローチ戦略」とは、物理的、心理的な敵の攪乱（ディスロケーション）と戦果の拡大（エクスプロイテーション）をめぐる術《アート》であった。彼によれば、「間接アプローチ戦略」のもっとも分かりやすい例は、日本の柔術のように敵に誤った行動をとらせるよう誘い込むことである。すなわち、敵の力そのものを用いることで、敵の敗北につなげるという発想である。戦間期を含めたリデルハートの戦略思想について、ここであらかじめ著者の結論的なことを述べてしまえば、一般に広く知られている「間接アプローチ戦略」という概念は、言うなれば精神のあり方に関する教えであり、例えば、地図上で、ある方向を指示するような狭義の思考ではない。また、「イギリス流の戦争方法」「最小抵抗線」「最小予期線」といった概念も、「間接アプローチ戦略」という基礎から派生したものであると同時に、それを支える一種のものの見方、あるいは「感覚」なのである。

リデルハート自身が「間接アプローチ戦略」といった言葉の明確な定義を示していないこともあり、彼の著作に接した読者の多くが戸惑うようであるが、この概念が広義の意味での姿勢の問題であることを認識できれば、リデルハートの戦略思想をより深く理解できるはずである。

第一次世界大戦への疑問

こうしたリデルハートの戦略思想の原点が第一次世界大戦での経験であったことは疑いない。しかしながら、先にも触れたように当初からリデルハートが第一次世界大戦に批判的であったわけではない。彼がこの戦争に出征する直前に遺した文書、さらには、出征直後の文書などを読めば、そこには、ヴィクトリア朝やエドワード朝時代に育った一人の典型的なイギリス人男性のイメージ、それも、中産階級以上の、いわゆる育ちの良いイギリス人男性に典型的なイメージが鮮明に浮かび上がってくるのである。当時の彼の文書の中には、「あらゆる欠点や恐怖にもかかわらず、戦争は、とりわけ男性的な人生の一部である。それどころか、これをもっとも極限にまで推し進めたものである」との記述も見られる。

第一次世界大戦に対するリデルハートの最大の疑問は、「仮に戦闘での決定的勝利を獲得できたにせよ、それが、結果として味方に膨大な犠牲を強いるものであるとすれば、戦争の勝利にいかなる意味があるのか」ということであった。リデルハートは、既に一九二四年の論考「ナポレオンの誤謬」の中で、敵軍の主力に対して決戦を求めるような「絶対戦争を遂行することは誤謬である」と、さらには、その誤謬の原因がクラウゼヴィッツの思想にあると指摘していたのである。また、彼はその著『ナポレオンの亡霊』の中でもクラウゼヴィッツを「大量相互破壊の救世主（マハーディ）」と表現しているが、これに対しておそらくリデルハートは、自らをその対極である「制限戦争の英雄（ラーマ）」と位置付けようとしたのであろう。だがその一方で、多くの意味においてリデルハートの戦争観が極端なまでに伝統的なものに留まっていたことも事実である。彼は本質的に戦争を知的な行為であると考えており、「グレート・キャプテン」によって最高度のレベルで行われる一種のチェスであると捉えていた。また、戦争は将軍の心の中でその勝敗が決定されると、あたかもフォッシュを彷彿とさせる戦争観を抱いていた。そのため、第一次世界大戦の責任を追及するに際して、例えば彼は産業力や技術力、さらにはナショナリズムの果たした決定的な役割といった要因に注目するのではなく、軍司令官の「下手なプレイ」にその批判を向ける傾向が強かったのである。

敵のアキレス腱

リデルハートは一九二五年、『パリス、または戦争の将来』というタイトルの著作を発表した。ここでパリスとは不死身の英雄アキレスの弱点を見抜き、彼の踵《かかと》の上を矢で射抜いて死にいたらしめた、ギリシア神話に登場するトロイの王子のことであり、彼の活躍は近年公開された映画「トロイ」でも詳しく描写されている。同書の中でリデルハートは、それ国家政策の次元であれ軍事の次元であれ、戦略の役割とは敵のアキレス腱を発見し、それを効果的に利用することであると主張した。また、当時からリデルハートはこのための手段として航空機の潜在能力に注目しており、空軍力こそ、敵の政府、産業、国民を防御する陸軍力を飛び越えて、敵の抗戦意志や政治の中枢を直接かつ即時に攻撃できる革命的な軍事手段であると、同時代のイタリアの空軍戦略思想家ジウリオ・ドゥーエと同様の議論を展開している。だが、その一方でリデルハートは、例えば一九一八年のイギリス軍を中心とした「諸兵科連合・縦深戦闘（オール・アームズ・ディープ・バトル）」を経験していなかったこともあり、同書でも第一次世界大戦における軍事戦略全般に対して厳しい評価を下している。

一九二七年の著作『近代軍の再建』では以下のような議論が展開された。第一に、第一次世界大戦における西部戦線での膠着状態を再び繰り返さないための唯一の方法は、騎兵部隊の復活以外に考えられず、また、戦車部隊による機動こそ、騎兵の現代版である。第二に、リデルハートは戦車を大量かつ集中的に運用することによってのみ、その新たな騎兵的役割を果たすことができると主張した。すなわち、戦車は歩兵部隊に従属するのではなく、軍事力の中核として運用されるべきであるとの発想である。第三に、リデルハートは戦車を用いて国家目的を追求すれば、最小限の人的、経済的犠牲で敵の抗戦意志を破壊できると考えた。最後に、彼は戦車が備えた潜在能力をさらに向上させる兵器として空軍力の重要性を強調したのである。彼によれば、航空機は敵の頭上を飛び越えて直接、敵軍の抗戦意志の根源を攻撃でき、また、その空爆により、瞬時にして敵国民の抗戦意志をくじくことが可能なはずであった。

『戦略論』

リデルハートは一九二九年に『歴史上の決定的戦争』を発表したが、これは、後の『戦略論』の雛型とも言える著作であった。すなわち、リデルハートが「間接アプローチ戦略」という概念を初めて明確かつ体系的に著したのは『歴史上の決定的戦争』の中であり、同書が、その後の数次にわたる加筆及び修正を経て、一九六七年に『戦略論――間接的アプローチ』として最終的に出版されたのである。リデルハートは、『歴史上の決定的戦争』の出版後さらに数十年間にわたる研究と思索の結果に、軍事戦略と国家戦略の次元における第二次世界大戦に関する考察を加えてこの一九六七年の『戦略論』を出版したのである。同書に代表されるように彼の著作が自らが過去に発表した作品を洗練したものが多い理由は、すなわち、以前の作品のリサイクルが多いのは、それらに加筆及び修正して本を出版し続けるという彼独自のスタイルに起因するのである。

『戦略論』の内容については本書の第七章と第八章で詳述するが、この著作は言うなればリデルハートの戦略思想の集大成であり、戦争と戦略をめぐる彼の長年にわたる思索の産物であるため、彼の生涯を語るうえで絶対に外せない一冊である。そこで、以下、『戦略論』の内容に簡単に触れることにより、リデルハートの戦略思想の発展過程を理解する一助としよう。

リデルハートは、『戦略論』の中で「間接アプローチ戦略」の概念を八つの具体的な原則として提示している。それらは、(1)手段を目的にではなく、目的を手段に適応させせよ、(2)全行動を通じて掲げる目的の首尾一貫性を確保せよ、(3)心理的には、敵の最小予期線を選んで前進せよ、(4)物理的には、敵の最小抵抗線を選んで前進せよ、(5)複数の代替目標を備える作戦線を採用せよ、(6)現段階に集中するあまり、次なる段階の展望と準備を忘れてはならない、(7)十分に準備態勢を整え、抜かりない敵を正面から攻撃してはならない、(8)失敗した作戦を同じかたちで繰り返してはならない——というものであった。

リデルハートは、時代を超越して戦争で効果的な結果を得るには、敵の準備不足に乗じて敵を攻撃することを確実にするため、「間接アプローチ戦略」を用いなければほとんど不可能であると考えていた。この「間接性」は、物理的にはほぼ毎回必要とされるものであるが、心理的には常に不可欠な要素であるという。つまり、「間接アプローチ戦略」とは優れて心理的な概念なのである。例えば、古代ギリシア世界において都市国家テーベは、エパミノンダスが登場する以前の数年間、後に「ファビアスの方式」として知られるようになる一見消極的な戦略によって、スパルタの支配から脱出することに成功したが、リデルハートによれば、この方策は基本的に戦闘を意図的に拒否するものであり、一種の「間接アプローチ戦略」と評価できるものなのである。確かに後年、ファビアスが現実に用いた戦略は、単なる時間稼ぎのために戦闘を回避するだけではなく、それが敵の士気に及ぼす効果を計算したものであり、さらには、敵の潜在的な同盟諸国に対する影響を計算に入れたものであった。リデルハートによれば、戦略の目的は「敵が抵抗する可能性の低下を味方の最小限の犠牲で達成すること」であり、これは、戦闘を求めるのではなく、むしろ有利な戦略環境を追求することによって達成されるはずであった。そしてファビアスは、こうした「間接アプローチ戦略」の手本としてリデルハートから高く評価されたのである。

モダニズムの時代

リデルハートが新たな戦略概念の構築を模索していた戦間期という時代はまた、「モダニズム」の時代であった。ここでモダニズムとは、一般に芸術の分野で用いられる、伝統主義に対抗して現代的な感覚で表現しようとする傾向や運動といった狭義の意味だけではなく、社会全体の風潮を指す言葉として用いるものとするが、イスラエルの歴史家アザー・ガットが鋭く指摘しているように、この時期において興味深い事実は、主要諸国の革新的将校と呼ばれる軍人の思想に奇妙なまでの一致が見られたことである。「機甲戦理論」で知られるイギリスのフラー、「制空権」といった概念で知られるイタリアのドゥーエ、そして退役後のリデルハートはその代表的存在である。

モダニズムの時代に共通する「時代精神」の第一の特徴は、機械に対する絶対的な信奉である。軍事の分野に関して言えば、それは、航空機や戦車といった新たな兵器に対する関心の高さとして表れる。リデルハートが、とりわけ航空機の潜在能力に注目していたことは周知の事実である。

第二は、全体主義への傾斜である。より端的にファシズムに対する信奉と言うことも可能であり、それは、とりわけフラーとドゥーエにおいて顕著であったが、逆にリデルハートはリベラリズムの立場に留まった。そしてこの事実こそが、戦略思想の系譜におけるリデルハートの重要性を一段と際立たせているものなのであり、これが、近年の「リベラルな戦争観」の生みの親としてのリデルハートに対する高い評価につながるのである。だが確かにこの時期、人員や物資、そして情報の効率的な総動員体制をいかに構築すべきかということは、第一次世界大戦後の総力戦の時代を迎えたあらゆる国家が直面する共通の課題になったのであり、そして、こうした課題に応えるべく多様な政治的実験が試みられ、その代表的な事例がファシズムであった。実際、ファシズムとはモダニズムという時代の要請にモダンなかたちで応えるための運動とも言え、その意味では、モダニズム、ファシズム、そして機械への信奉は相互に密接に関連していたのである。

モダニズムの時代の革新的将校に共通する第三の大きな特徴として、戦争観及び国家戦略におけるヴィジョナリーの存在が挙げられる。すなわち、グランド・デザインとも呼ぶべき国家運営における明確な方向性を打ち出す知的な軍人が多数登場したことである。彼らの多くは、ただ単に航空機や戦車の潜在的戦闘能力といった軍事の次元での動向に着目したのではない。彼らは、政治、経済、そして社会全体に関する強烈なヴィジョンを抱いていたのであり、明らかにこれは、当時の総力戦に対する彼らの鋭利な認識と関係しているのである。

軍縮・軍備管理への試み

その一方で、戦間期のリデルハートはまた、軍縮や軍備管理、とりわけ兵器の質的側面に注目した軍縮にも大きな関心を寄せていた。彼によれば、国家間の見解の相違をなくし、戦争を抑止するための最善の方法は、例えば重戦車や重火器といった攻撃型の兵器を全廃することであった。と言うのは、こうした兵器は敵の防衛線《ライン》を突破するため、あるいは軍事的な膠着状態を打開するための「缶切り」として開発されたものであったからである。興味深いことに、この時期の戦車の有用性についてリデルハートは、「戦車が改良され、その総数が増加していることは確かであるが、対戦車兵器もまた、急速に発展を続けている。こうした兵器は比較的安価であり、簡単に運用することが可能である」と、極めて冷静な分析を行っている。だが明らかにこれは、戦車の有用性を強く唱えていた当時の彼の論調とは矛盾するものであり、ここにもリデルハートの主張の首尾一貫性のなさがうかがわれる。

第三章　第二次世界大戦

「冷たい戦争」

第一次世界大戦中にイギリス首相という要職に就き、同大戦後はこの戦争に極めて批判的な議論を展開したデビッド・ロイド＝ジョージと同様にリデルハートは、第二次世界大戦勃発当初、すなわち一般的には「奇妙な戦争」として知られる一九三九年から四〇年の時期において、イギリスとフランスがヒトラーによる和平への申し出を拒否してはならず、交渉による妥協を図るべきであると主張していた。なるほど連合国側にとって勝利が望ましいことは言うまでもないが、リデルハートにとってそれは、ただ単に獲得不可能なものと思われたのである。

そこでリデルハートは、イギリスとフランスがこの西側諸国の「文明」の防衛と侵略者に対する戦いにおいて、攻勢を用いない旨を宣言すべきであると主張した。こうすることで連合国側は、道義的に優位な立場を維持することができるうえ、ドイツが西側諸国を攻撃する口実を与えることになるこちらからの挑発行動を抑えることにもつながると期待したのである。つまり、リデルハートが主唱したことは相互に武装したままでの共存であった。双方が満足できる和平がドイツと交渉できないのであれば、既に西方戦線で闘われている「奇妙な戦争」が継続するだけにすぎない。そして、これこそ「冷たい戦争」という概念なのである。

リデルハートによれば、連合国側にとって唯一現実的な選択肢はこうした低強度の「冷たい戦争」を継続することであり、また、それによってドイツを挑発する可能性も低下するのである。今後は、戦争を少しばかりエスカレートさせることによって、ドイツもまた勝利の可能性を有さず、そのために払う犠牲が大きすぎることを敵に示すことにより、交渉による和平への道が拓かれるとリデルハートは期待したのである。

このようにリデルハートは第二次世界大戦当初、すなわち核兵器が登場する以前から既に「封じ込め」という戦略を主唱しており、さらには「冷たい戦争」の必要性を唱えていたのである。だが核兵器という巨大な破壊力や抑止力が存在しない中で、ドイツとの総力戦へのエスカレーションを阻止し得る決定的な手段とは何であろうか。これに対するリデルハートの回答が、第一に、空軍力による攻撃によって迅速な相互破壊が生じるかもしれないといった一般的な恐怖心を利用するというものであった。一九三〇年代及び四〇年代初頭のヨーロッパの人々は、後年に核兵器による脅威によって人々が感じたものと同じような恐怖を、上空からの攻撃に抱いていたのである。第二に、第一次世界大戦で明確に示されたように、以前に比べて大国間の大規模な戦争があらゆる意味で犠牲を必要とし、さらには、現代社会の価値や利益とはまったく相反するものになりつつあるという一般的認識に依存するというものであった。

そこでリデルハートは、ドイツが予防的な行動を軽々にとらないよう、また、併せて戦争がエスカレートする可能性を低下させるため、連合国側が攻勢的な行動を放棄するという計算された戦略を主唱したのである。だがこうした背景の下、リデルハートは彼の生涯の中でもっとも大きな過ちを犯してしまうことになる。すなわち、軍事戦略の次元であれ国家戦略の次元であれ、第二次世界大戦前からリデルハートは、攻勢に対する防勢の完全な優位を主張し続けていたのである。

「過剰な防勢主義」

リデルハートによれば、自らが唱えた集団安全保障と限定関与という国家戦略が帰着するところは、封じ込め政策以外には考えられなかった。そしてそのためには、抑止力を強化することが求められたのである。だが、戦間期や第二次世界大戦初期を通じてリデルハートが、ドイツに対する包括的な安全保障戦略構想として封じ込め、限定関与、そして、抑止などを明確に打ち出せば打ち出すほど、彼は極端なまでに防勢の優位を主張することになる。その結果、以後の彼のすべての議論が防勢の優位という前提の下で進められることになる。すなわち、ドイツ側であれ連合国側であれ、攻勢が成功する可能性を少しでも考えることは、それだけで彼の発想や概念の根底を切り崩すことになったのである。前述したように、リデルハートは相互に破壊することなく、敵・味方がともに安全保障を確保できる唯一の方法が「冷たい戦争」であると考えていた。こうして皮肉なことには、第一次世界大戦前夜に「過剰な攻勢主義」が広く唱えられていたことに反発するかのように、この時期のリデルハートは、「過剰な防勢主義」とでも呼ぶべき、根拠に乏しい戦略を強引なまでに唱えていたのである。

実は第二次世界大戦前、防勢の優位と集団安全保障や限定関与政策との関連は、フランスや東ヨーロッパの同盟諸国の安全保障に対するリデルハートのアプローチにとっては決定的であった。イギリスはヨーロッパ大陸に大規模な陸軍派遣軍を送る必要がないという認識（あるいは、せいぜい小規模な機械化部隊を派遣すれば良いとの認識）、フランスはドイツに十分に抵抗できるとの認識、仮にフランス軍がイギリス軍によって増強されたとしても西ヨーロッパでのドイツに対する大規模な攻勢は成功しないという認識、そして、ソ連の支援があればチェコは長期間にわたってドイツに抵抗できるとの認識は、すべて相互に密接に関連しており、防勢の優位という前提に大きく依存していたのである。

リデルハートとチャーチル

この点については当初、ウィンストン・チャーチルも同様に、第一次世界大戦の教訓を受けて西側諸国は防勢に徹し、パシャンデール（第三次イープルの戦い）のような大規模かつ殺戮的な攻勢を西ヨーロッパで実施することを控え、限定的かつ選択的な攻撃に留まるべきであると述べていた。こうした方策を用いるだけで大規模なドイツ軍を釘付けにでき、東ヨーロッパの同盟諸国に対するドイツの圧力を軽減できると期待されたのである。チャーチルはリデルハートと同様、最終的にドイツは長期間にわたる経済封鎖の結果として屈服するであろうと考えていた。

リデルハートにとって戦間期のチャーチル、とりわけ一九二〇年代のチャーチルは、もっとも高く評価すべき人物の一人であった。第一次世界大戦でのイギリス軍指導者層の戦争指導に対するチャーチルの批判、彼の「東方派（東部戦線派）」的な立場、そして、西部戦線での限定的かつ防勢的な戦略の必要性を強調したチャーチルの見解などは、すべてリデルハートの共感を得るところになった。チャーチルはまた、過激なまでの海軍改革論者であり、戦車の考案者の一人であり、空軍力の支持者であり、そして、何よりも第一次世界大戦において中近東で活躍した「アラビアのロレンス」の熱烈な信奉者であった。

しかしながら、第二次世界大戦の勃発を受けて後に首相に就任することになるチャーチルはその姿勢を大きく変化させ、国家による最大限の戦争努力と攻勢的な戦略を強く主張するようになる。つまり、チャーチルはドイツとの総力戦を強く主張し、リデルハートはこれに強く反対することになったのである。一九四〇年春のフランスの降伏後もチャーチルは、イギリスを戦線に留まらせ、ナチス＝ドイツが完全に崩壊して勝利が確定するまで、あらゆる資源を用いてこの戦争に母国イギリスを完全に関与させるよう努力した。だが、リデルハートによれば、イギリスにはドイツを軍事的に敗北に追い込める可能性はなかったのである。こうして、リデルハートはチャーチルとも決定的に対立することになる。

封鎖、戦略爆撃、抵抗活動

第二次世界大戦初期のイギリスのとり得る戦争政策は、封鎖、戦略爆撃、そしてドイツ軍の占領地域での抵抗活動に対する支援の三つであった。そしてこの抵抗活動を支援する目的で、小規模なイギリス軍水陸両用部隊が何度かヨーロッパ大陸に派遣されたが、これは、封鎖とともにリデルハートが主唱した「間接アプローチ戦略」あるいは「イギリス流の戦争方法」の概念に近いものである。だが、一九四二年夏のフランス北西部ディエップへの上陸作戦の失敗に象徴されるように、こうした方策は期待されたほどの成果を挙げることはなかった。その一方でリデルハートは、イギリスが実施した戦略爆撃、そして後年の無条件降伏政策をめぐって、チャーチルの方針を厳しく批判するようになる。実際、彼は第二次世界大戦中、上空からパシャンデールの惨劇を繰り返しているとチャーチルの戦略爆撃政策に強く異議を唱えている。またリデルハートは一九四一年、それまでの彼の主張とは大きく矛盾するにもかかわらず、ヒトラーが実施したフランスでの電撃戦はイギリスによる戦略爆撃や経済封鎖と比較すれば遥かに人道的であるとさえ述べている。しかしながら、ここで想起すべき事実は、ダンケルクでイギリス軍がヨーロッパ大陸から駆逐された後、イギリスにはドイツ本土を直接攻撃できる手段が戦略爆撃以外に残されていなかったこと、そして、間接的ながらドイツに対抗できる手段が封鎖と抵抗活動だけであったことである。

興味深いことに、当時のイギリスが用いた戦略の一つであるドイツ軍の占領地域での抵抗活動に対する支援についても、リデルハートはこれが大きな効果を生むとはまったく予想していなかったのである。ここでもやはり、リデルハートの議論には矛盾が生じている。と言うのは、このヨーロッパ大陸での抵抗活動に対する支援こそ、リデルハートが主唱していた「間接アプローチ戦略」あるいは「イギリス流の戦争方法」の典型的な事例と見なし得る手段であったからである。

電撃戦と攻勢の勝利

周知のように、「奇妙な戦争」を経て一九四〇年五月から六月にかけて、約六週間の間にいわゆる低地諸国とフランスがドイツ軍の電撃戦に完全に蹂躪された。そして、誰よりもこの結果に驚いたのがリデルハートであった。後年、彼はこれについて必死に弁明を試みているが、彼がドイツ軍の勝利の可能性をまったく考えていなかった事実は変わらない。リデルハートの弁明と真実はまったく逆で、何年もの間リデルハートは、フランスはドイツ軍の攻撃から完全に安全であると主張し続けていたのである。だがドイツ軍の勝利の結果、彼が主唱していた二つの戦略概念が危機に陥ることになった。第一は、現代の戦争において防勢の力は圧倒的であり、その傾向はますます強まるばかりであるという主張がまったくの誤りであることが実証されたのである。しかしながら、こうした事実は彼の『回顧録』にはほとんど記されていない。第二は、リデルハートが主唱し続けていたヨーロッパ大陸に対する限定関与政策が現実の政策としてはまったく成立せず、無責任とさえ批判されたことである。ガットが鋭く指摘しているように、結局、リデルハート流の「心半分の戦争」という概念こそもっとも危険な思想なのであった。

リデルハートは第二次世界大戦後の一九四六年に出版した『戦争の革命』という著作の中で、例えば、自分の発言がドイツを利することがないよう、連合国側の軍事的弱点に関する本当の見解を隠しておかなければならなかったと、苦しい弁解を述べている。さらに彼は、連合国側が大規模な機械化部隊を構成する攻撃兵器を保持していない事実を知っていたため、第二次世界大戦前には防勢の必要性を強調したにすぎないとの奇妙な弁解も試みている。しかしながら真実は単純であり、西側諸国にとっては防勢が、防勢だけが必要であるとリデルハートが主張した理由は、彼の究極的な政治目的のためである。すなわち、戦争を抑止し、戦争を限定することがリデルハートの目的であったのであり、この目的のために彼は、防勢がますます優位になりつつあると自らを納得させていたにすぎないのである。

機甲戦理論の行方

その一方で一九三〇年代後半以降のリデルハートは、機甲化部隊の重要性を改めて強調し始めるようになる。彼によれば、この部隊は当時の味方の機動的縦深防衛システムに敵の機甲化部隊が侵入してきた場合、これに対して反撃を加える目的で後方に配備しておくべきものであった。リデルハートにとってこれは、まさに戦間期にイメージしていた「拡大する急流」と「収縮する漏斗」の対決であった。もちろん、第一次世界大戦当時と比べればその規模は格段に大きくなり、また、その手段も歩兵部隊ではなく機甲化部隊を運用するというものであった。その結果、より大規模かつテンポの速い部隊編制がヨーロッパ大陸諸国で整いつつあった。そうした中、彼はイギリス軍の機甲化部隊がフランスの機動師団と共同しながら、反撃用としてフランスとドイツの国境地帯の防衛網であるマジノ線《ライン》の後方に配備されることを期待していたのである。

だが、ここで興味深い史料が残されている。リデルハートは一九二八年にアルデンヌ地方を訪問した後、次のような結論を下していた。すなわち、「一九一八年の連合国側の認識とは反対に、この地域は大規模な軍隊の移動に適していないとは言えない」。そして、リデルハートはその後ほぼ一〇年間にわたって、第一次世界大戦をテーマとした一連の著作の中でこの事実を繰り返し強調していたのであるが、このように機甲戦理論をめぐる当時の彼の議論も、やはり多くの矛盾点を抱えていたのである。

戦争の勝利という幻想

第二次世界大戦が連合国側に優位に進展するにつれて、ドイツの軍事的敗北はほぼ確実なものになりつつあったが、リデルハートは長期に及ぶ総力戦の結果として得られた勝利が、イギリスを完全に破産させ、大英帝国を崩壊させることになると危惧した。ヨーロッパ大陸のライバル諸国と比較しながらリデルハートは、イギリスは歴史上、常に小規模な国家であり、敵国を完全に破壊することなど不可能であるとともに、それを試みたことさえなかったと主張する。繰り返し彼は、歴史が証明するところでは勝利という概念はもはや幻想にすぎなくなったと指摘した後、戦争への熱狂を捨て、和平に向けて冷静に対応すべきであると訴えた。彼によれば、この戦争でイギリスが完全な勝利を追求することは、結果としてアメリカとソ連を超大国に押し上げるだけであろうし、それがさらなる対立の構図を誘発することになるのである。実際、一九四三年十月の時点で既にリデルハートは、この戦争によりソ連が東部及び中部ヨーロッパを支配下に置き、ドイツをも支配下に置くであろうと予測していた。彼によれば、西側諸国の影響力が及ぶのはそれ以外のわずかな地域だけであった。そのため、戦争の末期になってリデルハートは、再び交渉によるドイツとの和平を強く主張し始めたのである。

無条件降伏政策

一九四三年一月のカサブランカ会議でアメリカ大統領フランクリン・ローズベルトとチャーチルは、枢軸諸国側の無条件降伏を戦略方針とすることで意見の一致を見た。リデルハートは直ちにこれに反対する内容の覚書をイギリス政府に送付している。彼によれば、無条件降伏政策は交渉による戦争の終結という道を閉ざし、ドイツ国民、とりわけナチス政権に反対する人々の活路を閉ざすことになり、結局はヒトラーを利することになるだけであった。

周知のように、一九四五年春にドイツが降伏した後、廃墟と化したヨーロッパは分断されていった。ソ連を中心とする共産主義勢力はその影響力を拡大する一方、イギリスは消耗し、経済的にもアメリカへの依存状態へと陥っていた。やがて冷戦の勃発とともにリデルハートは、ソ連の脅威に対する唯一の対応策は、西側諸国が第二次世界大戦での失敗を認めたうえで、可能な限り早期にドイツの再軍備を進めることであると主張するようになる。これは、図らずも一九五〇年の朝鮮戦争の勃発を受けて現実化することになった。また、冷戦の拡大とともにドイツに対する無条件降伏政策への批判、そしてソ連の脅威を見抜けなかった大戦時の西側諸国の政策に対する批判は大きくなる一方であった。チャーチルでさえも自らの『回顧録』の中で、無条件降伏政策の策定に対する自身の関与を過小に見せようとしている。さらにチャーチルは、第二次世界大戦でナチス＝ドイツが敗北する遥か以前から将来のソ連の脅威に懸念を抱き、その前提の下で西側諸国の戦略を調整していたという今日でも一般に広く信じられている「神話」を作り上げたのである。だが現実には、リデルハートとは異なりチャーチルはナチス＝ドイツが完全に崩壊するまでは将来の世界像を考えることを拒否していたのである。彼がソ連の脅威について真剣に考えるようになったのは、第二次世界大戦終結のわずか数ヶ月前になってからである。

戦略爆撃政策

第二次世界大戦後にアメリカ空軍戦略爆撃調査団が明らかにしたように、連合国側による戦略爆撃の結果として、確かにドイツの諸都市は破壊されたものの、ドイツ国民の士気は必ずしも崩壊していなかった。逆に、連合国側の戦略爆撃がピークに達した一九四三年から四四年にかけてドイツの軍需品生産量は現実に急上昇したのである。こうした事実は、あたかも戦略爆撃をめぐるリデルハートの主張の妥当性を実証したかのようであった。もちろん、イギリスとアメリカが実施した戦略爆撃によってドイツ空軍が東方戦線から本土防衛にその資源をシフトさせたことは事実であり、また、ドイツの航空機産業が爆撃機の生産から戦闘機生産へと重点のシフトを余儀なくされたことも事実である。産業資源や要員もまた防空へとシフトし、さらには爆撃を受けた後の都市機能の修復へと資源が振り向けられた。それ以上に、仮に戦略爆撃が実施されていなかったとすれば、ドイツの軍需品生産量は実際よりも遥かに大きなものになっていたであろう。その一方で、戦略爆撃のために西側諸国の軍需品生産の三分の一以上が必要とされたことは、費用対効果の点から大きな疑問が残ることも事実であり、実際、その資源を別のかたちで有効利用することは十分に可能であった。

ナチス＝ドイツの人種政策

興味深いことに、リデルハートはナチス＝ドイツの狂信的なまでの人種偏見の規模と脅威についてまったく認識していなかった。また、彼らがこの政策をどれほど長期間にわたって継続し、それをドイツ国民がどれほど支持していたかについてもリデルハートは理解していなかったのである。無神経にもリデルハートは、後年、ナチス＝ドイツによる人種政策はある意味で人類に共通して見られる心理現象であり、戦争への熱狂から普通に湧き上がるものであったとの見当違いの議論を展開している。また、総力戦、さらにはナチズムの大きな特徴とされる宣伝の重要性についても、リデルハートはあまり理解していると は思えない。さらには、ヒトラーは例えばルイ十四世、ナポレオン、あるいはカイザー（ドイツ皇帝ヴィルヘルム二世）とは根本的に異なり、他国に対してより大きな脅威を及ぼし得る存在であることをリデルハートは最後まで認識できなかった。イギリスの歴史家A・J・P・テイラーが鋭く指摘したように、第一次世界大戦でのドイツ軍による残虐行為は一般に信じられているほど多くは起きていなかったが、逆に第二次世界大戦については、仮に今日まで伝えられていることがすべて真実であったとしても、それでも全般的には過小に理解されているのである。いずれにせよ、リデルハートは第二次世界大戦後、ナチス＝ドイツによる残虐行為をめぐる恐ろしい真実が白日の下にさらされるようになってからも自らの態度をほとんど変えていない。彼にとっては、こうした事実を突きつけられてもなお、第二次世界大戦での勝利はまったく何の意味もなさないのであった。たとえソ連の政権が専制主義的で残酷な性格を備えているにせよ、ナチス＝ドイツと比較すれば西側諸国とその人道主義に対する大きな脅威とはなり得ないことなど、彼にとってはまったく重要な問題ではなかったのである。だが、この点こそ第二次世界大戦を通じて西側諸国でリデルハートが批判され続けたもう一つの理由なのである。

無条件降伏政策と戦略爆撃政策の功罪

ここでリデルハートが強く批判した無条件降伏政策と戦略爆撃政策について簡単に触れておこう。最初にドイツに対する無条件降伏政策についてであるが、おそらくこの政策は、もっとも繊細かつ賢明な戦略とは言えないのであろう。しかしながら、それを策定した政治目的という観点からすれば、極めて有用な戦略なのである。連合国側がドイツと個別に和平交渉を行うことは、「大同盟」という文脈の下ではドイツの交渉力を高める結果を招いていたに違いない。と言うのは、連合国側の諸国は互いに疑心暗鬼に陥っていたからである。当時のドイツは、あたかもナポレオン戦争後の一八一五年のウィーン会議におけるシャルル・モーリス・ド・タレイランのように敵側諸国を天秤にかけることができたのである。

戦略爆撃という政策もまた、恐ろしい性質のものであり、その目的に関しても不明確なところもあるが、政治の一つの有用な手段であった事実は否定できない。一九四一年末以降、チャーチルは内心、ドイツとの戦争にイギリスが単独で勝利できるとは考えていなかった。しかしながら、いわゆる「第二戦線」を補完するものとして一九四二年から四四年の間、この戦略爆撃をソ連に対する支援の一環として実施することができた結果、ソ連は、最終的にドイツを敗北に追い込むことが可能になったのである。

ローズベルトとチャーチルはともに、ナチス゠ドイツを完全に解体することが必要であると考えており、また、ドイツ国民に対して彼らが戦争に完全に敗北した事実を認識させる必要があると信じていた。そして、一九一八年の失敗を繰り返すことによって、ドイツの国家主義的な伝統が生き残ることを許そうとはしなかったのである。第二次世界大戦中にヒトラーに代わる政権がドイツ国内に誕生する可能性については極めて疑問であり、また、その新たな政権が連合国側との和平交渉に応じるとは到底考えられなかった。さらにローズベルトは、第二次世界大戦後の新たな世界秩序を構築するためにも連合国側の完全な勝利を必要としていたのである。そして、その新たな世界秩序においてはドイツと日本はともに民主化され、この戦争の勝者による集団安全保障が強制されるはずであった。その意味において戦間期のいわゆる啓蒙主義的な見解とは逆に、さらにはリデルハートの予測とはまったく逆に、第二次世界大戦での連合国側の勝利は、その後の歴史を決定付けたのである。「戦争は何も解決しない」とは決して言えないのであり、この点に関してリデルハートは完全に間違っていたのである。

第四章　冷戦から晩年まで

リデルハートと第二次世界大戦

前章で触れたように、一九三九年に第二次世界大戦が勃発するとリデルハートの名声は大きく失墜した。戦前のイギリスの国家戦略に関してリデルハートは、イギリス本土を要塞化し、ヨーロッパ大陸の戦禍が及ばないようにするという、当時のイギリス政府の方針を強く支持していたのであるが、その後、同国政府が対ドイツ宥和政策の失敗を認めてこれを放棄した後になっても、彼はドイツとの和解を主張し続けた。そのため、リデルハートは敗北主義者として扱われたのである。

また、西部戦線での「奇妙な戦争」が終わりを告げ、ドイツ軍による電撃戦が実施された一九四〇年春、フランスが脆くも敗北すると、リデルハートに対するイギリス国内の評価は一段と低下した。と言うのは、リデルハートが現代の戦争では攻撃よりも防御の方が圧倒的に優位であるとの見解に固執していたにもかかわらず、ドイツ軍の西ヨーロッパ進攻は、これとは正反対の結論を導き出したからである。ここでも、彼はあまりにも教条的であると批判されたのである。

そして、第二次世界大戦を通じてリデルハートがチャーチルの推進する総力戦態勢を厳しく批判したことが、彼の名声をさらに低下させる結果を招いた。リデルハートが徴兵制度を嫌悪したのは、それが、第一次世界大戦での大量殺戮の主たる原因であったと考えたからであり、同時に、個人の自由を侵害しイギリスのリベラル民主主義の伝統に反すると認識していたからである。また、ドイツの諸都市に対する戦略爆撃政策にもリデルハートは、有用性の観点と道義的な理由の双方から反対の立場を表明した。すなわち、戦略爆撃は敵の損害を大きくするにせよその効果に乏しく、一般国民を巻き込み、さらには敵・味方の憎悪を不必要に募らせ、ドイツからの報復を招く結果となるというのである。

さらには、リデルハートはチャーチルが用いた無条件降伏政策にも反対の立場を表明した。と言うのは、リデルハートは連合国側が無条件降伏の方針に呪縛され、ヒトラー失脚以降のドイツと交渉による和解を経てヨーロッパでの戦争を終結させることが不可能になるのではないかと懸念したからである。実際、ドイツが完全に崩壊してしまえば中部及び東ヨーロッパに力の真空が生じるといち早く指摘していたのはリデルハートであった。だがここで重要なことは、リデルハートが戦争をできるだけ限定的なものに抑制すべきと考えていたまさにその時、チャーチルは、反対に戦争を最大限に激烈なものにしようと試みていた事実である。リデルハートは、ヨーロッパでの戦争を世界規模のものに発展させ、これにアメリカを関与させたいと考えていたチャーチルの国家戦略をまったく理解できなかったのである。

「絶対戦争」の出現

リデルハートは前述の『戦争の革命』の中で、ヨーロッパの戦争が十八世紀に見られたような抑制と中庸に特徴付けられるものから、第一次世界大戦で見られた野蛮な行為へと成り下がったことに対して極めて批判的な見解を述べている。クラウゼヴィッツが国民の熱狂とその力を戦争に総動員するためにフランス革命を高く評価したのに対して、リデルハートは、これを総力戦の根源であるとして忌諱した。彼によれば、大規模な徴兵から構成される軍隊は第一次世界大戦を可能にしただけではなく、まさに戦争の「絶対性」を決定付けた要因であった。その結果、無分別な軍人が数多く登場することになり、ヨーロッパは機動を犠牲にした正面攻撃による消耗戦争に突入したのである。さらには、戦争での非人道的行為を促進し、「銃後」の熱狂を煽動することにより抑制された平和の達成が不可能になったのである。言うまでもなく、リデルハートにとって、広島と長崎への原爆投下に象徴される第二次世界大戦は、この「絶対性」の究極の表現であった。

そこで彼は、十八世紀のいわゆる「制限戦争」の概念が彼の同時代の戦略概念に代わるものを提供できないかと考えたのである。十八世紀においても、国家はその政治目的の達成のために軍事的手段を用いたが、戦争は国家に破滅をもたらすものではなかったとされる。なぜなら、この時期には依然として資源や技術面での制約要因が存在していたことは言うまでもないが、それ以上に、当時の政治及び軍事の指導者、すなわち君主は、敵の心理的な崩壊を誘うことで勝利を追求するという方策を用い、敵の軍事力を破壊することで戦争の決着を付けることなど稀であったからである。リデルハートにとって二十世紀前半、第二次世界大戦までの「集中」の概念は、十八世紀の「計算された分散」に取って代わられる必要があった。とりわけ核兵器の登場は、リデルハートには戦争に対する人々の意識を変える決定的な要因のように思われた。そして、戦争に対するこのような彼の認識は、リベラル民主主義的な戦争観及び世界観を代表するものであった。だがそれは、一九三〇年代及び四〇年代当時のヨーロッパ大陸諸国及びイギリスの「時代精神」とは正面から対立するものであり、まさにその理由によってリデルハートは著しく不当な評価を受けたと言えよう。第二次世界大戦を通じて彼が、宥和主義者とのレッテルを貼られ、批判されたことは既述した通りである。

第二次世界大戦後、アメリカとソ連をその対立の中核とする冷戦が勃発した頃、リデルハートの名誉は徐々にではあるが回復することになった。と言うのは、彼は冷戦時に大きな戦略問題となった様々な点に関して、あたかも予言者のようにそれ以前から指摘していたからである。例えば、イギリスは第二次世界大戦に勝利したものの、その過程で自国を決定的に弱体化させてしまった。また、確かにヒトラーによるヨーロッパの全体主義的支配は退けられたが、それに代わってスターリンが登場してきた。第二次世界大戦中、イギリスは戦略爆撃によりドイツ全土を破壊したにもかかわらず、大戦後は共産主義に対する防波堤としてドイツの西側半分を再建しなければならなくなった。さらには、リデルハートは核兵器の登場が総力戦という概念に対してまったく新たな、かつ、残酷な意味を付加した事実を最初に指摘した人物であった。クラウゼヴィッツの「絶対戦争」という理念型、これは、実際には実現不可能と思われていたものであるが、今やこれが現実のものになりつつあった。すなわち、文字通り戦争で世界全体が一瞬のうちに破壊される可能性が出てきたのである。リデルハートは『戦略論』の中で、「と言うのは、仮に現在、使用可能な核戦力が制御され単に抑止力として保持されるのでなければ、核戦力の使用は『戦争』を意味するものではなく、『混乱』を意味するものにすぎなくなるからである」と核兵器の抑止機能を強調している。

こうした戦略環境の中で興味深い事実は、リデルハートのソ連に対する姿勢である。リデルハートの対ソ観、さらにはその原型とも言える対ナチス＝ドイツ観は、アメリカの外交官で国際政治学者であるジョージ・ケナンのものと酷似しており、その戦略目的も戦争による勝利の追求ではなく、敵を封じ込めるというものであった。リデルハートとケナンの戦略思想については、第十章で改めて紹介するが、周知のように、ケナンは冷戦初期、ソ連に対するアメリカの封じ込め政策の大枠を規定した人物であり、アメリカの外交問題専門誌『フォーリン・アフェアーズ』にその論考「X論文」を寄稿して世界の注目を集めた。実はそこでケナンが主唱したコンテインメント（封じ込め）という概念は、それほど圧迫感の強いものではなく、「囲い込んでおく」あるいは「せき止めておく」といったニュアンスが強い。またケナンは、コンテインメントの手段として必ずしも軍事力を考えておらず、経済力や政治力を用いてソ連の拡張を封じ込めることを想定していたようである。

だがこのケナンの意図とは反対に、アメリカ政府はコンテインメントという概念を純軍事的にソ連を封じ込めることであると解釈して、この政策をその後のアメリカ外交の中核に据えてしまったのである。ケナンは一九六〇年代後半に出版した自らの『回顧録』の中でも、自分の意図した封じ込め政策が間違って解釈され、また、政策化されたと述べており、実際、彼はその後のヴェトナム介入に代表されるアメリカにとってあまり重要とは思えない地域への介入については極めて批判的であった。ケナンは、冷戦初期のアメリカの対ソ政策の基礎を提供する一方で、その政策にもっとも批判的であったのである。このように軍事力を前面に押し出さない慎重な外交政策を強調する点については、リデルハートはケナンと共通する部分が多いのである。

周知のように、一九六〇年代のいわゆる反体制運動が活発であった時期、新たな世代の政治家や軍人の登場とともにリデルハートの名声は再び高まることになる。彼が主唱した

「リベラルな戦争観」と当時の反戦思想には、一見、共通する部分が多かったからである。しかしながら、たとえ間接的とは言え、彼が実際のイギリスの国家戦略形成に何らかの関与を行い、何らかの影響を及ぼし得たのは一九四〇年代までであり、その後のリデルハートは、まさに「部外者」の位置に留まったのである。冷戦期のリデルハートについては、例えば、一九五〇年代中頃の「スエズ危機」に際して、当時のイギリス首相アンソニー・イーデンが彼に助言を求め、二人が会談した時、イーデンの政治感覚のなさに腹を立てたリデルハートが、彼に机の上にあったインクの瓶を投げつけたといった様々なエピソードが伝えられているが、これらはすべて事実ではない。

核兵器の登場と「大戦略」

日本への二度にわたる原爆投下によって第二次世界大戦が終結した一九四五年から、いわゆる核の時代を迎えることになるが、核兵器の使用についてリデルハートは当初より完全に否定的であった。彼は核兵器が登場した以上、全面戦争や総力戦はもはや考えられないと述べている。彼はさらに、西側諸国は敵の核攻撃を抑止する以外に自らの核兵器に依存することができず、また、核兵器が備えた破滅的な能力を考えれば、戦術レベルのものを含めて核兵器がソ連の通常攻撃に対する信頼に足る抑止力や防衛力を提供できないと指摘した。そして、西側諸国の防衛は核兵器を用いない限定的な手段、すなわち通常兵器によるべきであると主張したのである。

さらにリデルハートは、軍事戦略を超えた国家政策として「大戦略（グランド・ストラテジー）」という概念を示し、核の時代においては、より高次の視点から戦争を考える必要があることを指摘するとともに、最小限のコストで最大限の安全保障を確保すべきであると主張したのである。こうしたリデルハートの戦略概念は今日では当然のことのように思えるが、当時としては極めて新しい発想であったのである。

当然ながら彼は、その当時流行した「限定核戦争」をめぐる議論ですら不毛であると考えていた。と言うのは、いかなるかたちであれ核兵器を使用することは、その結果として、エスカレーションにつながると考えたからである。そこでリデルハートは、即座に中庸と国際協調の下での抑止の必要性を主張し始めた。彼は、核兵器が登場した以上、いかなる戦争であれそれが勃発すれば、地理的範囲においても強度の点からも限定させる必要があると考えた。その結果、例えばＮＡＴＯ軍に関してリデルハートは、高度な機動性を備えた軍隊がいわば「消防隊員」のように行動する必要性を唱えたのである。この概念は、今日では国際社会で広く受け入れられるところとなり、国際連合による平和維持活動（ＰＫＯ）などもこうした概念の延長線上に位置するものである。また、こうした軍事力の運用方法こそが、敵と味方の相互確証破壊へのエスカレーションを阻止するものであることも一般に認められている。核兵器の登場以降、かつてリデルハートが「オートマティック戦争」と名付けた戦争の形態、すなわち、戦争が勃発すれば自動的にその究極へとエスカレートする可能性が極めて高い戦争の様相が、今日のコンピュータによる戦争の時代にいたるまで続いている。そして、こうした時代状況の下でリデルハートが早くから主唱した戦略こそ、相互の安全保障を確保するための相互抑制、「文明」を維持するための抑制という発想であったのである。

他方、一九四〇年春の劇的なまでのフランス軍の敗北を予期できなかったため、さらには、その後もリデルハートがナチス゠ドイツとの妥協による和平を提唱し続けたため、彼の名声と影響力は大きく低下していたが、第二次世界大戦後、電撃戦の知的生みの親としてのリデルハートの地位は徐々にではあるが確固として確立されていくことになる。その理由の一つは、戦後、リデルハートと親交を深めた第二次世界大戦時のドイツ軍将官が、ドイツにおける電撃戦理論の形成に対するリデルハートの影響を明確なかたちで認めたからである。しかしながら、よく考えてみれば敗戦国ドイツの将官にとって、この時期にドイツにおける機甲戦理論の発展へのリデルハートの影響を認めることは、第二次世界大戦をめぐる自らの主張をリデルハートの著作が代弁してくれることに対する代償としては、決して高いものではなかったに違いない。リデルハートとドイツ軍将官との奇妙な相互依存関係について詳しくは次項以下で述べるが、こうしたリデルハートの影響に疑問を抱く論者は、彼の死を待たなければならず、事実、一九七〇年の彼の死去後からつい最近にいたるまでの間、ドイツ軍将官や同国での電撃戦の概念の発展に対する彼の影響を全否定する歴史解釈の登場とともに、リデルハートの名声は再び低下することになったのである。

ドイツ軍将官との関係

第二次世界大戦後、リデルハートは直ちにオックスフォード大学で教職に就けるよう努力したようであるが、残念ながらこれは報われなかった。だが皮肉なことには、このオックスフォード大学での職が得られなかった結果として、リデルハートは戦争に敗れたドイツ軍将官と交流する時間的余裕ができたのである。当然ながら、彼の形式上の任務はイギリス国内の捕虜収容所に収監されていたドイツ軍将官の再教育であったが、同時に、リデルハートがこの機会を利用して彼らにインタビューを実施していたことは公然の秘密であった。その結果が一九四八年に出版された『丘の向こう側』（邦訳は『ナチス・ドイツ軍の内幕』、後に『ヒットラーと国防軍』と改題）であるが、日本での高い評価とは対照的に、この本ほどイギリス国内で厳しく批判され、また、高度に政治問題化した著作はないであろう。リデルハートはまた、この本の出版後、ドイツにいるハインツ・グデーリアンに書簡を送って個人的な接触を求めた。その結果が、ドイツにおける機甲戦理論の推進者であったグデーリアンの回顧録の英語での翻訳出版、『パンツァー・リーダー』（邦訳は『電撃戦』）であった。同書の英語版にはまったくクレジットは記されていないが、リデルハートこそこの本の事実上の編集者であった。さらには、『丘の向こう側』の出版で脚光を浴びたリデルハートは、直ちにアルウィン・ロンメルの親族から接触されることになる。この結果が一九五三年に英語で出版された『ロンメル・ペーパー』(邦訳は『ロンメル戦記』)であった。当時この本は、かなりの人気を博したチャーチルの『回顧録』よりも多く、イギリス国内の新聞などの書評や文献紹介で取り上げられたとされる。ここに当時の、そして今日にいたるまでのイギリス国民のロンメルに対する深い敬意を窺い知ることができるが、実はこのロンメル人気を作った原因の一つがリデルハートのこの著作であったのである。

ドイツ軍将官の弁護人?

こうした一連の著作の中で、リデルハートは敗戦国ドイツに対して寛大であるという評判を確立する一方、あまりにも旧敵国に好意的すぎるとの批判、さらには、自らの利益を得るためにドイツ軍将官を利用しているにすぎないとの批判を受けることになる。確かに、リデルハートはドイツ軍将官を国際軍事法廷で裁くことには最後まで反対し続けた人物の一人である。だが、一九九〇年代に「ドイツ国防軍の戦争犯罪」という展示がドイツやオーストリア国内で大々的に開催された時、リデルハートがもっとも好意を抱いていたドイツ軍将官の大多数が、少なくともこうした戦争犯罪を知っていたか、あるいはそれに積極的に関与していた事実が明らかにされたのである。

では、なぜリデルハートはドイツ軍将官の弁護人という役割を積極的に引き受けたのであろうか。この問いに対する答えの一つは、彼が軍事戦略の分野に限定してこうしたインタビューを行っていたからというものである。確かに、リデルハートは第二次世界大戦をめぐる政治問題についてあまり興味を示していない。だが、この解釈はあまりにもリデルハートに好意的すぎる。例えば有名なロンメルの政治嫌いについても、イギリス国内では、ロンメルを筆頭とするドイツ軍将官の政治への無関心こそがドイツにおける民主主義の拒絶とナチス独裁の受け入れの土壌となったのであり、イギリス軍将官のいわゆる政治への不関与とはまったく別の問題であると厳しく批判されている。事実、リデルハートの約七〇〇頁にも及ぶ大著『第二次世界大戦』には、ホロコーストや強制収容所についてたった一ヶ所しか言及されていないため、同書に対するイギリス国内での批判は我々の想像以上に大きいものがある。

おそらく真相は、いわば意図せざる協力関係である。少なくともリデルハートは、自分に都合が良い「真実」を探し求めていたのであり、また、こうした著作の出版で自らの名声を得ようとしたのである。他方、当時のドイツ軍将官にとって敗者の立場を代弁してくれるリデルハートは、とてもありがたい存在であったに違いない。

ロンメルに対してリデルハートは、とりわけ彼の「砂漠の狐」という異名が第一次世界大戦時の「アラビアのロレンス」のイメージと合致していたため、特別の関心を寄せたのであろう。だが、やはり近年の研究が示すところでは、ロンメルは必ずしも名将と呼ぶに値する軍人ではなかったというのが歴史家の一般的な評価である。例えばイスラエルの歴史家マーチン・ファン・クレフェルトはその著『補給戦――何が勝敗を決定するのか』の中で「ロンメルは名将だったか」という一章を設け、ロンメルは彼の死後に出版された『回顧録』の中で指揮官は補給に細心の注意を払うべきであり、補給担当将校に対して自発的に準備を進めるよう命じるべきであると述べている一方で、現実にはロンメルが、作戦面での見積もりと補給の可能性を比較検討した結果、しばしば後者を無視した事実を鮮明に描き出している。最終的にロンメルは北アフリカ戦線で敗北するが、それは、一般に信じられているヒトラーの戦争指導の責任ではなく、兵站《へいたん》に対するロンメルの配慮の欠如が原因であったというのがクレフェルトの結論である。結局、少なくとも北アフリカ戦線での戦いに関する限り、何度にもわたってロンメルがヒトラーの命令を無視し、自軍の基地から適切な距離を超えて進撃を試みた事実こそ問題視されるべきなのである。

また、グデーリアンの『回顧録』の英語での出版についても、リデルハートがドイツ語の原文の表現からその英訳のニュアンスを微妙に変えることにより、グデーリアンに対する彼の戦略思想の影響を過大に表現しようとしたことは、今日では周知の事実である。

晩年のリデルハート

その一方で、晩年のリデルハートに対する評価には高いものがある。事実、リデルハートの「ステート・ハウス」には文字通り世界中から訪問客が訪れ、書簡が届いていた。とりわけ彼を訪問した人々に対してリデルハートは、戦争史に関する丁寧な教示は言うまでもなく、文献や史資料の紹介や貸与、さらには食事、ワイン、ウイスキーとまさに客の望み得るすべてのものを提供した。睡眠だけが唯一の例外であったと言われるほどである。著者もボンド教授と何度かこの「ステート・ハウス」を訪問したことがあるが、残念ながら今日では、この建物はリデルハートとはまったく無縁の人物が所有している。そのため、当時のおもかげはほとんど残されていないが、事前に所有者の了解が得られれば、見学することができる。

こうしたサロン風のネットワーク形成の結果、世界中にリデルハートを師と仰ぐ歴史家や軍人が数多く存在することになる。その中から日本でも著名な人物だけに限っても、レイモン・アロン、アンドレ・ボーフル、ジョン・テレイン、コレリ・バーネット、ポール・ケネディ、ジョン・リン、ロバート・オニール、そして、クラウゼヴィッツに関する著作でお馴染みのマイケル・ハワード卿やピーター・パレットなどの名前が挙げられる。もちろん、著者の指導教官であったブライアン・ボンドもその一人である。長年、オックスフォード大学で戦争史講座を担当したオニールは、リデルハートの功績について次のように的確に表現している。「彼は我々に知識、議論の実践、そしてもっとも重要なことには勇気を与えてくれた。この勇気は、思想家一個人が影響力を及ぼすことが可能であるという彼自身の事例によって、そして、彼が我々個人に関心を抱き続けてくれた事実によって与えられたものである。彼はまた、戦略や戦争史という研究領域が我々の生涯をかけても学ぶに値するものであるという永遠の確信を我々に与えてくれたのである」。

なお、リデルハートが執筆活動のために集めた軍事問題に関する史資料は今日、ロンドン大学キングス・カレッジの「リデルハート軍事史料館」で閲覧することができる。また、リデルハートの衣装(コスチューム)に関する史資料については、リバプールのジョン・ムーレス大学に保管されている。興味がある読者は、ぜひこの二つの大学を訪れてもらいたい。

なるほど、確かにリデルハートは二十世紀のクラウゼヴィッツとは言えないのかもしれない。彼にはクラウゼヴィッツの『戦争論』に比肩し得る偉大な著作などなく、時間を超越した深遠かつ体系的な戦争哲学を提示することもなかった。本書では紹介していないが、リデルハートの一九四四年の著作『戦争を考える』はこうした最初の試みであったが、必ずしも成功したとは言えない。また、本書の第七章と第八章で詳しく紹介する『戦略論』は、その内容においてクラウゼヴィッツの『戦争論』には遠く及ばないとの評価が一般的である。だが同時に、例えば「間接アプローチ戦略」という概念が、新たな視点から軍事問題を考えるための一つの方法論を提示したことは間違いない。かつてテイラーは、次のように述べてリデルハートを高く評価した。すなわち、「戦略的過剰拡大、大英帝国の過剰拡大、宥和の伝統、時刻表による戦争、そして、交通事故としての戦争といった概念はいずれも、リデルハートによってその基礎が作られたものであり、あなたがいなければ歴史家は、一体、何をすればよいのでしょうか」。また、近年では二十世紀における「リベラルな戦争観」の主唱者として、さらには「西側流の戦争方法」の生みの親としてリデルハートの戦略思想の重要性が改めて見直されている。

今日から振り返れば、リデルハートは常に遠い将来を見据えながら戦略を考えていたのかもしれない。リデルハートは常に述べている。「平和に対する万能薬など存在しない」と。そして、「平和を欲するのであれば、戦争を理解せよ」と。

それでは、第二部でリデルハートの戦略思想をより具体的に検討してみよう。

第二部　リデルハートの戦略思想

第五章　第一次世界大戦の衝撃

第一次世界大戦

『戦略論』の中でリデルハートは、第一次世界大戦を次のように端的に評価している。

ドイツが最終的に崩壊した原因は、出血による損害によるものではなく、むしろ、連合国側が海軍力をもって加えた経済的圧力に起因する飢餓状態である。

その一つは海軍力が果たした決定的な役割であり、海上ではいかなる決定的海戦もなかったにもかかわらず、海軍力は、経済的圧力によって敵の崩壊をもたらしたのである。

いかにもリデルハートらしい議論と言えばそれまでであるが、はたして、こうしたリデルハートの評価はどの程度の妥当性を有するのであろうか。本章では第一次世界大戦とそこでのリデルハートの実体験を概観するとともに、戦争と社会というより幅広い視点から総力戦としての第一次世界大戦について考えてみたい。すなわち、リデルハートが多感な青年期を過ごした時期であり、一般には総力戦の時代として知られる時期において、戦争が社会全般との関係の中でいかなる意味をもっていたのか、そして、イギリスの上流階級や中産階級の人々の意識にどのような影響を及ぼしたのかを検討するとともに、総力戦のもっとも代表的な事例とされる第一次世界大戦を振り返ることにより、リデルハートの戦略思想に大きな影響を及ぼした出来事とされるこの戦争の意味についても考えてみよう。

総力戦

最初に、総力戦とは何かについて考えてみよう。総力戦という言葉は一般的に、第一次世界大戦時にドイツの実質的な最高戦争指導者であったエーリヒ・ルーデンドルフの著作『総力戦（*Der totale Krieg*）』の出版とともに定着する。ルーデンドルフの『総力戦』が出版されたのは一九三五年であり、それが邦訳されたのは一九三八年（邦題は『国家総力戦』）であった。それまでは、総力戦という用語は必ずしも一般的でなく、第一次世界大戦においては「国家総動員」という言葉が用いられていたが、ルーデンドルフが一九三五年に同書を出版後、その書名が流行語になったのである。だが、当然ながらその概念自体は、二十世紀初頭には認識されつつあり、事実、日本でも一九一四年の第一次世界大戦勃発を受けて日本陸軍及び海軍内に設けられた調査機関「臨時軍事調査委員会」と「臨時海軍軍事調査委員会」の各種報告書などを通じて、戦間期には比較的よく知られていた。

その意味するところは、戦闘員と非戦闘員との国際法上の区別を無視して戦われる戦争であり、そこでは、軍事力だけでなく、交戦諸国の経済的、技術的、さらには道徳的潜在力が全面的に動員されるのである。そして、国民生活のあらゆる領域が戦争遂行のために組織され、あらゆる国民が何らかのかたちで戦争に関与することになる。したがって、敵に対する打撃は単に敵の軍事力だけではなく、銃後の軍需生産はもとより食糧ならびに工業生産全般の破壊、およそ国民の日常生活の麻痺にまで向けられる。さらには自国民の士気の昂揚、逆にまた敵国民の戦争への意欲をそぐための宣伝、すなわち、戦争の心理的側面も極めて重要な意味をもつことになる。言い換えれば、総力戦とは軍事力だけでなく、軍需生産を支える工業力や食糧確保のための農業生産力、それらの生産を支える労働力（労働者及び農民）の全面的動員、さらには老人や女性を含めた全国民的な戦争協力、これらの諸力の総動員を可能にし、正当化するための宣伝と思想及びイデオロギーの大々的展開、以上のような国家的かつ国民的総力を挙げて戦われる戦争と定義できよう。端的に言えば、総力戦時代においては戦争の勝敗はもはや戦場で決定されるのではなく、国家の技術力や生産力の動員能力の有無によって決定されるのである。

この言葉は当時の上流貴族階級、例えばドイツのユンカーの理念ではあり得なかった。非ユンカー、すなわちルーデンドルフのような新しいタイプの軍人や、いわゆる中産階級のホワイトカラーから発生した概念及び運動であった。総力戦にあたる表現が初めて用いられたのは、第一次世界大戦末期のフランスであり、“*guerre totale*”という言葉が登場したという。イギリスでは、これにあたる表現、“total war”の初出は意外と遅く、オックスフォード英語辞典によれば一九三七年のことである。

総力戦としての第一次世界大戦

総力戦の萌芽は、既に一八六〇年代から七〇年代の「ドイツ統一戦争」やアメリカ南北戦争、そして二十世紀初頭のボーア戦争や日露戦争において見られたが、総力戦の実相が誰の目にも明白になってきたのはやはり第一次世界大戦においてであった。だがそれは、あらかじめ総力戦という戦争形態を想定して準備されたものではなく、いうなれば自覚されないままに始められたものであった。すなわち、交戦諸国の指導者はいずれも当初、短期的かつ限定的な戦争を想定して参戦したものの、戦争の展開過程の中で初めてこれまでに経験したことのない戦争形態の出現を理解し始めたのである。第一次世界大戦が始まった当初、交戦諸国の政府及び国民はこの戦争が四年以上も続く長期の戦争になろうとは予想もしていなかった。誰もが戦争はクリスマスまでには終結すると楽観視していた。そのため、開戦当初の国民動員体制ですら、当然ながら戦争の長期化を前提としたものではなかったのである。

これとは対照的に第二次世界大戦は、いわば自覚的に準備された総力戦であった。そこでは、第一次世界大戦の経験を基礎にして次なる戦争が総力戦であることがあらかじめ想定されていたのである。実際、決して包括的なものとは言えないにせよ、日本でも一九三八年の「国家総動員法」の制定をはじめとして国家による一元的な戦争指導体制が既に太平洋戦争前から構築されていたのである。

思えば、第一次世界大戦が、総力戦というそれまでに用いられていなかった概念を用いることによって初めて説明できたという事実は特筆に値する。それほどまでに第一次世界大戦は、まったく新たな様相を呈した戦争だったのである。この戦争においては、後年の第二次世界大戦で有名になる戦略爆撃思想の萌芽が見られたが、よく考えてみれば、航空機を用いて非戦闘員が居住及び労働する都市の上空から強い破壊力を備えた爆弾を投下することにより、敵国の生産力を破壊し、さらには、敵国民の士気をくじくことを目的とする戦略爆撃という考え方は、その道徳的評価を別とすれば、まさに総力戦の時代に相応しい社会現象であった。

「すべての戦争を終わらせるための戦争」

第一次世界大戦では、「すべての戦争を終わらせるための戦争」という表現が、開戦当初からイギリスなどで盛んに唱えられていた。軍人だけではなく、銃後のすべての国民の参加を不可欠とする総力戦においては、どうしてもすべての国民を納得させ得る戦争目的が必要とされるのであり、その究極が後年の無条件降伏政策である。また、科学、技術、大量生産、そして中央集権化された政府といったその当時の社会要因が、この戦争の様相、とりわけその破壊の規模の大きさを規定することになる。その結果、「国民総武装（ネーション・イン・アームス）」といったナポレオン戦争時代の概念は、「国民総戦時（ネーショ ン・アット・ウォー）」という新たな概念に取って代わられた。すなわちこれは、国家が兵器や食糧を生産してその軍隊に供給することが、兵士そのものよりも遥かに重要になってきたことを意味するのである。

それでは、第一次世界大戦という総力戦の結果、一体、何が具体的に変わったのであろうか。以下、第一次世界大戦の経緯を簡単に記すとともに、この戦争が社会と個人、とりわけイギリスとリデルハートに及ぼした影響について考えてみたい。

「攻勢主義への盲信」

第一次世界大戦前夜の軍事戦略レベルでの「時代精神」を代表するものとして、しばしば「攻勢主義への盲信」という表現が用いられる。そもそもこの「攻勢主義への盲信」という表現は、フランスの将軍ジョゼフ・J・C・ジョッフルがその『回顧録』の中で用いたものとされ、ジョッフル自身、これを「何となく理性では説明できない性格」のものと述べている。その後の歴史家は、この「攻勢主義への盲信」という表現に注目し、第一次世界大戦を通じて多大な犠牲者を出した一つの原因として、これを強く批判したのである。

その場合、ジルベール、フォッシュ、グランメゾン、そしてジョッフルというフランスの軍事戦略思想の系譜から、いかにして「攻勢主義への盲信」という思想がフランス軍全体に定着するにいたったかを解明しようとするのが一般的であり、リデルハートも彼の一連の著作の中で同様の見解を示している。すなわち、ジルベールが一八七〇年から七一年の普仏《ふふつ》戦争でフランスが敗北した原因を、フランス軍が攻勢を用いなかったためであると極めて単純な結論を下したことに始まり、この思想が彼の影響を大きく受けたとされる未来の陸軍元帥フォッシュに継承される。フォッシュがその著『戦争の原則』の中でいわゆる「戦争の四原則」を唱えるとともに、敵軍主力の撃滅が戦争に勝利するための唯一の手段であると主張した事実、そして、勝利への意志の重要性を過度に強調した事実はよく知られている。

次に、こうしたフォッシュの思想を教え込まれ、攻勢の利点だけに注目した彼の信奉者、とりわけグランメゾンは、戦争での勝利を確実にする方法が熱狂的なまでの攻勢であると信じるようになった。グランメゾンは後年、フランス軍の新たな作戦指導綱領を作成し、この方針に反対する軍人を容赦なく追放したが、この綱領には「フランス陸軍はその伝統に回帰し、もはや攻勢以外のいかなる原則も認めない」と明記されていた。また、ジョッフル自身も、フランス陸軍は「攻勢以外の法則をまったく知らない。(中略) それ以外の概念は、戦争の性質そのものに反するものとして拒否されなくてはならない」と、グランメゾンと同様の見解を述べている。

こうしてフランス陸軍は、攻勢主義の美徳にとりつかれることになる。だがここで重要なことは、こうした精神が職業軍人だけに留まらず、これと対立する同国のいわゆる急進左派勢力にも同様に受け入れられていた事実である。そして、さらにこの攻勢主義へのこだわりは、フランス国民全体にまで拡大していたのであり、イギリスにおいてもほぼ同様の現象が見られたのである。

ドイツが置かれた戦略環境

一方、ドイツの軍事戦略立案者は、十八世紀のフリードリヒ大王の時代から、一つの根本的な戦略問題を抱えていた。それは、敵対的なフランスに西方から、そしてやはり敵対的なロシアに東方から、さらには通常、南方からやはり敵対的なオーストリアに挟まれており、ドイツが戦争での敗北を回避する唯一の方策は、ある国家がドイツ本土に本格的に進攻してくる前にそれ以外の国家を撃滅してしまうことだけであった。「ドイツ統一戦争」でのプロイセン＝ドイツの勝利は、この戦争でロシアを中立に留めることに成功した当時の宰相オットー・フォン・ビスマルクの外交手腕に負うところが大きかったが、一八九〇年代初頭には仏露同盟が成立したため、この両国に包囲されたドイツの戦略問題はより明確なかたちで現れてくるのである。

ヨーロッパ大陸で大規模な戦争が生起した場合、ポーランドの大平原、すなわち東部戦線で決定的な勝利を得ることは不可能である。広大な土地の拡がりのため、一八一二年のナポレオンの「モスクワ遠征」の二の舞になる恐れがあったからである。だが仮に、フランスを西部戦線で敗北させることができれば、ロシアと直ちに和平を結べる可能性が存在する。問題は、いかにして迅速かつ決定的な勝利をフランスに対して得ることができるかである。

一八七一年以来フランスは、対ドイツ国境地帯に強大な要塞網を構築しており、普仏戦争の時と同じやり方で勝利を得ることは明らかに不可能であると考えられた。唯一の方法は中立国であるベルギーを経由した迂回作戦であるように思われた。そしてこの迂回作戦とは、迅速にフランス軍を敗北させ、その後、予測されるロシア軍の攻勢を阻止するため東部戦線に兵力を移送できるほど強力なものである必要があった。

こうして、ベルギーを通過して大規模な進攻作戦を行うことはドイツの軍事戦略にとって不可欠な要素となった。そして幸運にも、一九一二年から一三年にいたる陸軍改革によりドイツ陸軍の規模が増大した結果、このような進攻作戦を実施することが可能になってきたのである。この結果が、今日でも有名な「シュリーフェン計画」として知られる軍事戦略の登場であるが、よく考えてみれば、確かにこのドイツの戦略にはいかなる「論理」も備わっていないように思われる。一九一四年夏に第一次世界大戦が勃発した時、セルビアをめぐってロシアと対立するオーストリアを支援するためにドイツはフランスを攻撃することになるが、フランスは、この対立の当事国ではなかったのである。またドイツは、フランスを攻撃する目的でベルギーに進攻したが、このベルギーの中立は一八三一年の条約で保証されており、ドイツはイギリスとともにこの条約の締結国であった。

だが、はたしてこの方法以外に、ドイツが戦争に勝利する可能性のある選択肢が存在していたであろうか。攻勢主義に対する信奉と当時のドイツが置かれた戦略環境、そして、ドイツの国家政策の結果としての「決定的勝利への盲信」こそ、「シュリーフェン計画」の論理を支えていた要石であった。

グレート・ウォー

第一次世界大戦は「すべての戦争を終わらせるための戦争」と言われた。また当初、戦争は速やかに、クリスマスまでには終結するであろうと考えられた。だが、実際にはこの戦争は、四年以上もの長きにわたって続いたのである。この凄惨な戦争についてチャーチルは、「第一次世界大戦以降、戦場から騎士道精神が失われ、戦場は単なる大量殺戮の場へと化した」と回顧している。また、イギリスの歴史家ポール・ケネディは二十世紀の終わりを迎えた一九九九年、第一次世界大戦が二十世紀をおおった影は、「以前にも増して長く、より暗く、より威圧的になっているように思われる」と指摘している。さらにケネディは、第一次世界大戦が近代においてほかのいずれの戦争よりも歴史の道筋を変え、また、同大戦の起源、過程、そして結果は、二十世紀を理解するための鍵であるとさえ述べている。一方、同じくイギリスの歴史家ジョン・キーガンはこの戦争に対して、「その遂行方法は残酷、結果は破壊的で恐るべき戦争であった。ここに二十世紀の病根のほとんどが由来している」と厳しい評価を下している。

確かに、二十一世紀を迎えた今日においても、多くのヨーロッパの人々にとって「あの戦争」とは、第二次世界大戦ではなく第一次世界大戦を意味する。今日でも十一月十一日という日は、ヨーロッパの人々にとっては特別の意味を有する。著者は、ほぼ毎年この時期にヨーロッパを訪問しているが、とりわけヨーロッパ大陸諸国では今日にいたるまでこの日は「休戦記念日」として、どんなに小さな町や村でも戦没者慰霊式典が行われる。現在、イギリスで在外研究中の著者は二〇〇七年十一月、エリザベス女王をはじめとする王室関係者、さらにはイギリス首相や国防大臣などの政府関係者が多数参列して行われた戦没者慰霊式典に参加する機会に恵まれたが、ここでもやはり第一次世界大戦での犠牲者に対する慰霊が大きな割合を占めていた。もちろん、この戦争の後遺症はヨーロッパだけに留まるものではなく、「ヴィミー」という地名がカナダ国民に持つ意味、また、「ガリポリ」という地名がオーストラリア及びニュージーランド国民に持つ意味を考えただけでも、第一次世界大戦の影響は極めて大きなものであると言わざるを得ない。例えば、オーストラリアのメルボルンにある戦争慰霊堂の一枚のプレートには「忘れるなかれ、ガリポリ――一九一五年四月二十五日、この日一つの国民が誕生した」と記されているそうである。

また、読者の中には、ジャン・ルノワール監督による「大いなる幻影」という、第一次世界大戦中のドイツの捕虜収容所を舞台とした一九三七年製作のフランス映画を憶えている方も多いであろう。この中で、収容所長のドイツ軍将校と捕虜のフランス軍将校はともにヨーロッパ貴族階級に属しており、敵・味方とは言えどこか通じ合うものがある。と言うのは、彼らはともにこの戦争を通じて「貴族の時代は終わった」という認識を共有するようになったからである。この映画に見事に象徴されているように、第一次世界大戦は一つの時代の終わりを告げる戦争であり、同時に、一つの時代の幕開けを告げる戦争であった。

起　源

さて、ここで第一次世界大戦の概略を紹介しておこう。第一次世界大戦は一九一四年七月から一八年十一月まで、当時のすべての大国を含めた世界の三十数ヶ国が参加した戦争である。そこでは、航空機、潜水艦、戦車が登場し、毒ガスが実戦に用いられ、武器弾薬の生産が勝敗を決するため各国の総力戦化が進んだのである。リデルハートはその著『第一次世界大戦』の中で、一九一四年の戦いの様相を「クリンチ」、一九一五年の戦いを「行き詰まり」、一九一六年の戦いを「相討ち」、一九一七年の戦いを「緊張」、そして一九一八年の戦いを「急展開」と表現しているが、こうした表現は、それぞれの時期の戦いの様相を巧みに描写し得たものであり、ここにも人々の注目を集めるキャッチ・フレーズ作りに長けたリデルハートの才能が垣間見える。

第一次世界大戦の起源については、今日まで多くの研究が蓄積されているが、経済的、帝国主義的ライバル関係や同盟システムがヨーロッパ主要諸国相互の敵対心をあおったことは事実であろう。一九一四年までにはドイツは、同国のヨーロッパ大陸での覇権確立や世界帝国への模索は成功する可能性が高いと考えていた。また、ドイツの同盟国であるオーストリアは、自国の存続がセルビアに代表される汎スラブ主義の破壊にかかっていると固く信じていた。他方、フランス、イギリス、そしてロシアは、自らが十分に甘受できる犠牲でドイツの拡張を阻止することが可能であると考えていた。その意味において、一九一四年六月二十八日のハプスブルグ帝国皇太子フランツ・フェルディナンドの暗殺は、ヨーロッパ主要諸国が抱えた根本的問題を解決するための口実を提供したにすぎないのである。

第一次世界大戦の根本原因についてリデルハートは、その著『第一次世界大戦』の中で次の三つのユニークな要素を指摘している。すなわち、「恐怖」「飢え」「誇り」である。これは、「利益」「名誉」「恐怖」という古代ギリシアの歴史家トゥキュディデスが唱えた戦争の起源をめぐる三つの要素と極めて近い立場であり、リデルハートの戦争観を知るうえでも興味深い。

リデルハートによれば、いかなる戦争であれそれに対応すべきイギリスの国家戦略の中核は、外交と財政支援を巧みに結合させることであった。また、伝統的にイギリスは、自国の軍隊を「酵母」としてヨーロッパ大陸に派遣し、大陸の同盟諸国の戦争に協力したのである。確かに彼が指摘するように、こうしたイギリスの「戦略文化」の背景の一つには、陸軍に対するイギリス国民の伝統的な不信感が挙げられ、非合理的な偏見とは言え、しばしばその原因はオリバー・クロムウェルの軍事政権に求められるのである。いずれにせよ、リデルハートはイギリスにはイギリス固有の戦争方法が存在すると信じて疑わなかったのである。

第一次世界大戦前夜の軍事戦略

第一次世界大戦におけるすべてのヨーロッパ参戦諸国の軍事戦略は、仮に戦争を破滅的なものにしないためには、これを短期間で終結させる必要があり、短期間で戦争を終結させ得る唯一の方法は攻勢を成功させることであるという前提に基づいていた。そしてこの前提は、当然、ドイツにおいてもっとも強く信じられていたのである。

ヨーロッパ大陸での「二正面作戦」を覚悟していたドイツ陸軍参謀本部は、仮に東部戦線で予想されるロシア軍の攻勢を阻止するために十分な兵力を西部戦線から移送するには、開戦当初、フランス軍を六週間以内に敗北させる必要があると計算していた。そして、このためにはドイツ陸軍参謀総長アルフレート・フォン・シュリーフェンによって立案されていたベルギーを通過する大規模な迂回作戦を採用するほかなかったのである。つまり「シュリーフェン計画」とは、フランス軍を単に敗北させるだけでは意味がなく、これを「明日のない戦闘」（シュリーフェン）で包囲かつ殲滅させる目的で立案された軍事戦略であった。だがシュリーフェンの後任者であるヘルムート・フォン・モルトケ（小モルトケ、「ドイツ統一戦争」でプロイセン軍を勝利に導いた大モルトケの甥）は、ドイツ南部に予想されたフランス軍の進攻に対して防御をより強化するため、さらには、ドイツ軍のオランダへの進攻を自制するため、第一次世界大戦前にこの計画を修正したのである。仮に戦争が長期化した場合、中立国であるオランダはドイツ経済にとって不可欠な要素になると予想されたからである。

「シュリーフェン計画」

具体的に、「シュリーフェン計画」とはいかなる軍事戦略であったのであろうか。実はシュリーフェンは、この計画を決して楽観視してはおらず、逆に絶望感を抱きながらこれを立案したとされるが、その本質は、運用可能な軍事力の八分の七を西部戦線での攻勢に集中し、さらには、その主力をルクセンブルグとアーヘンの間の地域に集中して、フランスを目標にベルギーとオランダに進攻するというものであった。その際、ドイツ軍は可能な限り英仏海峡に接近して機動することによりフランス軍左翼を突破または包囲し、その後、セーヌ河を渡河して巨大な「回転ドア」（これもリデルハートの用語）のような運動を行うことにより、パリ南西地域を通過するというものである。一方、軍事力の手薄な南部地域では、ドイツ軍はミューズ河の線で待機し、自軍右翼の進攻により東方に退却すると予想されたフランス軍を迎撃することが期待された。シュリーフェンは、この計画の実施には約六週間が必要であると見積もっていた。

前述したように、「シュリーフェン計画」が成功するためには、フランス軍（及びフランスの同盟国と予想されたベルギー軍やイギリス欧州大陸派遣軍）を戦闘で打ち負かし退却を強いるだけでは意味がなく、抵抗可能な組織力として完全に破壊する必要があった。「平凡な勝利」（シュリーフェン）では意味がなく、殲滅戦争が求められたのである。また、予想される二正面での戦争という戦略環境の下、ドイツが短期間で殲滅戦争を行うためには、攻勢が不可欠であり、この攻勢によって主導権を確保することが必要とされたのである。

また、パリ方面への方向転換という機動には大規模な兵力の展開のために十分な空間が必要であり、その空間とはベルギー及び北部フランスしかなかった。そして、この広い空間を確保するためにはオランダをも巻き込むことが求められた。こうして「シュリーフェン計画」の基本構想が確立されたのである。

フランスやロシアにとっても二十世紀初頭の様々な条件の下で短期間の戦争が意味するところは、動員可能な兵力をできる限り早期かつ迅速に集中して、敵に先制攻撃をかける戦争を遂行することにほかならなかった。「シュリーフェン計画」に限らず、フランス軍が準備していた「第十七号計画」、さらにはロシア軍の「第十九号計画」は、その結果にすぎないのであり、前述の「攻勢主義への盲信」もまた、当時の国家政策などに規定された結果にすぎない。

一九一四年――「クリンチ」

ここで、「シュリーフェン計画」の問題点を整理しておこう。リデルハートは「シュリーフェン計画」に対して次のような厳しい評価を下している。すなわち、「迅速な勝利を目的としたシュリーフェンの構想の根底には、ほとんどすべて大胆不敵な離れ業に対する賭博師の確信以上のものはなかった。戦略概念としては、その正体は実行者にとっては『誘惑とまやかし』であり、当初から内在的な、最後に起こり得る致命的結果をともなうものであった」。さらにリデルハートは、この計画に内在する技術的問題を「ナポレオン時代には可能な戦争計画であったかもしれない。そして、第一次世界大戦からさらに時代が下れば、再び可能であったであろう。なぜなら、この時代には空軍力が防御側の兵力移動を麻痺させる一方で、機械化部隊の発展により、包囲運動の速度と範囲が大きく加速・拡大したからである」と簡潔にまとめている。彼によれば、「シュリーフェン計画」は最初から失敗する運命にあったのであり、実際、この失敗によりドイツが望んだ短期決戦の夢は消え去ったのである。

開戦の翌月には、連合国（協商国）側とドイツ側の双方が相手の側面を包囲しようとして無意味な機動を繰り返していたが、そのいずれも目的を達成できなかった。この試みは、やや正確さを欠く表現とは言え、一般に「海までの競争」として知られるものである。

同時に、西部戦線は塹壕戦の様相を呈し始めたが、これは双方とも敵を迂回しようとして塹壕線《ライン》が延長され、最後にはスイス国境から英仏海峡にまで達した結果である。この「海までの競争」がもたらしたものは、ドイツ側が既に占領した地域を防御しようとする一方で、イギリス軍及びフランス軍は攻勢をとり、これを奪還しようと努めたことである。当然ながら、ドイツ側は当初から高地を確保できたのであり、連合国側はその高地に向かって比較的低い土地から攻撃せざるを得なかった。この結果が連合国側の膨大な犠牲者数に表れている。また、ドイツ軍の塹壕は連合国側のものと比べて遥かに強固に建設されていた。と言うのは、連合国側の塹壕はドイツ軍の防御陣地を突破するまでの単なる一時的なものであると考えられていたからである。

第一次世界大戦を通じて、西部戦線と比べて東部戦線での戦いは流動的であり、双方の軍事戦略はそれほど詳細に立案されたものではなかった。その結果、東部戦線での戦いは極めて多彩な運命をたどることになる。このもっとも有名な事例がタンネンベルクの戦いである。このタンネンベルクを含めて東部戦線での戦いの結果、ロシア軍は約二五万の兵員と大量の軍需物資を失った。だが同時に、この戦線におけるロシア軍の攻勢は、西部戦線におけるマルヌ河方面でのフランス軍に間接的ながら貢献したとも言える。一方、オーストリア軍は東部戦線の南部地域でロシア軍と戦って約三〇万の死傷者及び捕虜を出して敗退し、この敗北から長く立ち直ることができなかったのである。

こうした一九一四年の状況を一言で要約すれば、ドイツはもっとも恐れていた二正面作戦に陥り、短期決戦の夢が破れたということである。実は、九月五日から十二日のマルヌの戦い（第一次マルヌ河の戦い）は、軍事的には決定力に欠けるものであったが、国家戦略の次元では明らかに連合国側の勝利であった。すなわち、この時点で第一次世界大戦でのドイツ側の勝利の可能性はほぼなくなっていたのである。仮にこの戦いの結末が変わっていれば、二十世紀の歴史はその根本から違ったものになっていたであろう。その意味において、マルヌの戦いは近代ヨーロッパ戦争史において、ナポレオンが敗北したワーテルローの戦いに次ぐもっとも決定的な戦いであったと言えよう。

なお、映画などで有名になった「クリスマス休戦」が西部戦線の一部で生まれたのも、一九一四年の冬であった。

一九一五年――「行き詰まり」

興味深いことに、リデルハートは一九一五年から一七年までの期間の戦いに対して次のように過小な評価を下している。

一九一五年から一七年の軍事戦略的側面には、検討に値するものはない。連合国側の戦略は純然たる直接アプローチであり、膠着状態を打破するには効果がなかった。消耗戦争の功罪に関する見解がいかなるものであれ、また、この期間を一つの継続的な戦いとみなすか否かについての議論がいかなるものであれ、戦闘に決着を付けるために四年間も必要とするような方法は、学ぶべきモデルであるとは思えない。

このリデルハートの評価は主として軍事戦略の次元に関する言及であるが、はたしてこのリデルハートの評価は妥当なものと言えるであろうか。著者の答えは否である。以下、一九一五年以降の戦いを振り返りながら、その重要性について検討してみよう。

一九一五年春になると、東部戦線でドイツ軍によるロシア軍への攻勢が始まり、軍の装備や補給能力で劣るロシア側は退却を余儀なくされ、夏にはリトアニア、ラトビア、そしてポーランドがドイツ軍に占領された。しかしながら、ロシア軍は組織的に兵力の温存を図りながら退却したため、軍の戦闘能力そのものは維持され、冬になると戦線は再び膠着したのである。

一方、西部戦線では一九一五年初頭より、連合国側はフランス北部のアルトワ及びシャンパーニュ地方において攻勢に出た。四月下旬には第二次イープルの戦いが戦われたが、この戦いにおいて西部戦線で初めて毒ガスが用いられた。ドイツ軍は一九〇七年の「ハーグ陸戦協定」に違反して毒ガスを使用したのである。以後、毒ガスは両陣営で無制限かつ大規模に使用されることになり、双方に大きな犠牲が生じる一つの要因となった。だが、この毒ガスの使用についてリデルハートは戦後、次のようなやや理解に苦しむ見解を述べている。

後に改良されたガスが登場した時は、経験的にも統計的にも現代兵器の中でこれがもっとも残忍性が薄いものであるとされたものであった。しかし、何分《なにぶん》にも当時は新たなものであったため、既存の兵器の悪用には寛大でも、新たなものには厳しい視線を向ける世論から、残酷なものというレッテルを貼られた。

なお、五月から六月にかけての第二次アルトワの戦いでは、先に紹介したカナダ国民にとっては忘れることのできないヴィミー・リッジをめぐる激しい攻防が繰り広げられたのである。ヴィミー・リッジは今日、カナダ政府の管理の下、戦争記念碑や博物館、そして地下トンネルが見学できるので、関心のある読者にはぜひ訪問を勧めたい。

一九一六年――「相討ち」

一九一六年のヴェルダンの戦いは、西部戦線をドイツの決戦場と考え、ここでフランスに勝利をあきらめさせるほどの損害を与えることを目的として開始された。そして、確かにヴェルダンはフランスが国家の威信にかけても絶対に撤退できない地点なのであった。二月の攻撃開始当初、ドイツ軍の攻勢は成功したかに見えたが、両陣営が主力軍を投入したにもかかわらず、十二月まで続いたこの戦いは決着が付かなかった。著者はヴェルダンの古戦場を何度か訪れた経験があるが、今日でもフランス軍のドゥモン要塞、ヴォー要塞、そして博物館や慰霊碑などを見学することができる。ヴェルダンを訪問すれば、当時のフランス国民にとってこの戦いがいかなる意味を有していたのか、そして、今日においてもいかなる意味をもち続けているのかを理解できるはずである。

他方、七月のイギリス軍とフランス軍によるソンムの大攻勢は、六月下旬からほぼ一週間にわたって猛烈な準備砲撃をドイツ軍陣地に加えたうえで、七月一日から前進を開始した。結局、この攻勢も多大な犠牲を出すばかりで成功しなかったが、本書の第一部で紹介したように、この戦いでリデルハートは三度目の負傷をすることになる。「マメッツの森」のエピソードを思い出してもらいたい。また、第一次世界大戦で戦車が最初に使用されたのもソンムの戦いでのイギリス軍によってであり、九月のことであった。ソンムの古戦場でも今日、戦争記念碑や博物館、そして参戦諸国の戦争墓地などを見学することができる。著者はかつて、ボンド教授とソンムの古戦場を訪れたことがあるが、文字通り朝から晩まで教授とこの戦いについて議論する機会に恵まれたことは、貴重な思い出である。

一九一六年の段階で妥協的和平についてその可能性が一部模索されたが、双方にとってこれは「現状維持」を図る、あるいは「現状維持」に戻ることを示唆した。だがここで問題は、「現状」とは何を意味するかである。連合国側はそれを、第一次世界大戦勃発前の状況であると考えた。一方ドイツは、それを一九一六年秋の状況と考えた。つまり、連合国側は戦前の国境を、ドイツ側は現在の塹壕線《ライン》を交渉の出発点にすべきであると考えたのである。連合国側の見解では、仮にドイツが自らの「侵略」に対する処罰を受けず、彼らがもたらした損害を賠償したうえで軍隊の帰国が許されるのであれば、それは、とても寛大な妥協であった。他方、ドイツ側の妥協案は、自らはこの戦争での占領地域の一部を保持しつつ、残りは金銭と引き換えに返還するというものであった。ところが、双方の妥協を促すと期待された当時の膠着状態は、実際にはその逆に作用したのである。つまり、双方とも差し迫った敗北の恐れがない限り、相手側が示す妥協案を受け入れようとはしなかったのである。

そうした中で東部戦線では、六月から九月にかけてロシア軍によるいわゆる「ブルシロフ攻勢」が行われた。この攻勢は約三〇〇マイルの前線にわたって攻撃を行うというものであったが、奇襲を成功させるため、攻撃部隊の事前集中や準備砲撃などはすべて実施されなかった。その結果、今日このブルシロフ攻勢は、第一次世界大戦におけるロシア軍の作戦の中でもっとも優れたものであると高く評価されている。同時にブルシロフ攻勢は、この戦争の後半部分で見られた軍事戦略レベルにおける大きな発展の一つの引き金となるものであったのである。

一九一七年――「緊張」

一九一六年頃からフランス軍とロシア軍の攻勢能力が顕著に低下するにともない、イギリス欧州大陸派遣軍及びイギリス自治領（及び植民地）軍は、時期尚早と知りつつも西部戦線での攻勢における主要な負担を引き受けざるを得なくなった。同年のソンムの戦いでの膨大な犠牲に続き、一九一七年には、これと犠牲者数がほぼ同様となった攻勢が春にフランス北部のアラスで実施され、七月から十一月にかけてはイープル近郊で同様に大きな犠牲をともなう攻勢が行われた。この攻勢は、一般にパシャンデールの戦い（第三次イープルの戦い）として知られるものであるが、この時点でイギリス軍兵士の士気は最低レベルにまで低下したのであった。

同年春にドイツ軍が一部兵力を「ヒンデンブルグ・ライン」にまで撤退させたことに対してリデルハートは、自らが唱える「間接アプローチ戦略」に極めて合致したものであるとして、『第一次世界大戦』の中でこの決断を高く評価している。リデルハートによれば、「その結果、ドイツ軍は深刻な危機に陥るまでなお一年の猶予期間を得るとともに、その間、連合国軍の同時攻勢を受けることはなかった。また、この時期にロシアが全面的に崩壊したため、ルーデンドルフは一九一八年、優勢な兵力を保持して勝利への戦いに挑むべく戦争指導にあたることができたのである」。

他方、フランスは四月にエーヌ河地域とシャンパーニュ地方にかけて、いわゆる「ニヴェル攻勢」を実施したが、この攻勢の失敗を受けて四月下旬から五月中旬には、フランス軍内で大規模な命令不服従が発生した。その結果が、前述したイープルでのイギリス軍による攻勢につながるのである。ここでイギリス軍は、数千ヤードの領土とイープル北東のパシャンデールという破壊された村と引き換えに、二五万以上の犠牲者を出した。結局、連合国側の戦局打開の試みは完全に行き詰まり、新たにフランス陸軍総司令官に任命されたフィリップ・ペタン将軍の言葉を借りれば、もう「アメリカ軍と新たな戦車の到着を待つしかなかった」のである。

イープルでは、第二次世界大戦中の一時期を除き今日にいたるまで毎日、自らの犠牲を省みずベルギーを防衛しようとしたイギリス軍に対して、午後八時に「ラスト・ポスト」という儀式を行うことで追悼と感謝の意を表し続けている。著者は何度もこの「ラスト・ポスト」に参列したことがあるが、そのたびに新たな感動を抑えることができない。また、ニヴェル攻勢の失敗を受けて発生したフランス軍内の命令不服従について語ることは、ごく最近までフランス国内ではタブーとされてきたが、今日では、シュマン・デ・ダームの博物館などでその実態を知ることができる。なお、十一月に実施されたカンブレーの戦いは、リデルハートとの関連で触れておく必要があろう。この戦いでは、従来の長時間にわたる準備砲撃（「攻撃予告砲撃」と皮肉られた）に代わって、突如として戦車集団を用いた奇襲が復活したのである。カンブレーの戦いは戦争史上、戦車部隊が初めて戦略的かつ集団的に運用された戦いとして今日でも知られているが、この計画立案にはリデルハートのライバルとも言えるフラーが深く関与していたのである。

また、イタリア戦線でも軍事戦略レベルでの大きな発展が見られた。それが十月のカポレットの戦い（第十二次イゾンツォ河の戦い）での「フーチェル戦術」の登場である。これは敵の強化地点を素通りし、後続の予備部隊に任せる一方、前進する部隊は地域そのものに浸透し、敵を降伏に追い込むというやり方であり、前年のブルシロフ攻勢での戦略概念を継承したものであった。実際、リデルハートはカポレットこそ明確な奇襲、目的、集中、そして兵力の節約という軍事の領域における大きな原則の存在を示した戦いであったと高く評価しているのである。

一方、海上での戦いでも大きな動きが見られた。すなわち、二月にドイツが無制限潜水艦作戦を宣言したことで中立国アメリカの世論を刺激し、結局、四月にアメリカはドイツに対して宣戦布告することになったのである。

ここで、この時期、徐々にではあるが効果を示しつつあったドイツに対する連合国側の経済封鎖について、リデルハートの興味深い評価が残っているので紹介しておこう。

一九一八年の軍事攻勢にドイツを誘い込んだ要因、あるいはこの攻勢にドイツを追い込んだ要因は、まさにこの経済的圧迫であった。仮に軍事攻勢が失敗すれば、これは、ドイツの自殺行為になる可能性をはらんでいた。ドイツは適時の和平工作を行わなかったため、攻勢というギャンブルか、自国の最終崩壊につながる継続的衰弱の二者択一を迫られたのである。

だがここでもリデルハートは、この戦争で海軍力を用いた経済封鎖が果たした役割を過度に強調しすぎていると言わざるを得ない。結局のところ、西部戦線での戦いこそが第一次世界大戦の決着を付けたのである。

一九一八年――「急展開」

最後に、第一次世界大戦の終盤、一九一八年の戦局を概観しておこう。実は、この時期に軍事戦略の次元における第一次世界大戦を通じてもっとも重要な発展が見られたのであるが、ソンムの戦いでの負傷以降、ヨーロッパ大陸での戦争の様相をまったく理解していなかったリデルハートは、この発展をほとんど認識し得なかったのである。そこで、以下ではやや専門的になるが、第一次世界大戦終盤の戦いを大きく規定した軍事戦略の次元の発展、その後、第二次世界大戦にいたるまでの戦争形態を大きく規定した発展を詳しく振り返ってみよう。

一九一八年三月にドイツが新たに樹立されたソ連政府とブレスト＝リトフスク条約を締結したことにより、東部及び中部ヨーロッパ地域におけるドイツの覇権が確立された。そして、この東部戦線での勝利を受けるかたちで、西部戦線でのドイツ軍の大攻勢が始まるのである。これが、一般に「カイザー・シュラハト」として知られる春季大攻勢であるが、この攻勢では通常の歩兵の攻撃部隊よりも先に、自動小銃、機関銃、そして歩兵砲などを装備した「浸透部隊（突撃部隊）」が緩やかな鎖状となって展開したことに大きな特徴が認められる。この浸透部隊は、突破が可能な地点を見つければどこへでも直ちに突入し、敵の防御の強固な地点は後続の部隊にその処理を任せたのである。速度の一番遅い者ではなく、もっとも速い者に部隊全体の歩調を設定しているため、部隊の一体性を保持する努力は必要とされなかった。その結果、ドイツ軍の最前線はフランスの首都パリから約一〇〇キロのところまで進攻できたのである。なるほどこうした軍事戦略は、広い意味ではブルシロフ攻勢やカポレットの延長線上に位置するものであり、必ずしもドイツ軍の独創性を示唆するものではないが、周知のように、この軍事戦略の存在と、やはりドイツ軍に独特な組織文化とされる下級指揮官に可能な限り権限を委譲する「独断専行（任務戦略）」といった方策こそ、ドイツ軍の強さの秘密であると、今日でも高く評価されているのである。

しかしながら、実はこの浸透戦略の有用性を過大に評価することは許されない。確かにこの浸透戦略は革新的なものであり、ある程度の戦果を収めたが、結局のところ、一九一八年春のドイツ軍は徒歩で移動する以上の前進はできなかった。この問題を解決するためには部隊の自動車化及び機械化が必要とされたが、これが実現するのは戦間期になってからである。また、浸透部隊への補給の問題が重要となるため、補給部隊の自動車化及び機械化も必要とされたが、やはりこれが実現したのは第二次世界大戦においてであった。実際、カイザー・シュラハトでドイツ軍の前進を最終的に停止させた要因は、連合国側の防衛能力はもとより、この部隊の急速な前進に補給が追い付かなかったという単純な事実である。ここにも、作戦に比べて兵站問題を軽視するというドイツ軍の一般的傾向が見受けられる。

逆に、七月にはフランス軍とアメリカ軍の反攻が始まり、八月八日にはアミアン近郊でイギリス軍による反攻が開始されたが、リデルハートはこの八月八日という日を次のように評価している。

物質面での利益は別として、八月八日の攻撃がドイツ軍に与えた心理的影響は、これ以上の効果が望めないと思われるほどのものであった。その影響は、おそらく第一次世界大戦におけるもっとも完璧な奇襲のショックによるものであった。

イギリス軍による反攻が奇襲であったか否かについては議論の余地があるものの、ルーデンドルフの日記からも明確に理解できるように、ドイツ軍指導者層の思考、意志、あるいはその双方を混乱に陥れたという点で、八月八日という日は、確かにこの戦争で決定的な重要性を帯びているのである。

なお、リデルハートは『第一次世界大戦』の中で一九一四年から一八年の戦いが以下のことを教えていると指摘している。つまり、「疲労困憊し、既に戦意を喪失した敵に対するとき以外は、決定的な勝利は奇襲によってのみ可能になるという、歴史を通じての真理を繰り返している」のである。ここにも奇襲といった要素を重視するリデルハートの戦争観の一端がうかがわれるが、著者の知る限り、こうした単純な結論は必ずしも史実を正確に反映しているとは言い難い。

軍事戦略の発展

第一次世界大戦における一九一八年の攻防において、日本ではドイツ軍によるカイザー・シュラハトが過度に注目を集める傾向にあるが、実はリデルハートを含めた多くの専門家が近年まで見落としていた事実は、この時期に連合国側が用いた柔軟性に富む軍事戦略についてである。そこで、ここでも少し専門的になるがこの時期に連合国側が発展させた様々な独創的な軍事戦略を紹介しておこう。

最初にフランス軍であるが、ドイツ軍の攻勢に対してペタンは、最前線を軽く防衛し、あえてドイツ軍を誘い込んでの反撃を考えていた。これは、塹壕での戦いにおいて当初はドイツ軍が考案した防御方法であったが、これをフランス軍がさらに発展させた結果、ドイツ軍砲兵部隊の射程外の戦線後方に温存されたフランス軍主力部隊は、ドイツ軍の迎撃に成功することになる。誘い込まれたドイツ軍は味方の砲兵部隊の支援を受けられないまま、一方的にフランス軍砲兵及び歩兵部隊の攻撃にさらされて退却を余儀なくされた。前述のドイツ軍の浸透戦略を逆手にとったこの戦い方は、自国兵士の士気の低下を感じ取っていたペタンが、可能な限り火砲や戦車の火力でドイツ軍に対抗しようとした結果として生み出されたものである。

当然ながらペタンは、従来のドイツ軍以上にいわゆる縦深陣地を重視するようになる。これは、それまでの塹壕ラインのような線に頼る防御とは異なり、部隊を広く、面的に分散させることで防御に厚みを持たせた方法である。従来の塹壕ラインではドイツ軍の浸透戦略で突破されればそれで終わりであるが、防御ラインに縦深をもたせることでかなりの浸透圧力を吸収することが可能となったのである。もちろんこの方法は、第一次世界大戦当初より、双方で試行錯誤が繰り返された結果として生まれたものであるが、実は一般的にドイツ軍の戦い方として知られるこうした縦深防衛も、連合国側の手によって大きく発展していたのである。

また、この時期の連合国側の有利な条件、とりわけその数的優勢を最大限に活用するため、フォッシュ指揮下の連合国軍は「連続した攻勢」を計画した。これは、長大な戦線の複数の場所で攻撃を準備し、次々とドイツ軍を攻撃するという方法である。そこには、従来は敵が予備兵力を投入することで味方の攻勢が行き詰まっても、同じ地点への攻撃を無理して継続した結果、多大な被害をもたらしたという反省があった。今回は、味方の攻撃に対してドイツ軍が予備部隊を投入して防御してきた場合、いったんその攻勢を中止して、速やかに別の地点への攻勢に切り替えたのである。そして、こうした攻勢を何度も繰り返すことにより、徐々にではあるが味方の戦線を前進させたのである。もちろん、ここでは浸透戦略が用いられた。アメリカの参戦に象徴されるように、数的に決定的に優位となりつつあった連合国軍であるからこそ、とり得た軍事戦略であった。

七月十八日、こうした軍事戦略の発展とともにフランス軍とアメリカ軍による反攻が開始され、また、同じく浸透戦略を用いたイギリス軍が八月八日に戦車部隊を先頭に前進を始めると、ドイツ軍は防御する力を失い、多数の捕虜を残して退却を続けることになる。九月にはオーストリアが講和を求める声明を出し、ブルガリアは休戦して脱落した。九月下旬、ドイツ軍部が自国政府に対して即時停戦の申し出をするように迫る一方で、十月下旬から十一月上旬にかけては軍港ウィルヘルムスハーフェンやキールで海軍水兵の反乱が起こった。最終的には十一月十一日、ドイツは連合国側と休戦条約を結び、ほぼ無条件降伏に近い状況でこの戦いは終結したのである。

このように、一九一八年の連合軍側が用いた軍事戦略には、第一次世界大戦開戦当初からすれば大きな進展が認められるのであり、塹壕をはさんでの膠着状態という一般的なイメージが、いかに間違ったものであるか理解できるであろう。

西部戦線と東部戦線以外での戦い

ここまでは、主として西部戦線と東部戦線での動きを中心に、第一次世界大戦の歴史を時系列的に記したが、以下では、少しこの二つの戦線以外についても触れる必要がある。

と言うのは、当然ながら「間接アプローチ戦略」を重要視するリデルハートにとっては、こうした戦線は決定的な意味を持つからである。明らかにリデルハートの論調は、より広い意味での「東方派（東部戦線派）」に属するものである。

当時のイギリス政府高官の中で、開戦当初からロイド＝ジョージに代表される東方派は、ヨーロッパ大陸正面ではなく、敵の「裏口」へと通じる道であるバルカン半島にイギリス軍主力を転用すべきであると主張していた。そうした中、一九一五年一月にイギリスは、コーカサス方面のロシア軍に対するトルコ軍の圧迫を緩和する牽制行動を求める要請を、同盟国であるロシアから受け取ることになる。これに対してイギリスは、この牽制に使用する兵力に余裕がないと判断し、代替案としてトルコのダーダネルス海峡に対する海軍力による示威行動を提案した。当然ながら、東方派のチャーチルはこの方針を強く支持することになる。だがチャーチルの想像力は、さらに大規模な戦略的可能性を描いていたため、彼は仮にコーカサスへの軍事支援が不可能であれば、ダーダネルス海峡に対する示威行動ではなく、同海峡の強行突破を試みるよう提案したのである。これが、最終的にはガリポリ上陸作戦へと発展するのであるが、この作戦は多大な犠牲を出して失敗することになる。戦後、リデルハートは「間接アプローチ戦略」を主唱する中でロイド＝ジョージやチャーチルの戦略感覚を高く評価する一方で、ガリポリ上陸作戦の失敗については多くを語っていない。やはりリデルハートは、自らの主張に都合の悪い史実を、完全に無視する傾向が強いのである。なお著者は、このガリポリの古戦場も訪問した経験があるが、ここには第一次世界大戦時の要塞や砲台などが比較的多く保存されているため、読者にはぜひ訪問することを勧めたい。トルコ側から見た第一次世界大戦の諸相が理解できるはずである。また、前述したようにとりわけオーストラリアとニュージーランドの国民にとってガリポリは、今日でも大きな意味を持つ地名であり、四月二十五日の「アンザック・デイ」には慰霊目的で多くの人々がガリポリを訪れる。

リデルハートが強く支持したサロニカ（今日のテッサロニキ）上陸作戦も、やはり失敗したと言わざるを得ない。確かにバルカン半島での橋頭堡の確保は、第一次世界大戦における政治戦略上、軍事戦略上の双方の理由により必要であった。だが同時に、最終的には五〇万にも及ぶ連合国側の大兵力をサロニカに維持することがはたして賢明な措置であったか否かについては、今日でも大きな論争の的となっている。と言うのは、ドイツ側は当時のサロニカを「最大の捕虜収容所」と皮肉っていたほどだからである。

また、ヨーロッパ大陸からさらに遠く離れた中近東の砂漠地帯では、まったく別の種類の戦いが展開されていた。この戦いこそ、「アラビアのロレンス」を指導者とする「アラブの反乱」であり、「間接アプローチ戦略」の手本としてリデルハートが高く評価した事例である。リデルハートによれば、地域の特殊な条件を前提として導き出されたこの戦略は、従来の軍事戦略に対する反対命題《アンチテーゼ》を提供し得るものであった。例えば通常、正規軍であれば敵軍との接触の保持に努めるであろうが、ロレンスが指導するアラブ軍はこれを回避した。また、正規軍であれば敵兵力の撃滅を求めるであろうが、これとは反対にアラブ軍は物資の破壊に努め、しかも、それを敵兵力の不在地域で行ったのである。だがリデルハートによれば、ロレンスの戦略にはそれ以上の重要な意味が含まれていたのである。すなわち、敵の補給を遮断して敵部隊を駆逐するのではなく、敵の手の届く範囲に多少の補給物資を残して敵部隊をそのままの場所に意図的に留めたのである。こうすることにより、敵の部隊がその場所に留まる期間が長ければ長いほど、敵は弱体化し、その士気は低下するのである。こうしたアラブの非正規軍は通常、イギリス軍の装甲車と軽機関銃によって支援されていたが、疑いなくここでのイギリス軍の経験が、後年のリデルハートの戦略思想形成に大きな影響を及ぼしているのである。

海上での戦い

次に、第一次世界大戦における海上での戦いについて少し考えてみよう。一九一七年二月、ドイツが無制限潜水艦作戦を開始したことは既述したが、これによってドイツは、イギリスを逆封鎖しようと試みたのである。ドイツ国内でこの方針を正当化する根拠として同国海軍は、一ヶ月でイギリスの船舶を六〇万トン撃沈でき、イギリスを六ヶ月以内に降伏に追い込むことが可能であるとしていた。仮にアメリカが参戦しても、同国がヨーロッパ大陸に遠征部隊を派遣するには相当の期間を要するであろうし、その場合、アメリカ軍の輸送船団を大西洋上で捕捉、あるいは撃沈できると主張したのである。ここにもまた、軍事上の必要性が政治的考慮を抑えた結果、最終的な敗北を招くことになったドイツの戦争指導の一端がうかがわれる。

その前年の一九一六年に戦われたユトランドの海戦は、唯一、第一次世界大戦においては大規模なものであったが、この海戦は海上での戦いにおける一つの時代の終わりを示唆するものであった。すなわち、この戦いは敵・味方が互いの視界の中で相対した最後の艦隊同士の戦いであった。なお、軍事戦略の次元ではユトランドの海戦は引き分けであったが、より高次の国家戦略的な状況を変えるにはいたらなかった。一八九〇年代からドイツは、膨大な資源を投入して自国海軍を増強しイギリスの海上覇権に挑戦したのであるが、結局、この戦いでドイツ海軍はイギリス艦隊を敗北させる可能性が皆無であること、そしてイギリスの制海権がまったく揺らがなかったことを認識したにすぎなかったのである。

軍事上の革命

前にも少し触れたが、最後に、第一次世界大戦の概観を終えるにあたって、この戦争における軍事技術と運用概念の発展について少し考えてみよう。と言うのは、西部戦線での塹壕戦という自らの実体験の衝撃があまりにも強かったリデルハートは、この戦争を通じての技術の発展と、それにともなう軍事戦略の進化を正当に評価し得なかったからである。

第一次世界大戦終結時の一九一八年の戦場を経験した兵士は、一九九一年の湾岸戦争での戦場にさほど違和感を抱かないであろうが、一九一四年、第一次世界大戦が勃発した際に出征した兵士は、一九一八年の戦場を想像すらできなかったであろう、としばしば指摘される。もちろん、この指摘には多少の誇張が含まれてはいるが、極めて示唆に富むものであることは間違いない。それほどまでに第一次世界大戦では、戦場での戦略、さらに低次の戦術の次元において革命的とも言える変化が随所に見られたのであり、その代表的な事例が、戦車、航空機、潜水艦、そして毒ガスなどの発展とその運用概念の進化であった。

リデルハートに限らず、第一次世界大戦と言えば直ちに西部戦線の塹壕戦での膠着状態がイメージとして浮かぶのであろうが、よく考えてみれば、これは当初、双方が描いていた戦略構想とはまったく違うものであった。実際、第一次世界大戦は西部戦線においては機動とともに開始され（いわゆる「シュリーフェン計画」）、また、最初の決定的な戦いで連合国側は機動によって勝利を収めたのである（第一次マルヌ河の戦い）。だが、機動を用いて敵の側面を攻撃しようとした双方が利用可能な空間がなくなった時に初めて、すなわち「海への競争」の結果として初めて、戦争は膠着状態へと陥ったのである。その後、正面からの攻撃や突破が唯一の解決方法とならざるを得なかったというのが真実である。

また、最初から最後まで無謀な戦争指導と硬直した軍事戦略というイメージが強い第一次世界大戦であるが、近年の研究では、とりわけこの戦争の後半部分での軍事技術の発展とそれにともなう軍事戦略の進化には著しいものが見られたことが示されている。思えば、この大戦に限らず戦争での教訓というものは常に、その戦争が終結するまでは十分に学ばれていないというのが実情である。「軍人は一つ前の戦争を戦う」と揶揄されるゆえんであるが、それを考えれば、第一次世界大戦での各国の「学習曲線」は決して低いとは言えないのである。

例えば、航空機の登場にともない、戦争の三次元化が進んだ。航空機は当初、偵察がその主たる目的であったが、徐々にその任務を拡大していく。そして、第一次世界大戦終結時までには、地上での戦いでも海上での戦いにおいても、空軍力は戦争の遂行に必要不可欠な要素となっていたのである。飛行船や爆撃機による戦略爆撃が行われたのも、この戦争が最初である。

また、海上での戦いでもっとも重要な発展は、封鎖や逆封鎖の手段としての潜水艦の本格的な導入である。戦争を通じてイギリス海軍の制海権はただ一度挑戦を受けただけであり、結局、この優勢は一度も揺らぐことはなかったが、その一方でドイツ潜水艦による商船への攻撃の結果、一九一七年にはイギリスはもう少しで飢餓状態へと陥るところであった。

陸上での戦いにおいては、戦車や毒ガスといった軍事技術の発展は言うまでもないが、より重要なことは、これにともなう運用概念の進化、すなわち軍事戦略の発展である。そのもっとも代表的な事例が砲兵部隊による「クリーピング・バラージ」であり、歩兵の浸透戦略であるが、こうした概念で運用された部隊は、前進を続けることで敵陣の奥深くに浸透し、後続部隊が各所で敵を包囲することで戦線の多くの地点で圧力を加え、あたかも堤防を決壊させるように敵の戦線を崩壊へと導くのである。これが、後にリデルハートが「拡大する急流」と名付けた軍事戦略概念であるが、こうした軍事戦略の発展は、ドイツ側ではなく、連合国側で多く認められたものである。

また、諸兵科連合作戦（今日の統合作戦）や同盟諸国との本格的な連合作戦が行われたのも、第一次世界大戦が最初であり、フォッシュを連合国軍最高司令官とする戦争指導体制は第二次世界大戦や冷戦時の連合作戦の先駆けとなるものであった。

リデルハートの第一次世界大戦の評価

以上、第一次世界大戦の歴史を概観したが、この戦争を振り返ってリデルハートは『第一次世界大戦』の中で、次のような奇妙とも思える評価を下しているが、本章の冒頭で引用した彼の主張と同様、今日、こうした評価は歴史家の賛同をまったく得るにいたっていない。

実際のところ、将来の歴史家がこの世界大戦の結果にとって決定的なものとして一日を選ぶことを迫られた時、おそらく彼は一九一四年八月二日を選ぶであろう。イギリス国民にとっては戦争はまだ始まっていなかったが、これはウィンストン・チャーチルが午前一時二十五分にイギリス海軍に動員令を発した日である。そのイギリス海軍は、トラファルガーの海戦での勝利を再現することはできなかった。だが、海軍はこの戦いを連合国側の勝利に導くため、ほかのいかなる要因にも増して貢献することになったのである。なぜなら海軍が封鎖の立役者であり、戦争の霧が晴れ、戦後の年月の明るい光の下で見ると、その封鎖の占める比重がいよいよ大きくなり、それがこの戦いにおける決定的な要因であったことがさらに明確になってきたからである。アメリカの監獄で手に負えない囚人に着せられていたという囚人ジャケットのように、封鎖も次第に窮屈なものに変わっていったため、まず囚人の動きを制約し、次にその呼吸をも阻むことになった。そして締め付けが厳しさと持続性を増すにつれ、囚人の抵抗力は衰え、圧迫感は士気の低下を誘ったのである。

和平への真剣な模索がないまま、ドイツ軍を一九一八年の苦し紛れの自殺的な攻勢へと追い込んだものは、ほかならぬイギリス海軍の締め付けであったのである。ドイツは、緩慢なじり貧状態が最終的には国家の崩壊につながるという予感に付きまとわれていた。

第一次世界大戦当時のフランスの首相ジョルジュ・クレマンソーは、「戦争は軍人だけに任せておくにはあまりにも重大な企て《ビジネス》である」と述べたが、確かにこの戦争の経験は、戦争が軍人や政治家だけに任せておくにはあまりにも重大な企てであったことを実証したのである。その一つの結果が、退役軍人とは言え文民の立場から戦争や戦略をめぐる問題に発言し続けた、戦間期のリデルハートであった。

なお、第一次世界大戦の結末についてテイラーは、「第一次世界大戦は本質的に、ドイツをめぐる問題の処理を中心としていた。すなわち、連合国側はドイツを抑制するために戦い、ドイツはその経済力に見合った政治的猶予を勝ち取るために戦ったのである。だが戦争は『ドイツ問題』を解決するために寄与しなかった。それとは逆に、戦争の結果はドイツ問題をこれまでにも増して困難なものにしたのである」と、この戦争と第二次世界大戦の継続性を示唆する評価を下している。またボンドは、テイラーの見解に共感を示しつつも、この戦争を「必要な戦争」であったと結論する。第一次世界大戦が「よい戦争」であったか否かについては議論の余地があるものの、少なくともイギリスにとってそれは「必要な戦争」であり、それ以上に、「成功した戦争」であったというのがリデルハートの愛弟子であるボンドの基本的立場であるが、この見解は、第一次世界大戦全般に対するリデルハートの評価とは鋭く対立するものである。明らかにリデルハートにとってこの戦争は、不毛かつ不必要、そして何よりも「失敗した戦争」なのであった。

第一次世界大戦が遺したもの

総力戦としての第一次世界大戦はリデルハート個人はもとより、イギリス社会、さらには国際社会に大きな衝撃を与えることになった。その象徴的な事例が、第一次世界大戦とその後の戦争違法化の流れの関係である。すなわち、十八世紀まで支配的であった正戦論の下であれ、十九世紀に認められることになった無差別戦争観の下であれ、第一次世界大戦までは、戦争は国際政治に不可欠の要素として容認されていた。そこから戦争違法化への動きには、大きな発想の転換が必要とされるが、その転換をもたらしたものこそ、総力戦としての第一次世界大戦が人類に及ぼした多大な被害であったのである。つまり、一九二八年のケロッグ＝ブリアン条約（パリ不戦条約）や戦間期の一連の軍縮及び軍備管理条約は、第一次世界大戦の遺産と位置付けることも可能である。

また、総力戦の経験がもたらした社会の改造への強い志向性は、第一次世界大戦後の世界が生んだ新たな運動及び体制であるファシズムにも強い影響を落としていた。前述したように、要員や物資などの効率的な総動員体制をいかに構築すべきかという課題は、第一次世界大戦と戦後の時代において、あらゆる国家が直面する共通の課題になったのであり、そして、こうした課題に応えるべく多様な政治的実験が試みられ、その代表的なものがファシズムであった。そして、こうした運動の中から多数の革新的な文民や軍人が登場してきたのであるが、彼らの多くは政治、経済、そして社会全体に関する強烈なヴィジョンを抱いていたのであり、明らかにこれは、総力戦に対する彼らの鋭利な認識と関係しているのである。そして、この中の一人がリデルハートであったのである。

戦争詩

第一次世界大戦の実相を今日にまで伝える一つの媒体として、ヨーロッパ諸国のみならず日本でも比較的広く読まれているものとして、戦争詩が挙げられる。その中でも、イギリスの戦争詩人であるルパート・ブルック、ウィルフレッド・オーウェン、ジーグフリード・サスーンの三人の作品はとりわけ人気が高い。父親が名門パブリック・スクールの校長で、典型的なイギリス中産階級出身のブルック、家が貧しかったため大学に進学することができなかったオーウェン、父方の祖先がイラクのバグダッドの大富豪で、一生定職に就かなくても暮らしていけるだけの財産があったサスーンと、この三人の家庭環境はまったく異なったものであったが、図らずも第一次世界大戦が彼らを結び付けたのである。

ブルックは一九一五年、ガリポリの戦いに向かう途上で病死したが、彼がこの戦争を心から歓迎していた事実はよく知られている。彼は次のように書いている。「有難きかな、神はいま、神の時間を我々の時間に合わせ給うた」。また、戦争の勃発によりブルックは、過去から身をかわす時がきたと感じたのである。

身をかわすのだ。
冷たく老い衰えた世界を捨て
泳ぎ手の如く
喜びに身を躍らせ
清流に飛び入るのだ。

名誉がこの世に戻ってきた……。
われわれの習わしに品位が再び歩を占める
父祖伝来の道にわれわれは帰りきたった。

次に、オーウェンは西部戦線で勇敢に戦うも「砲弾症候群」と診断され、スコットランドのエジンバラ郊外のクレイグロックハート戦争病院に入院し、そこでサスーンにめぐり会うことになる。残念ながらオーウェンは、休戦の直前に西部戦線で戦死するが、戦後、とりわけ一九六〇年代に戦争詩人としてのオーウェンの名声を確立したものは、次の詩の一節であろう。

イギリスの詩は英雄を語るべきではない。
勇敢な行為とか、国土とか、栄誉とか名誉とか、
偉大な力、威風堂々、統治、権力などのことを書いているのではなく、
ただ戦争を描いたものである。
詩が問題なのではない。
私が書かんとするものは戦争であり、戦争の悲惨さである。
詩は悲惨さのなかにある。

また、オーウェンの代表作とされる「甘美で素晴らしいこと」の最後の一節はあまりにも有名であり、今日でもしばしば引用される。実際、二〇〇七年十一月の戦没者慰霊式典前後には、オーウェンをめぐる様々なドキュメンタリー番組がイギリス国内で放映されている。

友よ、君は無謀な戦功話を熱心に聞きたがる子供たちに、
そのように昂揚して語ってはならないのだ。
言い古された嘘を。

祖国のために死ぬことは甘美で素晴らしいということを。

最後のサスーンは戦争中にイギリスの政治及び軍事指導者層を厳しく批判した結果、やはり「砲弾症候群」と診断され、クレイグロックハート戦争病院に半ば強制的に入院させられた。その後一九一八年、サスーンは自身の二作目となる戦争詩集『カウンター・アタック』を出版したが、これが戦争詩人としてのサスーンの名声を確立することになる。また彼が、自殺願望があるのではと周囲が疑うほど西部戦線で無謀な行動を繰り返していたことも周知の事実である。ブルックが戦争を英雄的行為とみなし、自己犠牲の甘美な想いに囚われていた一方で、戦争の過酷な現実を自ら体験したサスーンは、将来のある若者が国家の犠牲となって戦場で無益に死んでいくことに怒りを覚え、自分が抗議行動を起こさなければならないと考えた。「男たちはルパート・ブルックとともに参戦し、ジーグフリード・サスーンとともに帰還した」と言われるゆえんである。また、サスーンと同様にオーウェンは、英雄的行為を称える戦争詩ではなく、戦争の悲惨さを伝える詩を書くことこそ自らの使命だと悟ったのである。

以上、イギリスを代表する三名の詩人の戦争詩と戦争観を紹介したが、一般にイメージされる第一次世界大戦の様相は、戦争の不毛性や無益さ、そして悲惨さを強調する傾向が強いこうした戦争詩から大きく影響を受けているのである。しかしながら、読者にここで改めて考えてもらいたい点は、はたして本当に第一次世界大戦は、無益で悲惨な戦争であったと言い切れるのかという問題である。確かに、リデルハートが主張するようにこの戦争は悲惨なものであった。だが多くのイギリス国民が、当時においても今日でも、この戦争を決して不毛かつ無益であったとは考えていない事実も指摘しておく必要があろう。

軍事史としての第一次世界大戦

本章では最後に、第一次世界大戦とその後の軍事史の記述について考えてみよう。第二次世界大戦前の戦間期に活躍した著名な軍事史家としては、フラーと本書の主人公であるリデルハートの二人の名前が常に挙げられるが、たとえ第一次世界大戦をめぐる彼らの見解を最大限に好意的に解釈したとしても、それは、戦争では勝利よりも敗北からより多くの教訓を学ぶことが可能であるとの彼らの信念から、この戦争に対して極めて批判的な議論を展開したのであろうというものにすぎない。また、イギリス軍の指導者層がこの戦争から何も学ばず、次なる戦争でもソンムやパシャンデールの惨劇を繰り返すに違いないという懸念から、おそらく彼らは批判的立場に終始したのであろう。だが、それにしても第一次世界大戦をめぐる少なくともこの時期のフラーとリデルハートの論調は、史料の不足という点を考慮してもあまりに批判的すぎると、さらには、感情論に立脚していると言わざるを得ないのである。

また、第一次世界大戦におけるイギリスの軍事指導者の名声を著しく傷つけたものは、疑いなくロイド゠ジョージの『回顧録』であるが、これは、一九三三年から三六年にかけて六巻にわたって出版されたものである。この『回顧録』の執筆にリデルハートが深く関与していたことは周知の事実であり、明らかにロイド゠ジョージとリデルハートは、第一次世界大戦時にイギリス欧州大陸派遣軍司令官であったヘイグの名声を貶める目的でこれを出版したのである。ヘイグは既に一九二八年に死去していた。これに対して、イギリスの戦争史家シリル・フォールスがその著『第一次世界大戦』の中でヘイグの戦争指導を高く評価し、一九一八年にはドイツ軍がほぼ敗北に追い込まれていた事実を明確に示したのは、実に一九六〇年になってからであった。第一次世界大戦の惨劇を二度と繰り返してはならないとのリデルハートの信念には共感できるものの、同時に、やはりこうした彼の意図的な記述がこの戦争の実相を大きく歪めていたことは否定できない。この点について、リデルハートの責任は決して小さくないと思われる。

第六章　大量集中理論と相互破壊理論の「救世主」
――リデルハートのクラウゼヴィッツ批判――

リデルハートとクラウゼヴィッツ

十九世紀を代表する戦略思想家であるプロイセン＝ドイツのクラウゼヴィッツと二十世紀を代表する戦略思想家リデルハートは、しばしば比較の対象とされる。本章では、この二人の偉大な戦略思想家の思想を比べることにより、実は、この二人の考えには相違点はもとより、共通点も多々存在する事実を示してみたい。

第一次世界大戦で繰り広げられた大量殺戮に対するリデルハートの嫌悪は、戦略思想家としての彼自身を、クラウゼヴィッツの戦略思想批判に駆り立てることになる。彼のクラウゼヴィッツ批判をあえて要約すれば、それは、クラウゼヴィッツがナポレオンの決戦志向を理論化して戦場における敵の軍事力の撃滅を最良とする「直接アプローチ戦略」を主唱したのであり、これこそ、第一次世界大戦の参戦諸国の間で蔓延した悪しき戦略思想を支配した元凶であり、この戦略の存在の結果、この戦争が不必要なまでの大量殺戮の舞台へと化したというものである。

確かに後年、リデルハートによるクラウゼヴィッツ批判の論調は徐々にではあるが弱まる。実際、クラウゼヴィッツの戦略思想を正しく理解していないと批判された際、リデルハートは、自分はクラウゼヴィッツを批判しているのではなく、彼の『戦争論』を誤読あるいは歪曲した彼の信奉者たち、例えば、ジョッフルやフォッシュに代表される軍人を批判しているにすぎないと苦しい弁明をしている。だが、結局、クラウゼヴィッツに対するリデルハートの嫌悪感は解消されないままであった。それほどまでに第一次世界大戦の原体験は、リデルハートの精神を支配していたのである。

本章では、リデルハートの一九三四年の著作『ナポレオンの亡霊――戦略の誤用が歴史に与えた影響』をやや詳しく検討する。と言うのは、同書には、この時期までのリデルハートの戦略思想が簡潔にまとめられているとともに、その後の彼の軍事戦略と国家戦略の中核となる概念の萌芽とも言えるものが数多く記されているからである。また、とりわけ同書でのクラウゼヴィッツ批判には極めて厳しいものがあり、クラウゼヴィッツに対する当時のリデルハートの評価を知るうえでも大いに参考となる。そこで、リデルハートのクラウゼヴィッツ批判と思われる個所を同書から引用することにより、彼の戦略思想の原点を探ってみよう。

『ナポレオンの亡霊』

『ナポレオンの亡霊』は、一九三四年九月、アメリカのエール大学出版会から刊行されている。同書は、リデルハートが「デーリー・テレグラフ」の軍事問題担当記者の時代、ケンブリッジ大学トリニティ・カレッジにおけるリース・ノウウェルズ講座で「十八世紀から二十世紀にいたる軍事思想の動向と、それがヨーロッパ史に与えた影響」（一九三二～三三年）という表題で講義した内容に、後日、新たに一章（同書の第四章）を加筆したものである。今日においても、このリース・ノウウェルズ講座に招聘されることは、戦争や戦略を研究する者にとっては大変な名誉であるが、リデルハートは当時、三十七、八歳であり、講師の年齢としてはかなり若い方である。この講座で話した内容を基礎とする同書は、その後の彼の長い軍事問題に関する執筆活動の、まさに初期の代表的作品と位置付けられる。

最初に、十九世紀初めのナポレオン戦争以降、第一次世界大戦にいたるまでのヨーロッパ全般の戦略思想を、リデルハートがどのように解釈していたかを示す文章を引用してみよう。

このようにクラウゼヴィッツの理論で育ってきた彼ら〔十九世紀から二十世紀初頭のヨ

ーロッパ主要諸国の軍人〕は、十八世紀の将軍の戦争指導があまり目立たないものであった理由を、戦闘意志の欠如に求め、これを、実戦向きではなく、フェンシングのためのものであると冷笑したのである。

ナポレオンが登場する以前、ナポレオンに匹敵する偉大な将軍が、勝算や勝利への確信が持てないために戦闘を回避したことは事実である。おそらく、この点こそ、クラウゼヴィッツが作った赤ワインに陶酔し、その理論に心底から傾倒した過去五〇年間の将軍と、ナポレオン以前の将軍との相違であろう。

戦争が一つの社会的事象であるにもかかわらず、第一次世界大戦の様相とクラウゼヴィッツという一人の軍人の戦略思想を直接結び付けようとするリデルハートの姿勢には驚くべきものがあるが、彼のクラウゼヴィッツ批判は、これに留まらずさらに厳しさを加えていく。すなわち、「クラウゼヴィッツの影響と彼が強調した要点を考える時、彼を歴史上の大量集中理論と相互破壊理論の『救世主』と表現することに異議を唱える論者はいないであろう。彼は、いわゆる『絶対戦争理論』の父であったため、『戦争とは他の手段をもってする政治の延長にほかならない』という主張に始まる彼が構築した理論に対する論争は、政治を軍事戦略の奴隷とする、換言すれば、政治を軍事戦略に従属させる結果を招いてしまったのである」。これが、今日でもしばしば引用されるクラウゼヴィッツに大量集中理論と相互破壊理論の「救世主」とのレッテルをリデルハートが貼った個所であり、本章のタイトルもこの表現をそのまま用いている。

またリデルハートは、「さらに不可解なことは、仮に戦争が政治の延長であるとすれば、それは必然的に戦後の利益を考えて遂行すべきはずなのに、枯渇するまで国力を消耗するのでは、政治を破綻させてしまうという矛盾を理解できなかったことである」と、第一次世界大戦に及ぼしたとされるクラウゼヴィッツの戦略思想の影響を厳しく批判したのである。その一方で、戦後の和平を見据えた戦争遂行という、後年のリデルハートの戦略概念の核心をこの文章からも窺い知ることができる。

同時に、次のような記述から、同書の中でさえリデルハートが、クラウゼヴィッツの戦略思想に対して極めて不明確な態度であったことが理解できよう。以下では、明らかにリデルハートのクラウゼヴィッツ批判の語調は弱まっている。

仮にクラウゼヴィッツが、敵の軍事力撃滅が戦略の唯一絶対の目的であるとする思考の創始者ではないとしても、彼がこれを主唱した人物であることは疑いない。

不幸なことには、クラウゼヴィッツのこの制限条項は著作の後半のページに記されており、また、本質的には一途かつ無骨な軍人を煙に巻くような哲学用語で記されている。このような読者は、含蓄ある主要な用語の意味を表面的には理解したものの、用語の深遠さと曖昧さのため、その奥に隠された真意を理解することができなかった。

もしクラウゼヴィッツを正当に評価しようとすれば、読者は彼が制限した事項に注目する必要があるが、同時に、歴史の真実を知るためには彼の抽象的概念に着目しなければならない。と言うのは、ヨーロッパの歴史の帰趨を決定したものは、まさにこの抽象的概念の影響であったからである。

「制限条項」

ここでリデルハートの言う「制限条項」とは、クラウゼヴィッツの「制限戦争」の概念を指しているのであるが、ここから彼のクラウゼヴィッツ批判は、『戦争論』の内容そのものというよりも、むしろクラウゼヴィッツが好んで用いた抽象的な表現へと向けられていく。すなわち、「加えて、クラウゼヴィッツ個人には間接的責任とともに直接的な責任もある。と言うのは、彼は現実が抽象的概念に制限を加えることを認める一方で、抽象的概念を、実際の戦争遂行の理想としようとしたからである」。また、「こうした表現を反復することによって、クラウゼヴィッツは当初から曖昧な自己の哲学理論の全貌をさらに不明確にし、それを、単なるラ・マルセイエーズ〔フランス国歌〕の反復部分〔リフレイン〕のプロイセン版を作り、国民の血を沸かし人心を鼓舞するだけのものに貶めてしまった。注入されたこの教義は、将校のためのものではなく、下士官用のものであった。と言うのは、戦闘を唯一の『真に戦争らしい行為』とすることにより、彼の教義は戦略の優位を奪い、戦争の術《アート》を大量殺戮の製造者に仕立て、さらには、軍人を煽動して、有利な戦機を醸成することではなく、単に最初から決戦を挑むよう仕向けてしまったからである」。

はたしてリデルハートが、クラウゼヴィッツの『戦争論』を一度でも精読したことがあったか否かについては、今日でも不明である。彼がドイツ語をほとんど読めなかったこと、また、当時、英語で翻訳出版されていた『戦争論』(いわゆるグラハム版)の表現には相当の問題が含まれていたことの二点は確かである。ボンド教授やハワード卿の記憶によると、リデルハートのフランス語能力はまずまずであったようであるが、ドイツ語に関してはほとんど解さなかったという。また、翻訳の難しさについては『戦争論』に限られたことではないが、今日でも入手可能なグラハム版を読めば、クラウゼヴィッツの戦略思想の核心が英語版に接した読者に理解できたとはとても思えない。いずれにせよ、本章では以下、『ナポレオンの亡霊』の中のリデルハートのクラウゼヴィッツ批判をそのまま引用することで、当時の彼のクラウゼヴィッツに対する評価を検討してみよう。リデルハートのクラウゼヴィッツ批判は次のように続く。

しかしながら、クラウゼヴィッツが大量集中の主唱者と言われるのは、単に大部隊の集中の意味においてだけではない。これに関して彼は、個々の戦闘における大部隊の集中の場合でも、同様のことを唱えているからである。制限条項にもかかわらず、クラウゼヴィッツはただ数的優勢を最重要視していたのである。

事実、ヨーロッパの軍人は一世紀もの間、クラウゼヴィッツが誤解して主唱した「人間と人間の格闘は、明らかに戦闘の真の基礎である」ということに固執したのである。

クラウゼヴィッツの信奉者

興味深いことに、リデルハートはその後、批判の矛先をクラウゼヴィッツ個人ではなく、彼の戦略思想に影響を受けたとされるヨーロッパ主要諸国の軍人にまで向けることになる。すなわち、彼は「しかしながら、仮にこの最大の責任がクラウゼヴィッツにあるにせよ、新たな兵器が次々と登場していた時期に何ら検討を加えることなくその理論を受け入れた人々こそ、より非難されて然るべきである」と述べている。最初に、第一次世界大戦前のドイツ軍人に対するリデルハートの批判は、次のようなものである。

クラウゼヴィッツの精神的要素を重要視する主張は、プロイセン国内の新興精神にアピールするものがあり、また、彼の大量集中理論はプロイセン軍の徴兵制度下では兵力的に賄える理論であった。何よりももっとも重要視すべきことは、クラウゼヴィッツの信奉者である大モルトケがプロイセン陸軍の中心的指導者となり、クラウゼヴィッツの理論を将来の高級指揮官や参謀を教育する支柱として定めたことであった。

確かに大モルトケ（ヘルムート・フォン・モルトケ陸軍参謀総長）は学究的な軍人であり、クラウゼヴィッツの『戦争論』を一度ならず読んでいたが、彼が遺した文書や様々な発言から判断する限り、その内容を十分に理解していたとはとても思えない。だが「ドイツ統一戦争」の立役者とも言えるその彼が『戦争論』を聖書やホメロスの著作などと同列に高く評価した結果、『戦争論』に対するドイツ軍人の関心が高まったことは事実である。次に、この時期のフランス軍人への批判についてであるが、リデルハートによれば、「フランス軍人がクラウゼヴィッツに夢中になったのは、誰よりもクラウゼヴィッツがナポレオンの代弁者であることを、彼らが単純に確信したからであった」。第一次世界大戦へといたるフランスの戦略思想へのクラウゼヴィッツの影響について、リデルハートは次のように述べている。

ジルベールは、一八七〇年の敗戦〔普仏戦争でフランスが敗れたこと〕の原因はフランス軍が攻勢をとらなかったことに帰すると、極めて単純に説明した。新たな兵器の威力を無視して彼は、傷ついたフランス国民の自尊心に訴えた。そのため、彼は「フランス国民の猛突撃」の復活のため警鐘を乱打、絶対的な信念をもって、弾薬の威力がいかなるものであれ、敗戦は不可避であったと主張した。ジルベールは、フランス陸軍砲兵・工兵技術学校でジョッフルと同期であった。また、彼が影響を与えた人物の一人に、将来の陸軍元帥であるフォッシュがおり、フォッシュはこうした伝統の戦略思想の系譜を継承する人物になったのである。フォッシュの著作を分析すると、彼が自己の戦争理論の思想的根拠を、直接かつ無批判にクラウゼヴィッツに求めていることが明らかに認められる。こうして彼は、クラウゼヴィッツ理論のさらに極端な「拡大鏡」になってしまった。フォッシュの主張は、敵の野戦軍主力の撃滅が終始、唯一の手段であるということである。

フランスの戦略思想の系譜

ここで、当時のフランスの戦略思想の系譜を改めて説明しておこう。この時期のフランスの戦略思想を象徴する表現として「攻勢主義への盲信」が知られているが、この悪名高き「攻勢主義への盲信」という表現は、ジョッフルがその『回顧録』の中で用いたものとされる。そして、その後の歴史家は、この「攻勢主義への盲信」という表現に注目し、第一次世界大戦を通じて多大な犠牲者を出した大きな原因の一つとして、これを強く批判したのである。その場合、リデルハートの議論に代表されるように、ジルベール、フォッシュ、グランメゾン、そして、ジョッフルというフランスの戦略思想の系譜から、いかにして「攻勢主義への盲信」がフランス軍全体に定着するにいたったかを解明しようとするのが一般的である。

繰り返しになるが、ジルベールが普仏戦争でフランスが敗北した原因を、フランス軍が攻勢を用いなかったためであると結論を下したことに始まり、この思想が彼の影響を大いに受けたとされるフォッシュに継承されるのである。そして、こうした思想を教え込まれ、攻勢の利点だけに注目したフォッシュの信奉者であるグランメゾンは、戦争での勝利を確実にする方法が、熱狂的な攻勢だけであると信じて疑わなかったのである。またジョッフルも、グランメゾンとほぼ同様の見解を抱いていたのである。

リデルハートは、既に一九三一年にはフォッシュに関する著作『フォッシュ』を発表しており、また、彼の戦略思想の源泉の一つがフォッシュであるとの指摘があるほどフォッシュの影響を強く受けている。なるほどフォッシュはクラウゼヴィッツの『戦争論』を誤読してはいるものの、当時のリデルハートのこうした安易なフォッシュ批判、さらにはそのフォッシュが研究したクラウゼヴィッツに対する批判には大きな違和感を抱かざるを得ない。

フォッシュとウィルソン

最後にリデルハートは、第一次世界大戦前夜の母国イギリスの戦略思想を、クラウゼヴィッツとの関連で以下のように厳しく批判している。

このようにして、クラウゼヴィッツからジルベールとフォッシュを経て、グランメゾンへといたる一連の戦略思想の系譜が完成された。しかしながら、不幸なことには今やこの思想の潮流にイギリスの運命までが託されることになった。これは、フォッシュの提案にヘンリー・ウィルソンが、友情の証として簡単に同意したためである。ウィルソンは、先にイギリス陸軍大学校長、次いで、第一次世界大戦直前の数年間は陸軍作戦本部長の要職にあった。

この友情こそ、イギリスの歴史の行方を転換させたものだといって過言ではなく、大英帝国の伝統的な戦争政策に革命的なままでの変化をもたらしたのである。と言うのは、フォッシュがウィルソンに対して抱いていた精神的優越感に加え、ウィルソンがフォッシュの戦争に対する考え方を無条件に容認したため、イギリス陸軍が、フランス陸軍の戦争計画の従属物へと成り下がり、イギリス軍は役に立たないと批判される一方で、イギリス政府は、その能力を超えた不利な言質を取られてしまったからである。ウィルソンが柔軟性の欠如した細部作戦協定を締結したことは、あたかも、イギリスの政策決定の行方を左右する首に巻き付けられたロープのようなものになった。

加えて、フォッシュ＝ウィルソン協定〔右記の細部作戦協定のこと〕は、イギリス陸軍がフランス陸軍の左翼に位置して共同作戦を行うよう規定していたため、イギリスは伝統的戦略から決別することになった。すなわち、イギリス陸軍徴兵部隊や陸軍主力を、フランス本国に配備することを余儀なくされたのである。

ここでリデルハートが批判しているものは、一九一二年、第一次世界大戦前のイギリスとフランスの陸軍参謀本部の間で合意された軍事戦略に関する協定であるが、リデルハートによればこの協定こそが、緒戦におけるイギリス陸軍の行動の自由を奪い、さらには、イギリス陸軍が徴兵制度まで用いて大規模な陸軍力をヨーロッパ大陸に関与させることになった元凶なのである。この協定の詳細は、内閣にも外務省にも知らされておらず、その意味において明らかにこれは軍部の独走である。だが、第一次世界大戦前の一〇年間にイギリスがヨーロッパ大陸への軍事関与へと大きく傾いた経緯を厳しく批判する中で、リデルハートは、現実にイギリスの政策決定を制約したこの時代固有の政治要因や戦略要因をまったく無視しているのである。すなわち、彼によれば、こうしたイギリスの軍事関与はフォッシュとウィルソンという二人の軍人の友情から生じたものなのであったが、ある歴史上の変化や進展の原因を、個人だけに帰するリデルハートの姿勢には何か物足りなさを感じざるを得ない。と言うのは、物質的な条件が作用しない限り、ある思想が現実化することなど決してあり得ないからである。

いずれにせよ、最後に、以上のような議論を総合してリデルハートは、『ナポレオンの亡霊』の中でさらに厳しくクラウゼヴィッツ批判を展開している。同書の結論的な記述を紹介しておこう。

「絶対戦争」の概念はクラウゼヴィッツの教義の源泉であるが、これは彼のあらゆる戦略思想への貢献の中で、もっとも極端かつ非現実的なものであった。「絶対戦争」という用語の意味するところは、対峙する軍のどちらかが抵抗能力を消耗し尽くすまで継続される戦闘であり、現実には、勝者も力を消耗して限界に達することを意味するのである。

と言うのは、一八七〇年の戦争〔普仏戦争〕の結果はクラウゼヴィッツを支持し、彼の絶対戦争理論がヨーロッパの軍人に定着、あらゆる国家の軍人に議論の余地がない真理として認められ、さらには、危険なまでに戦争に無知な世代の政治家に簡単に容認されるようになったからである。こうしたヨーロッパ社会の思想に偏見が加わり、クラウゼヴィッツの哲学理論は、第一次世界大戦の勃発を後押ししたのである。

以上、『ナポレオンの亡霊』の中のリデルハートのクラウゼヴィッツ批判をやや詳しく検討した。『戦争論』の誤訳や誤読に起因するリデルハートのクラウゼヴィッツ理解があったとは言え、そこには、第一次世界大戦という彼の原体験に対する、さらには、この戦争の様相を決定付けたとされるクラウゼヴィッツの戦略思想に対する、リデルハートの感情的な反発が鮮明に浮かび上がってくるのである。

『戦略論』の中でのクラウゼヴィッツ批判

実は、リデルハートは主として本書の第七章と第八章で取り上げる『戦略論』の中でもその論調を弱めつつもクラウゼヴィッツの信奉者批判に多くのページを割いている。そこで、以下、これを簡単に紹介しておこう。

あらゆる分野で多くの予言者や思想家が背負う共通の運命は、自説が誤解されるということである。熱心ではあるが、理解力に不足するクラウゼヴィッツの信奉者は、彼の主張に反対する論者の偏見や愚見以上に、彼の創造的な見解を曲解し、この価値を損なうのが通例であった。

また、興味深いことにリデルハートは『ナポレオンの亡霊』での主張とは反対に、『戦略論』の中ではクラウゼヴィッツとその戦略思想そのものについては高く評価しているのである。

戦争理論に対するクラウゼヴィッツの最大の貢献は、彼が心理的要因を強調したことである。当時流行していた幾何学的な戦略理論〔アンリ・ジョミニやアダム・ハインリヒ・フォン・ビューローの戦略思想を指す〕に対して、クラウゼヴィッツは声を大にしてその有効性に疑問を呈した。彼は、人間の精神が幾何学派の唱える「作戦の線や角度」と比較して無限の重要性を有することを説いたのである。彼は深い洞察力をもって、戦争において危険や疲労が及ぼす効果、さらには、大胆さと決断が持つ価値を主張したのである。

クラウゼヴィッツが随所で唱えたように「戦争は政治の延長である」とすれば、戦争は必然的に戦後の利益を見通して遂行されるものである。最後の最後まで国力を消耗する国家は、自国の政治を破綻させているのである。

ここでのリデルハートは、クラウゼヴィッツの主唱した戦争における不可測の要素の重要性を受け入れるとともに、同じくクラウゼヴィッツが唱えた戦争の「政治性」をさらに発展させ、戦後の構想を見据えたうえでの戦争遂行という彼自身の主張の中にクラウゼヴィッツの戦略思想を取り込んでいるのである。こうしたリデルハートの姿勢を「変節」と捉えるのか、それとも成長と考えるかについては議論の分かれるところであるが、彼の著作の中には首尾一貫しない議論、相矛盾する議論が数多く見られることは否定できない。ここに、リデルハートがクラウゼヴィッツ以上に誤解されている原因の一端がある。

クラウゼヴィッツの『戦争論』

次に、クラウゼヴィッツの大著である『戦争論』の内容を概観してみよう。そして、ここまで紹介してきたリデルハートの『戦争論』批判の妥当性、さらには彼のクラウゼヴィッツ批判の妥当性についても検討してみたい。本章での結論をあらかじめ述べてしまえば、実はリデルハートは、クラウゼヴィッツの戦略思想を厳しく批判しつつも、意識的か否かは別にして彼の戦略思想の核心部分についてはそれをほぼそのまま継承しているのである。

もちろん、これがリデルハートが『戦争論』を精読した結果なのか、それとも単なる偶然の一致なのかについては、にわかに断定できないが、この二人の偉大な戦略思想家の論点には、とりわけ「政治」と「軍事」をめぐる問題については、相違点よりも共通点の方が多いことは否定できない事実である。

カール・フォン・クラウゼヴィッツ（一七八〇年〜一八三一年）はプロイセン＝ドイツの軍人、そして戦略思想家として今日でも著名である。彼は十二歳頃に軍隊に入隊した後、一七九三年から九五年の間、フランスとの戦いに参加して士官に昇進する。また、陸軍士官学校で学んだ後、当時の教官ゲルハルト・シャルンホルストに共感して、以後、彼とともにプロイセンの軍制改革の一翼を担うことになる。その後のフランスとの戦争でクラウゼヴィッツは、一時、フランス軍の捕虜となったが、帰国後の一八一〇年には参謀本部に配属されることになった。だが一八一二年、クラウゼヴィッツはプロイセンとフランスの同盟に抗議して軍を辞職、ロシア軍に移って対フランス戦争を継続することになる。そしてナポレオン戦争が終結する前年の一八一四年、再びプロイセン軍将校に任用され、陸軍士官学校の校長を務めた後、一八三〇年には中将に昇進したが、その翌年、ポーゼンでのポーランド人蜂起の鎮圧のために派遣された際、ブレスラウでコレラに感染し、その後死亡した。今日でも有名な『戦争論』をはじめとする彼の研究業績は、一八三二年以降、夫人を中心とする遺族により刊行された全一〇巻の遺稿集に収録されている。

この『戦争論』の中でクラウゼヴィッツは、「戦争は外交とは異なる手段を用いて政治的交渉を継続する行為にすぎない」と指摘した。前述した通り、『戦争論』はクラウゼヴィッツの死後、親族らによって編集された遺稿集の一部として出版されたものであり、その意味では未完成の著作であった。そのため、『戦争論』は本当にその内容がクラウゼヴィッツの意図通りに整理されているか疑わしく、また、その記述内容には多くの矛盾点が残されたままになっている。おそらく、リデルハートが『戦争論』の内容を誤解した理由の一端はここにある。

だが同時に、クラウゼヴィッツの死後に発見された『戦争論』執筆に関する「方針」やその他の覚書を手掛かりにすれば、彼が『戦争論』を執筆した意図や背景がある程度は理解できることも事実である。例えば、確かに「方針」には、『戦争論』は「まだかなり不備な原稿であって、いま一度全面的に改訂する必要がある」と記されている一方で、この「方針」よりも時期的にはかなり後に書かれたと思われる覚書には、「要するに、完全とみなすことができるのは〔『戦争論』の〕第一編第一章だけである。少なくともこの章は、私が本書全体に与えようとした方向性を理解するためには有益である」とある。実際、戦争の本質に関するクラウゼヴィッツの主要な論点は、同書の第一編第一章からだけでもほぼ正確に理解できるのである。そこで、以下、『戦争論』の第一編第一章の記述を手掛かりにしてクラウゼヴィッツの戦略思想の核心を考察することにより、リデルハートが、いかにクラウゼヴィッツの戦略思想や『戦争論』の内容を誤解していたかについて考えてみよう。

政治の延長としての戦争

前述の「方針」の中でも明確に示されているように、クラウゼヴィッツは『戦争論』で、戦争には二種類の理念型が存在すること、そして、戦争は他の手段を用いて継続される政治的交渉にほかならない、という二つの問題意識の下、「戦争における様々な現象の本質を究明し、これらの現象とそれを構成している種々の要素の性質との関係を示そう」としたのである。すなわち、『戦争論』でのクラウゼヴィッツの究極の目的は、それまでの膨大な歴史研究を基礎にして戦争それ自体の分析を試みること、また、その過程で戦争の本質を抽象化することであった。戦争それ自体の分析が『戦争論』執筆の目的であれば、その不可欠な要素である戦闘にクラウゼヴィッツの論述が集中したとしても不思議ではない。また、クラウゼヴィッツは一つには時代を超越した著作を後世に遺す目的で、戦争の本質の抽象化に取り組んだのであり、その意味において、リデルハートがクラウゼヴィッツが用いた抽象的な表現を批判するのは妥当ではない。

クラウゼヴィッツは戦争の本質を「拡大された決闘」と捉えている。すなわち、戦争とは一種の「力」の行為であり、その目的は相手に自分の意志を強制することであると考えたのである。また、戦争は常に生きた力の衝突であるため、理論的には相互作用が生じるのは不可避であり、それは、必ず極限にまで到達するはずであった。今日ではエスカレーションとして知られる概念である。以上のような論理から、クラウゼヴィッツは戦争の原型、すなわち、「絶対戦争」という一つの理念型《モデル》を導き出したのである。しばしば戦争が自己目的化する傾向にあるのは、まさにこの理由による。

だが、同時にクラウゼヴィッツは、遅ればせながら戦争がそれ自体で独立した社会事象ではないことも理解し始め、戦争には現実の世界における修正、つまり「制限戦争（真の戦争）」が生まれると指摘する。これが、クラウゼヴィッツによる二種類の戦争の理念型、すなわち、理論上の「絶対戦争」と現実における「制限戦争」である。こうしてみると、クラウゼヴィッツを「絶対戦争」の信奉者として厳しく批判するリデルハートの主張にはまったく根拠がないことが理解できる。なぜなら、クラウゼヴィッツが提示した「絶対戦争」とは、あくまでも一つの理念型であり、実際、彼は政治という要素との関連でもう一つの理念型である「制限戦争」の重要性を強調しているからである。

次に、『戦争論』でのクラウゼヴィッツの議論の中でもっとも重要視されるべきものとして、戦争が政治に内属するものとの位置付けを与えたこと、すなわち、戦争を政治の文脈の中に組み込んで議論したことが挙げられる。クラウゼヴィッツによれば、戦争は政治的行為であるばかりでなく政治の道具であり、敵と味方の政治的交渉の継続にすぎず、外交とは異なる手段を用いてこの政治的交渉を遂行する行為なのである。彼の論理に従えば、当然、政治的な意図が常に「目的」の位置にあり、戦争はその「手段」にすぎない。戦争は政治の一つの表現形態にほかならないのである。また、そうであるからこそ、この政治の役割が、論理的には「絶対戦争」という極限を目指すはずの戦争を抑制するもっとも重要かつ現実的な要素とされるのであった。クラウゼヴィッツが『戦争論』で「戦争がそれ自身の文法を有することは言うまでもない。しかしながら、戦争はそれ自身の論理を持つものではない」と述べたのは、まさにこの戦争の政治性に注目した結果なのである。

思えば、リデルハートの戦略思想の原点は、仮に戦闘での決定的な勝利を獲得できたにせよ、それが、結果として味方に膨大な犠牲を強いるものであるとすれば、戦争の勝利にいかなる意味があるのかという、第一次世界大戦の結末に対する疑問であった。そこから、戦後の平和構想なき戦争指導は無意味であるという、国家戦略に関するリデルハートの確信が生まれてきたのであった。そうしてみると、戦争における政治の重要性を強調する点では、リデルハートとクラウゼヴィッツの見解は完全に一致しているのである。

「摩　擦」

『戦争論』の中でクラウゼヴィッツが指摘した論点のうち、そのほかに特筆すべきものとして、「摩擦」の概念、「重心」の概念、戦争における不可測な要素の重要性の指摘、戦争の「三位一体」、「防御の優位」などが挙げられよう。例えば、彼は現実の戦争と机上の戦争を区別する唯一のものが摩擦であると指摘し、戦争を遂行あるいは研究するうえでこの摩擦の概念に対する配慮を忘れてはならないと警告を発している。彼によれば、戦争では不確実性や偶然といった摩擦の要素が極めて大きな影響力を及ぼすことになる。それだからこそクラウゼヴィッツは、精神力や軍事的天才といった戦争における不可測な要素を重要視したのである。もちろん、この摩擦の存在こそ、戦争が「絶対戦争」という極限へと向かうことを抑制するもう一つの大きな要因である。

また、クラウゼヴィッツは戦争を「政治」「軍事」「国民」という三つの要素が織りなす社会的な事象であると捉えており、これが戦争の奇妙な「三位一体」の概念として知られるものである。少し余談になるが、このクラウゼヴィッツの「三位一体」の概念に対して、ハワード卿は新たに第四の要素として「技術」の重要性を挙げた。確かに、とりわけクラウゼヴィッツが死去した一八三〇年代以降、産業革命の影響が戦争の領域にまで及んできたことを考えると、戦争における「技術」の要素の重要性は看過されてはならない。これを受けて著者はかつて、さらなる第五の要素として「時代精神」の重要性を挙げたことがあるが、これは、著者が戦争とは少なくともこれら五つの要素が織りなす社会的な事象であると捉えているからである。著者が意味する「時代精神」とは何かを簡単に説明しておけば、国際法に代表される社会規範や人類の世界観及び戦争観などを含む大きな概念なのである。

ジョミニとクラウゼヴィッツ

ところで、クラウゼヴィッツとほぼ同時代のスイスの戦略思想家アンリ・ジョミニの政治と戦争の関係に対する見方は、当時の一般的な軍人が抱いていた戦争観を知るうえで大変興味深い。なぜなら、例えばジョミニは、いったん戦争が勃発すれば軍事の領域が政治に優越すべきであると明言しているからである。戦争は軍人の専権事項であるとしたのである。戦争観をめぐるこのクラウゼヴィッツとジョミニの相違は根源的かつ決定的であるが、言うまでもなく、当時はジョミニの戦争観が当然のように受け入れられていたのである。

さらに踏み込んで言えば、時代を超えて軍人には、たとえクラウゼヴィッツの信奉者を自認する者でさえ、『戦争論』の重要な警句、すなわち、「戦争における重大な企てとかかる企ての計画を純軍事的な判断に任せて良いといった主張は、政治と軍事を明確に区別しようとする許し難い思考であり、それ以上に、有害でさえある」という指摘を軽視する傾向が見受けられることは否定できない。大モルトケ、シュリーフェン、パウル・フォン・ヒンデンブルグ、そしてルーデンドルフに代表される「ドイツ統一戦争」から第一次世界大戦にかけてのドイツ軍人の一般的な戦争観は、これを見事に物語っている。そうしてみると、リデルハートが批判すべきはジョミニ的な戦争観であり、クラウゼヴィッツの戦争観ではない。

また、ジョミニは戦争を社会的、政治的事象として理解しようとはしていない。ジョミニが政治と戦争の関係を正確に理解していないのであれば当然とも言えるが、例えば、彼はナポレオンの功績を、フランス革命のエネルギーを軍事目的に有効活用した事実に求めるのではなく、戦争の科学的原理を見抜き、それを自らの戦争に応用し得た点に求めている。すなわち、「原理」の存在を絶対的なものとして信奉するジョミニは、ナポレオンを単にその原理の忠実な遂行者としてしか捉えようとしないのである。そのため、ジョミニはフランス革命がもたらした社会的、政治的意味合いをほぼ捨象し、原理に基づく単純な議論に終始している。同様の理由から、ジョミニはスペインでのフランス軍に抵抗するゲリラ戦争がなぜ自発的に発生し、また、この事象が将来的にいかなる意味をもち得るかについてまったく理解できなかった。クラウゼヴィッツが指摘するように、戦争とは極めて社会的かつ政治的な事象であり、この文脈に着目することなく軍事戦略レベルのみで戦争を語ろうとするジョミニの限界がここにも露呈している。ここで興味深い事実は、戦争と社会の関係についてのリデルハートの見解は、むしろジョミニのものに近いことである。後述するように、リデルハートは必ずしも戦争を人類が営む一つの大きな社会的な事象であるとは捉えていない。だからこそ、第一次世界大戦の様相をクラウゼヴィッツという一人の軍人の戦略思想に直接結び付けたのである。

意外とも思えるが、ジョミニとクラウゼヴィッツを比較した時、第一次世界大戦までの戦略思想の発展に及ぼした影響に関して言えば、圧倒的にジョミニに軍配が上がる。これには例えば、ナポレオン戦争後のヨーロッパ主要諸国の政治家や軍人が、フランス革命がもたらしたナショナリズムという巨大なエネルギーに目を塞ぎたかったこと、また、ジョミニのフランス語での単純明解な説明の方がクラウゼヴィッツのドイツ語での難解な議論に比べて理解し易かったことなど、様々な理由が考えられるが、一八六〇年代から七〇年代にかけての「ドイツ統一戦争」でプロイセンの陸軍参謀総長大モルトケが活躍し、その後、彼がクラウゼヴィッツの『戦争論』を称讃するまでは、クラウゼヴィッツの影響はごく限られたものに留まっており、ヨーロッパやアメリカの戦略思想はジョミニの影響下に置かれていたと言っても過言ではない。アメリカ南北戦争前のウエスト・ポイント陸軍士官学校は、ジョミニの戦略思想の影響下にあり、士官候補生はジョミニの戦略だけを学んだという。南北戦争では、「将軍の大半は片手にジョミニの『戦争概論』をもって戦った」と言われるゆえんである。確かに、ジョミニが初めて明確に定義した「内線作戦線」や「外線作戦線」といった概念は今日の軍隊でも用いられており、また、あの有名なアメリカの海軍戦略思想家アルフレッド・セイヤー・マハンの海軍戦略概念には、批評家がジョミニの戦略思想の海上での戦いへの焼き直しにすぎないと皮肉るほど、ジョミニの影響が色濃く見られるのである。

「リベラルな戦争観」の誕生

ここまで紹介してきたように、リデルハートはクラウゼヴィッツを一九一四年から一八年の第一次世界大戦で生起した多数の凄惨な事象の元凶であると考えたため、すなわち、大規模な徴兵軍隊と直接対決による消耗戦争の元凶、さらには、計算済みの大量流血の元凶であると考えたため、当初からクラウゼヴィッツには批判的であった。

結局、リデルハートのクラウゼヴィッツ批判は、彼の戦略思想と『戦争論』の次の三つの主要な要素に対してであったと言えよう。もちろん、この批判にはリデルハートの誤解が多分に含まれているのであるが、それらは、絶対戦争理論とその論理的帰結である国民総動員の戦略思想、敵軍の主力に対する集中を唱えた戦略思想、そして、戦争の真の目標は敵の軍事力に対してであり、そのほかのものはすべて戦闘に従属する、という思想に対してであった。

こうしたクラウゼヴィッツの戦略思想に対抗するかたちでリデルハートは、既に一九三〇年代にはリベラル民主主義的な戦争哲学の萌芽とも言える思想を育んでおり、これを、クラウゼヴィッツの戦略思想に対する「解毒剤」として新たに提示しようと試みたのである。その意味において、リデルハートの戦略思想は、十九世紀にクラウゼヴィッツが圧倒的な影響力を及ぼしていたとされることに対する二十世紀なりの回答であったのである。

リデルハートがクラウゼヴィッツの「解毒剤」として考えた主要な論点は以下の通りである。すなわち、仮に戦争自体が消滅しないのであれば、それは、政治的に厳格に統制される必要がある。理想的には、軍隊は小規模で、すべて志願兵で構成され、高度な訓練を受けて機械化される必要があり、迅速かつ経済的な効果を得るために機動力に富んだものでなければならない。彼は、クラウゼヴィッツが戦争での流血の重要性を強調したことに対して極めて批判的であった。リデルハートによれば、戦争の目的は敵の「頭脳」、換言すれば、神経中枢を麻痺させることでなければならない。また、彼は政治及び軍事指導者は全面的な勝利の追求を放棄し、すべての当事国が受け入れ可能な穏健な条件での妥協的和平を模索しなければならないと主張したのである。

イスラエルの歴史家アザー・ガットは、このようなリデルハートの戦略思想を「リベラルな戦争観」と名付けて高く評価しているが、本書における著者の立場も同じであり、本書（二〇〇八年）のタイトルを『リデルハートとリベラルな戦争観』としたのも、こうした彼の功績を高く評価するからにほかならない。第一次世界大戦の結末に深く失望していたリデルハートであれば、こうした発想は、むしろ当然の帰結とも言えようが、思えば、クラウゼヴィッツも同様に、一八〇六年のナポレオンに対するプロイセンの敗北と不名誉（イエナの戦い）から自らの戦争観を構築し始めたのであった。この「リベラルな戦争観」

については、第十章で改めて検討する。

二人の偉大な戦略思想家――共通点と相違点

実はクラウゼヴィッツの戦略思想や彼の主著である『戦争論』と、『戦略論』の中でのリデルハートの議論を比較した時、そこには驚くほどの共通点が存在する。とりわけ、政治と戦争の関係をめぐる両者の議論の核心部分については、リデルハートはクラウゼヴィッツの戦争観をほぼそのまま踏襲しているのである。また、前述より明らかなように、クラウゼヴィッツは『戦争論』であくまでも二種類の戦争の理念型を提示したまでであり、リデルハートが批判したような「絶対戦争」の「救世主」ではない。仮にクラウゼヴィッツが「絶対戦争」を絶対視していたのであれば、それは、直ちに『戦争論』の全体を貫く中心命題である政治による戦争の統制という概念と衝突することになる。繰り返しになるが、政治の役割こそ、戦争が絶対的形態へとエスカレートするのを抑制する、大きな現実的要素なのである。さらには、仮にリデルハートが『戦争論』を精読していたにせよ、彼のクラウゼヴィッツ理解が表面的なものに留まっていたことは否定できない。思えば、リデルハートが批判した第一次世界大戦や第二次世界大戦の様相に対するクラウゼヴィッツの影響について考える時、はたして、一人の戦略思想家の見解がその時代の戦争形態を規定することなどあり得るのであろうか。この問いに対する著者の答えは明らかに「否」である。なぜなら、戦争は社会的な事象であり、社会の様相が戦争の姿を規定するからである。

その一方で、当然ながらリデルハートとクラウゼヴィッツの戦争観には大きな違いも見られる。最初に、ある意味においてリデルハートはクラウゼヴィッツ的な伝統ではなく、むしろジョミニの伝統に従ったのである。すなわち、彼の関心は戦争の本質ではなく、実践的な戦略そのものにあり、また、彼の一連の著作はジョミニと同様、何らかの処方箋を提示しようとするものが多いのである。加えて、リデルハートは、やはりジョミニと同様に自らの理論が普遍的なものであると過度に強調したことでも知られている。さらに言えば、この両者は自らの概念や発想を巧みに表現する用語作りにも長けていたのである。例えば、「ロジスティクス」という概念がジョミニによって明確化されたように、リデルハートは「代替目標」や「拡大する急流」といった、やはり人々の注目を多く集める用語を提示しているのである。そしてこれが、今日までリデルハートの著作が広く読まれている理由の一つであることは疑いない。

次に、クラウゼヴィッツとリデルハートの決定的な相違点として、クラウゼヴィッツが戦争をあくまでもアート（術）として捉える傾向が強かったのに対して、リデルハートは、むしろ戦争をサイエンス（科学）として扱った事実が挙げられる。もちろん、リデルハートは戦争を純粋なサイエンスとして研究したわけではない。また、クラウゼヴィッツ自身、

『戦争論』の中で戦争はアートよりもコマース（商取引）の領域に近いとも述べている。

だが、それにもかかわらず、この両者の一連の著作を比較すれば、クラウゼヴィッツの

『戦争論』とは対照的に、リデルハートの著作の中には「客観的事実」や「戦争の科学的研究」といった表現が数多く見られることが理解できるはずである。

また、戦争という一つの大きな社会的な事象に接する際のリデルハートとクラウゼヴィッツの違いはいかなるものであろうか。思えば、その出発点から戦争に対する二人の認識は正反対であった。つまり、クラウゼヴィッツがすべての国民や社会全体を巻き込んだ総力戦の出現を、新たな革命的な事象であると比較的高く評価していたのに対して、リデルハートはジョミニと同様、これを、意味のある国家戦略や軍事戦略からの逸脱であると歓迎しなかったのである。リデルハートにとっては、職業軍人であれ傭兵であれ、戦争のプロフェッショナルによって戦われた十八世紀の制限戦争こそが戦争のあるべき姿なのであった。だが、戦争は人類が営む大きな社会的な事象である。それゆえ、二十世紀の戦争は二十世紀の社会的条件に強く規定されるかたちでその様相が決まってくるのである。一人の思想家の戦略思想がその時代の戦争を形成するのではない。その意味において、「政治」「軍事」「国民」という戦争の「三位一体」を強調したクラウゼヴィッツと、第一次世界大戦の惨禍の元凶をクラウゼヴィッツの戦略思想に帰したリデルハートの戦争観は大きく異なると言える。同様に、戦争における摩擦の要素の重要性を指摘したクラウゼヴィッツと、

明言はしていないとは言え、摩擦という要素をあまり考慮していないリデルハートの違いも明らかである。

興味深いことに、戦争を考察するに際してしばしば異なる立場をとったクラウゼヴィッツとリデルハートは、それぞれの初期の著作において、ともに十七世紀のスウェーデン君主グスタフ・アドルフに強い関心を示している。だが、クラウゼヴィッツの目的がグスタフ・アドルフの国家戦略そのものを理解することであったのに対して、リデルハートは、このスウェーデン君主の軍事戦略、軍事組織、そして軍事改革といった側面を研究したのである。端的に言えば、クラウゼヴィッツがグスタフ・アドルフから「学ぼう」としたのに対して、リデルハートは、自説を正当化する材料としてグスタフ・アドルフの経験の一部を「利用した」のである。戦争という二人に共通する問題に接するこの両者の姿勢の違いは、二人のどの著作を読んでも共通して見受けられる特徴である。

クラウゼヴィッツの誤用

よく考えてみれば、クラウゼヴィッツの『戦争論』が誤読や誤用されるのは特異なことではない。実際、クラウゼヴィッツの所論はいつの時代にも援用可能であり、事実、援用されてきたのである。端的に言えば、それぞれの時代はその時代の都合や戦略的要請に合致したクラウゼヴィッツの論点だけに焦点を絞ってそれを語り、これ以外の論点についてはまったく無関心であったのである。

いずれにせよ、たとえクラウゼヴィッツに対するリデルハートの認識が時代とともに変化したにせよ、その結論は、クラウゼヴィッツの戦略思想を大きく歪曲したものであり、不正確かつ不公平なものであったことに変わりはない。おそらくリデルハートは、クラウゼヴィッツの『戦争論』が未完の書であり、この草稿の執筆段階でクラウゼヴィッツが方針を改めた事実を知らず、むしろ、これを一つの完成された体系として捉えていたのであろう。

少なくとも主観的にはリデルハートは、彼の同時代の極めて影響力の強い戦略概念や軍事理論に対して戦いを挑んでいたつもりなのである。こうした概念や理論が同時代を支配しており、まさにクラウゼヴィッツがこの時代を象徴する権威であると考えられたため、リデルハートは彼の戦略思想に対して攻撃の手を緩めなかったのである。前述したように、リデルハートとクラウゼヴィッツはともに、歴史上の転換点とも言える重要な戦争に対して自ら反応したのである。この二つの戦争はともに、一つの国家の国民全体にトラウマを残し、大きな知的転換を余儀なくさせるものであった。言うまでもなく、この二つの戦争とはナポレオン戦争と第一次世界大戦であるが、このそれぞれにおいてクラウゼヴィッツとリデルハートの実体験は、過去の軍事理論やその実践に対するあからさまな反発を生む要因になった。つまり、こうした過去の時代遅れの理論及びその実践こそが、軍事的敗北や失態の真の原因であると考えられたのである。ここでは、急進的な改革者としての二人の共通点が見て取れる。

だが不思議なことに、リデルハートに対する数多くの批判とは対照的に、クラウゼヴィッツが『戦争論』などで描いた彼の前任者たちの姿が大きく歪曲されており、それゆえ不公平であるとの批判がクラウゼヴィッツに向けられることはほとんどない。この両者は戦略思想における新たな枠組みを提示したのであり、二人ともそれが普遍的な妥当性を備え、過去のプロセスを決定付けた時代の特殊条件から影響を受けることのない歴史を超越したアプローチであると確信していたのである。彼らはともに、ただ単に理論構築に満足していたわけではなく、自らの構想を自国の将来に役立つよう発展させるとともに、それらを積極的に啓蒙し、教示していたのである。もちろん、ここでのクラウゼヴィッツとリデルハートの違いは、前者が総力戦の時代の幕開けに遭遇し、母国プロイセン＝ドイツに対してより積極的な直接行動に必要とされる軍隊の構築に国家を挙げて取り組むよう求めたのに対して、それから約一世紀の後、後者は総力戦の絶頂期に遭遇し、戦争の抑制の必要性を説くとともに、戦争での機動への回帰を訴えたのである。だが、この両者が過去と決別すべく新たな戦略思想を模索したという点では完全に一致するのである。

媒介としてのコルベット

周知のように、一八二七年にクラウゼヴィッツの戦略思想に危機が訪れ（前述の「方針」を参照）、その後、それまで彼が生涯をかけて考察し、強く唱えていた自らが体験した戦争に対する見解を、その死にいたるまで少しずつ修正し、「制限戦争」の妥当性を認めるようになり、これを、目的に合致するよう戦争を抑制する政治の影響という要因によって説明しようと試みたのである。

実は、十九世紀後半と二十世紀初頭においてドイツの歴史家ハンス・デルブリュックとイギリスの海軍戦略思想家ジュリアン・コルベットがそれぞれ個別に思想を発展させ、絶対戦争的な戦争観が支配的であった時代の様相に異議を唱えたのは、まさにこうしたクラウゼヴィッツの思想を基礎とした結果であった。

少し複雑であるが、クラウゼヴィッツとリデルハートの戦略思想の関係は次のように整理できる。つまり、コルベットは晩年のクラウゼヴィッツの戦略思想を基礎として海上の戦いを中心とする戦争史の研究を進めたが、コルベットの信奉者とも言えるリデルハートは、まさにこのコルベットから継承した思想をクラウゼヴィッツ批判に用いたのである。クラウゼヴィッツを批判するためにリデルハートはコルベットの戦略思想を援用したのであるが、実はそのコルベットの戦略思想の多くはクラウゼヴィッツを継承していたのであり、結局のところ、リデルハートはまったく無意識のうちにクラウゼヴィッツを批判するためにクラウゼヴィッツを援用していたのである。その結果の一つが、政治と戦争の関係をめぐるこの両者の戦争観の一致である。

当然ながら、この一見矛盾するかのような現象は、クラウゼヴィッツの戦略思想の発展が極めて複雑であったという事実に起因する。つまり、クラウゼヴィッツが自らの初期の戦略思想を修正した事実はあまり広く知られていなかったため、例えば政治と戦争をめぐる彼の概念が、一般に後年の研究者には十分に理解されていなかったのである。これとは対照的にデルブリュックとコルベットは、クラウゼヴィッツの戦略思想をさらに発展させる中でその限界や問題点を知っており、また、クラウゼヴィッツが自らの最終的な戦略思想を提示し得なかった事実も理解していたのであるが、リデルハートには、こうした戦略思想の系譜が明らかではなかったのである。その結果として、リデルハートによる不当なまでのクラウゼヴィッツ批判が出てきたのである。

第七章　『戦略論』の誕生（その一）

リデルハートの戦略思想の形成過程

本書の第七章と第八章では、リデルハートの代表的著作をその執筆年代順に概観することにより、彼の戦略思想の形成過程を探ってみたい。その中でも、とりわけリデルハートの代表作とされる『戦略論――間接的アプローチ』の内容を詳しく紹介してみよう。ただし、本書では既に『戦略論』へといたるリデルハートの思想形成を考える手掛かりとして、彼の初期の著作については前章にて紹介済みである。そこで、ここではリデルハートの中期及び後期の著作を中心に、彼の戦略思想の発展を検討してみよう。

リデルハートは第一次世界大戦の開戦当初、極めて愛国主義的な青年で、イギリス軍の軍事戦略及び戦術、さらには、軍事指導者の戦争指導を称讃していた。しかしながら、一九一六年のソンムの大攻勢に参戦した彼の部隊は壊滅、部隊の将校で生き残ったのはリデルハートとほかの一名だけであり、隣接する部隊では将校の生存者はいなかったと言われる。

こうした悲惨な原体験こそ、リデルハートに、十分に制圧されておらず、かつ、強固に防御された敵の機関銃陣地に、無益な流血の突撃を強いる戦略に対して深刻な疑念を抱かしめたのであり、また、それが彼の戦略思想形成の出発点になったと思われる。母国イギリスに送還されたリデルハートは、負傷の癒えた後、新兵の教育を担当する部隊で勤務することになるが、ここでは、西部戦線の現実から乖離した形式だけの訓練に疑問を呈する論考を書き、理解ある上官の推薦を得てその論考を『ナショナル・レビュー』に掲載、軍事問題ジャーナリストとしての道を歩み始めたのである。その後、一九二一年には『歩兵戦術理論』を発表し、歩兵の訓練及び戦術の専門家として著名になった。さらにその後、リデルハートは一九二七年に陸軍を正式に退役し、「デーリー・テレグラフ」の軍事問題担当記者となり、ジャーナリストとしての道に専念することになった経緯は既述した通りである。

その後、リデルハートは一九二七年に『近代軍の再建』を、一九三四年には前章で詳しく紹介した『ナポレオンの亡霊』と『第一次世界大戦』を出版し、彼の名声は著しく高まった。リデルハートはこれらの初期の著作の中で第一次世界大戦の惨禍の原因を厳しく追及し、クラウゼヴィッツ的な戦争観とされた兵力の大量集中、決戦・攻勢思想を厳しく批判するとともに、機甲化戦力を用いた機動戦の復活を主張したのである。この時期の彼の著作には、いまだにクラウゼヴィッツの『戦争論』に対する誤解に代表されるように、かなり粗削りな内容も見受けられるが、同時に、十八世紀の終わりから十九世紀初頭にかけてのフランス革命戦争とナポレオン戦争以降、ヨーロッパ主要諸国の軍人を支配していた戦争観及び戦略思想に対する極めて斬新かつ鋭い反対命題《アンチテーゼ》を提示したのである。

初期の著作

リデルハートの初期の著作では、やはり『近代軍の再建』と『ナポレオンの亡霊』が代表作と言えよう。『近代軍の再建』では、第一次世界大戦が塹壕戦となった原因は機関銃（火力）にあるとの認識から、機動戦を復活させる手段として機甲化部隊の創設、当面の暫定的な措置としては六輪のクロス・カントリー機動車両の採用、そして将来的には、戦車を攻撃の主力とする部隊への転換を主張している。また、イギリスの本土防衛や広大な帝国・自治領における警察行動のため、重機関銃を搭載したクロス・カントリー機動車両と装甲車両の採用を、将来の機動歩兵用として量産可能な小型戦車（ブレン・ガン・キャリアー）の採用を提唱している。

前述したように『ナポレオンの亡霊』でリデルハートは、クラウゼヴィッツを大量集中理論と相互破壊理論の「救世主」、さらには、絶対戦争理論の父として厳しく批判し、こうした理論が原因で政治が軍事の奴隷になり下がったとしている。そして、ナポレオンの偉業とクラウゼヴィッツの極端な理論が、機動力や奇襲の軽視と、集中と数の優勢という思考をもたらし、さらには、絶対戦争というクラウゼヴィッツの抽象的な概念の影響が、理性の喪失をもたらし、その結果、ジルベール、フォッシュ、グランメゾン、そしてウィルソンに代表される軍人の教条的な現実乖離につながったとしている。逆にリデルハートは同書で、軍人としての適応能力の重要性を強調し、同時に、敵の弱点に対する力の集中を主張、また、敵を攪乱させるために柔軟な計画変更の必要性を指摘しており、ここには、後に「間接アプローチ戦略」として知られるようになる概念の萌芽が明確にうかがわれる。

同時に、一九三〇年出版の『真の戦争』（同書は加筆修正され一九三四年に『第一次世界大戦』と改題して出版される）という著作に代表されるように、リデルハートの戦争史研究はかなり演繹的であり、その目的は将来に対する何らかの示唆を与えることであった。つまり、将来において過去の過ちを繰り返さないことがリデルハートの目的であり、史実そのものの記述についてはかなり怪しいものがある。また、当然ながらリデルハートの論述には、過去の成功例よりも過去の失敗例が多く登場することになる。第一次世界大戦に関する著作について言えば、少なくとも初期のものに関する限り、リデルハートよりも同時代のC・R・M・F・クラットウェルやシリル・フォールスの著作の方が遥かに優れていると言わざるを得ない。と言うのは、総じてリデルハートの論述は演繹的なため学術的とは言えず、また、イギリスを中心とした第一次世界大戦史であったからである。

このような初期の一連の著作の中でリデルハートは、経済封鎖、とりわけ、海軍力を用いた封鎖の重要性を強調しているが、その一方で彼は、こうした封鎖に大きな関心を示しているとは思われないし、少なくとも、実際にこの問題を深く考察した形跡は見当たらない。例えば、『真の戦争』での彼の主たる関心は、あくまでも軍事指導者の戦争指導についてであり、「グレート・キャプテン」の記述に大きな情熱を注いでいる。だが、ここでリデルハートが完全に見落としている点は、産業化社会における大規模軍隊の運用に要求される能力とは、昔ながらの英雄的なものではなく、むしろマネージメントといった管理上の能力であることである。

レトリックの多用

リデルハートの戦争史記述の一つの特徴として、レトリックやキャッチ・フレーズを多用している事実が挙げられる。その代表例が、いわゆる「シュリーフェン計画」、さらには第一次世界大戦の緒戦で実際にドイツ軍が実施した計画に含まれていた、西ヨーロッパに対する「回転ドア」の概念である。言うまでもなく、ドイツ軍の進攻があたかも「回転ドア」のように機械的精確さで行われることなどあり得ない。常識的に考えれば、数十万もの軍隊が一日に数十キロ前進し、かつ、この前進が数週間単位で継続されるとすれば、そこには多くの難問、とりわけ補給、情報、持続力といった問題が待ち構えていることは容易に推測できよう。だがリデルハートは、「回転ドア」という概念を何度も繰り返し言及することにより、第一次世界大戦の緒戦のドイツ軍の軍事戦略について読者の注目を集め、その理解を早めたのである。このようにリデルハートの記述は、一方では読者の関心を集めるという意味では効果的であった。だが逆に、例えば「シュリーフェン計画」をめぐる補給や持続力の問題、そして、クラウゼヴィッツの言う摩擦の問題に対しては、その重要性にもかかわらず、彼はほとんど無関心なままであったのである。

敵の「アキレス腱」の活用

実は『戦略論』で展開されることになるリデルハートの所論の萌芽は、既に一九二五年の『パリス、または戦争の将来』という短い著作の中でも認められる。同書でリデルハートは、第一次世界大戦では、それまで正統な目的と考えられた戦場における敵軍主力の撃滅が追求されたが、この方策が決定的な結果をもたらさず、かつ、単なる消耗戦争に終わったことを指摘し、これを厳しく批判している。

同様に、同書でリデルハートは「精神的目標」を選定することの有用性を論じているが、それは次の二点から構成されるという。第一に、いかにして機甲化部隊は敵の「アキレス腱」、つまり、敵の神経システムを形成する交通線や指揮管理中枢に決定的な打撃を加えることができるのか。第二に、空軍力はこうした戦略的行動に協力するほか、いかにして国家の神経システムや静的な産業中枢に直接的かつ決定的な効果を持つ打撃を加えることができるのか。ここで想起すべき事実は、当時のリデルハートの確信が、「空軍力による攻撃は、通常の長期間の戦争と比べて敵に与える損害が小さいため、敗戦国の復興力を涸渇させる割合も小さいはずである」というものであったことである。当時のリデルハートは、まだその後の空軍力の発展とその想像を絶する破壊力については思いが及んでいなかったのである。

この『パリス、または戦争の将来』の中でリデルハートは、初めて敵の「アキレス腱」という概念を世に問うことになる。すなわち、彼はあらゆる国家は「アキレス腱」を抱えており、戦争に勝利するためには、正面攻撃によって敵の軍事力の中心を突破するのではなく、この「アキレス腱」という弱点を効果的に活用すべきであるという刺激的な議論を展開したのである。ここにも、レトリックを巧みに用い得るリデルハートの才能がうかがわれる。

だが一九二六年から二九年の間に発表されたリデルハートの一連の著作、すなわち、『スキピオ』『世界史の名将たち』(『覆面を剝いだ名将たち——統率の原理と実際』を改題)、『リピュテーションズ』『シャーマン』は、そのいずれも、異なった歴史事例を引用しながらこうした彼の自説を繰り返したものである。くどいまでの自説の繰り返しはリデルハートの著作の大きな特徴の一つであるが、残念ながら彼は、一般的な歴史家とは逆の手順で戦争史を論述している。すなわち、最初に劇的なまでの結論を発想し、その後、この結論に都合の良い史実だけを引用しているのである。

一九二九年に出版された『歴史上の決定的戦争』は、後に何度も加筆修正され、本章及び次章で大きく扱う『戦略論』として知られることになるが、あらかじめ著者の結論的なことを述べてしまえば、同書はリデルハートの著作の中でもっとも著名であるにもかかわらず、必ずしも最良のものとは言えないのである。なぜなら、やはりそこには、戦争研究全般の中から劇的な結論を導き出そうとする彼の思惑が垣間見えるからである。

一九三五年にリデルハートが「タイムズ」の軍事問題担当記者になってからは、多忙な中でそれまでの自説を維持及び防衛、さらにはそれを拡大するため、また、それにともなって高まった自らの名声を維持するために著作を発表し続けることになった。その結果、この時期に出版された彼の著作の多くは、以前にも増して自説の繰り返しに終始しており、これへの反対意見についてはまったく検討すらしていない。『イギリス流の戦争方法』に顕著に代表されるように、相も変わらずリデルハートは史実を意図的に選択して自説の正当化に用いているが、このような彼の研究手法は、以降、ほとんど修正されることはないのである。だがその一方で、こうした史実の意図的選択を認めたうえで、『イギリス流の戦争方法』でリデルハートが航空機や機甲化部隊の重要性を早くから認識し得ていた事実は、改めて高く評価されて然るべきであろう。

「軍事に関するキング・メーカー」

リデルハートが「タイムズ」の記者になった一九三五年以降、彼は当時のイギリス陸軍参謀総長をはじめとして多くのイギリス軍高級将官と親密な関係を構築していた。一九三五年から三七年には当時のホーア＝ベリシア陸相の非公式顧問となり、イギリス陸軍改革に影響力を及ぼすことで、彼の名声は絶頂に達したのである。それは、「軍事に関するキング・メーカー」との異名をとるほどであった。

しかしながらこの絶頂期に、ある転機が訪れた。すなわち、ヨーロッパ大陸への大規模な軍事関与に反対したリデルハートは、イギリスのとるべき政策をめぐってタイムズ社の方針に賛同できず、一九三九年、同社を退職した。前述したように、タイムズ社を解雇されたというのが真実であるが、リデルハートはその『回顧録』で「退職」という表現を用いている。さらには、同年に出版した『英帝国崩潰の真因――英国の防衛』は、ヒトラーとの対決の道を進み始めた当時のイギリス防衛政策とはまったく逆の主張をするものであり、イギリス国民から厳しい批判を受けることになった。

中期の著作

本書ではリデルハートの中期の著作の中から、この挑発的な作品『英帝国崩潰の真因』

を取り上げて彼の所論を検討してみよう。

同書の内容により彼が名声を失ったことは既述したが、その主要な論点は以下の二つであった。第一は、いわゆる限定関与、限定責任を主張したことである。リデルハートは、イギリスがヨーロッパ大陸に大規模な陸軍力を派遣して関与することに反対し、第一次世界大戦以前のイギリスの伝統的な国家戦略であると彼が考えた海軍力を用いた経済的圧迫とイギリス本土防衛・防空を主張し、フランスをはじめとするヨーロッパ大陸諸国への陸軍力の提供は、予備兵力としての数個の機甲化師団に留めるべきであると主張した。

第二に、リデルハートは防御の優位を強調し、ドイツ軍指導者が軍事の領域における現実を認識していれば、西部戦線での大規模攻勢はあり得ないし、むしろ、フランス以外の地域、すなわち、チェコ方面や地中海地域、さらには北アフリカに向かうであろうと考えていた。この第二の論点は、こうした理由によってフランスや西部戦線は安全であり、大規模なイギリス陸軍をヨーロッパ大陸に派遣する必要はないという論理につながるのである。

だが、一九四〇年春のドイツ軍による西ヨーロッパ攻勢、いわゆる電撃戦の成功は、このリデルハートの主張の誤りを完全に実証することになる。また、その際にドイツ軍が用いた軍事戦略が、同じくリデルハートが主唱していた機甲戦理論に基づいていたことは、大いなる皮肉と言わざるを得ないのである。

機動戦の復活を主張して、フラーとともにイギリス陸軍機甲化の推進役となった彼が、ドイツ機甲化部隊による機動戦能力を著しく過小に評価していたことは歴史の皮肉であり、どうしても理解に苦しむところであるが、ここに、第一次世界大戦での惨禍を二度と繰り返してはならないとするリデルハートの「使命感」が垣間見える。いずれにせよ、この西部戦線でのドイツ軍による電撃戦の成功は、防御の絶対的優位を唱えていた彼の名声を大きく失墜させ、その後、長期間を経てもその完全な回復にはいたらなかったのである。

タイムズ社を退社したリデルハートは、以後、一切の職に就かず、一九七〇年に死去するまでフリーの戦争史研究者、軍事問題ジャーナリストとして研究及び執筆活動に専念することになる。ヨーロッパや北アメリカ諸国の研究者、軍人、さらにはオペレーショナル・リサーチ関係者との交流や議論には熱心であったが、一九六〇年代から七〇年代に最盛期を迎えたアメリカのランド研究所などの組織による理論研究とは距離を置き、歴史研究の立場から同時代への教訓を求めるアプローチに終始したのである。

後期の著作

リデルハートは、一九六〇年に『抑止か、防衛か』を、一九六七年に本書で大きく取り上げる『戦略論』を、そして一九七〇年には『第二次世界大戦』を出版した。これらの著作をリデルハートの後期の業績とすれば、それぞれのタイトルが示すように戦争史全般及び国家戦略に関する著作が中心となる。国家戦略の次元では、歴史研究を基礎として冷戦期アメリカの核戦略、とりわけ「大量報復戦略」に対する鋭い批判や戦術核兵器の使用への疑問の提示、さらには、核の時代においては戦争での勝利よりもより良き平和を達成することを目的にすべきとして、辛抱強くかつ賢明な国家戦略の強調、敵の心理的攪乱を主とする「間接アプローチ戦略」の主唱など、この当時のリデルハートの議論には今日においても示唆に富むものが多い。

『抑止か、防衛か』は、ソ連の核兵器、とりわけ大陸間弾道ミサイルの急速な発展による「恐怖の均衡」時代の到来によって、ソ連が遂行する可能性の高い通常戦争に対するアメリカの核報復の信憑性への疑念が高まったにもかかわらず、NATO側の通常戦力の整備がほとんど進まないという西側諸国の苦悩を背景として、西側諸国、とりわけヨーロッパの防衛に関する挑発的とも言える作品である。同書の特徴は、一九五四年以降にリデルハートが批判してきた「大量報復戦略」に対する議論をさらに発展させて、通常戦力での劣勢を補完する手段としての戦術核兵器への依存体質に疑問を呈し、通常戦力の強化による抑止と、核兵器では抑止不可能な非通常戦争や局地的浸透作戦への対応を主唱したことである。

実際、冷戦期のNATOヨーロッパ正面での、空軍と地上軍の協同を旨とする「エア＝ランド・バトル」といった戦略概念はリデルハートの影響を強く受けているとされる。同時に、この時期に早くもリデルハートが非通常戦争の重要性を指摘していた事実は、戦争の将来像をめぐる彼の洞察力の深さを雄弁に物語るものである。さらにリデルハートは、戦争の勝利を目的とすることの無意味さを同書で繰り返し指摘しているが、これは、彼が核兵器を用いた全面戦争は、戦争の当事者双方にとって致命的なものになると考えたからである。それゆえ、リデルハートは、後の平和を視野に入れた国家戦略と戦争指導の重要性を強調、とりわけ核の時代においては問題の確固たる解決を求めるよりも、困難の継続や緊張状態に対して自らを調整する方が賢明であるとして、政治指導者に寛容と忍耐を強く要求したのである。こうした論調は、次に紹介する『戦略論』でも継承されている。

「間接アプローチ戦略」

『戦略論』の詳しい内容については本章の後段で改めて紹介するが、同書は、言うなればリデルハートの戦略思想の集大成であり、「間接アプローチ戦略」の重要性を強調したものとして知られている。先述した『抑止か、防衛か』が、主として核時代のヨーロッパの防衛政策について論じたものであるのに対して、『戦略論』は、古代からの戦争及び戦略の分析と、これを基礎としてそれぞれの時代の普遍的な戦略理論を論じた点で相違はあるが、その論点の基調は同じである。すなわち、『戦略論』でも政治指導者の自制を促しつつ、勢力均衡を基礎とした相互抑止による平和維持を目的とする国家戦略を強調する一方で、軍事戦略の次元では、攪乱と敵の弱点に対する力の集中を中核とする方策を提示、同時に、非通常戦争の代表的な事例であるゲリラ戦争に関する考察も行っている。国際社会の関心がアメリカとソ連による核戦争の可能性に集中していたこの時期に、リデルハートがゲリラ戦争に注目していた事実は、やはり彼の先見性を示す証左である。

第二次世界大戦後、ドイツ軍将校とのインタビューを基にした著作『ナチス・ドイツ軍の内幕』（後に『ヒットラーと国防軍』と改題）は、たとえ一時的にせよ、軍事問題の専門家としての彼の名声、さらには、戦間期の機甲戦理論をめぐる彼の名誉を回復するために役立った。また、戦車に関する二巻本の著作『タンク』は、歴史家としてのリデルハートの能力を初めて実証した力作であるとして今日でも高く評価されている。すなわち、この著作で初めて彼は、何が、いつ、なぜ起きたかということを実証的に考察する作業に集中したのである。同書では、自らの主張を正当化するために史実を意図的に選択するといった従来の彼の手法は用いられていない。しかしながら、その後のリデルハートの著作、とりわけ、先に概観した『抑止か、防衛か』と自らの『回顧録』は、リデルハートの従来の手法に回帰したと言わざるを得ないのである。やはりリデルハートの著作は、ある目的のために書かれたものが多いことは疑いない。

日本でのリデルハート人気

周知のように、日本でもリデルハートの著作の人気は高い。邦訳されたリデルハートの著作のリストをここに示せば、『英帝国崩潰の真因――英国の防衛』（江本茂夫・尾野稔訳、実業之日本社、一九四〇年）、『近代軍の再建』（神吉三郎訳、岩波書店、一九四四年）、『ロンメル戦記』（小城正訳、読売新聞社、一九七一年）、『ヒットラーと国防軍』（『ナチス・ドイツ軍の内幕』を改題、岡本鐳輔訳、原書房、一九七六年）、『ナポレオンの亡霊――戦略の誤用が歴史に与えた影響』（石塚栄・山田積昭訳、原書房、一九八〇年）、『世界史の名将たち』（『覆面を剝いだ名将たち――統率の原理と実際』を改題、森沢亀鶴訳、原書房、一九八〇年）、『第一次大戦――その戦略』（後藤富男訳、原書房、一九八〇年）、『戦略論――間接的アプローチ』（森沢亀鶴訳、原書房、一九八四年）、『第二次世界大戦』上・下（上村達雄訳、中央公論新社、一九九九年）、『第一次世界大戦』上・下（上村達雄訳、中央公論新社、二〇〇〇年）などが挙げられ、そのほかにも部内限りの教育及び参考目的の資料として防衛研究所や防衛大学校などでもその著作の一部が訳出されている。

また、リデルハートの戦略思想に言及した日本語の文献となるとまさに枚挙に暇がないが、その中でも一読に値するものとしては、佐藤徳太郎著『大陸国家と海洋国家の戦略』（原書房、一九七三年）、浅野祐吾著『軍事思想史入門――近代西洋と中国』（原書房、一九七九年）、伊藤憲一著『国家と戦略』（中央公論社、一九八五年）、桑田悦著『攻防の論理――孫子から現代にいたる戦略思想の解明』（原書房、一九九一年）、ブライアン・ボンド、マーティン・アレグザンダー「リデル・ハートとド・ゴール――限定責任と機動防御のドクトリン」（ピーター・パレット編、防衛大学校「戦争・戦略の変遷」研究会訳『現代戦略思想の系譜――マキャヴェリから核時代まで』ダイヤモンド社、一九八九年）、ブライアン・ボンド著、立川京一訳「リデル・ハートとリベラルな戦争観」（『防衛研究所戦史研究年報』第三号、二〇〇〇年三月）、石津朋之「リデルハート――その軍事戦略と政治思想」（『防衛研究所紀要』第二巻第三号、一九九九年十二月）、石津朋之「戦争を考える――リデル・ハートと『欧米流の戦争方法』」（『軍事史学』第三六巻第三・四合併号、二〇〇一年三月）、石津朋之編著『リデルハート』〈戦略論大系④〉（芙蓉書房出版、二〇〇二年）などが挙げられる。

だが、残念ながらこうした著作の多くは、リデルハートの生涯とその戦略思想そのものを研究したものではなく、彼の戦略思想のほんの一部を紹介したものか、日本の軍事戦略や国家戦略への類比《アナロジー》のために彼の議論を援用しているものが多く、彼の戦略思想の全体像を知ることは困難である。「はじめに」で述べたように、これが、著者がリデルハートの人物像と彼の戦略思想全般を扱った著作の執筆に挑戦した理由である。

『戦略論』の概要

さて、以下ではリデルハートのもっとも有名な著作『戦略論』の内容を少し掘り下げて紹介してみよう（訳文はすべて筆者自身による。以下も同じ）。

最初に、リデルハートによれば、「戦略」は必ずしも敵の軍事力の撃滅を唯一の目的とすべきものではない。そして、戦争全体または特定の戦域において敵が軍事的優位を維持していると判断した場合、自国の政府が制限目的の戦略を採用することは賢明な措置なのである。リデルハートが「制限目的の戦略」と呼ぶものについて、『戦略論』には以下のように記されている。

制限目的の戦略を採用する一般的理由は、勢力均衡の変化を待つというものである。すなわち、敵に打撃を与える冒険的行動ではなく、敵を「棘《とげ》」で刺し弱体化させる方法で、敵の兵力を徐々に枯渇させることを目的として用いるのである。敵兵力の枯渇が味方と比べて不均衡なまでに大きくなることが、この戦略の不可欠な要件である。このような戦略の目的は、以下の行動によって達成される。すなわち、敵の補給線に対する攻撃、敵兵力に対して撃滅または不均衡なまでに大きな損害を強いること、敵が不利な攻撃を仕掛けざるを得ないよう誘うこと、敵兵力を過度に分散させること、そしてもっとも重要なことは、敵の精神的、肉体的エネルギーを消耗させることである。

こうしたことを前提にリデルハートは戦略という用語を、「政治目的を達成するために軍事的手段を配分及び適用する術《アート》である」と定義する。なぜなら、「戦略は単に兵力の運動（戦略の役割はしばしばこう定義される）に影響を及ぼすだけでなく、その効果に対しても影響を及ぼすからである」。なお、リデルハートでさえ戦略という用語の定義をしばしば変えている。例えば、彼は一九二九年には戦略を、“the distribution and transmission of military means”としていたが、一九四一年には、“the art of distributing military means”と変えており、そして、ここで引用した彼の定義、“the art of distributing and applying military means to fulfill the ends of policy”は、一九五四年以降のものである。

ちなみにクラウゼヴィッツは、その著『戦争論』で戦略を「戦争目的を達成するための手段として戦闘を用いる術《クンスト》」と定義している。「換言すれば、戦略は戦争計画を作成し、戦争を構成する複数の戦闘の予定を計画し、そして、個々の戦闘において遂行される戦闘行為を規定するものである」。このクラウゼヴィッツの定義と比較する時、リデルハートの定義はより広義のものであることが理解できよう。

「大戦略」

リデルハートによれば「戦術」が「戦略」の低次における適用であるのと同様に、「戦略」は「大戦略《グランド・ストラテジー》」の低次の適用である。ここでリデルハートは、「大戦略」という新たな概念を世に問い、その重要性を強調する。また、彼は「戦争遂行を指導する政策と同義語であるが、その目的を支配する基本的な諸政策とは区別して『大戦略』という言葉を用いることは、『国家目的遂行に際しての政策』というニュアンスを出すためには有益である。と言うのは、大戦略（高級戦略）の役割は、一国ないし一連の国家群のあらゆる資源を戦争の政治目的、すなわち、基本的政策の規定する目標の達成に向かって調整及び指向することだからである」とも述べている。

さらにリデルハートは、「大戦略は、各軍種を維持するために国家の経済的、人的資源を勘案するとともに、それらを発展させるべきである。また、国民の意欲を涵養することは、そのほかの物質的資源の保持と同様に重要であるため、精神的資源の発展も必要となる。大戦略はまた、各軍種間及び軍と産業間の資源配分を調整する役割も担う。さらには、軍事力は大戦略を構成する要件の一つにすぎない。大戦略は、経済的・外交的圧力、貿易上・倫理上の圧力、さらには敵の意志の弱体化といった要素を考慮に入れ、かつ、それらを適用しなければならない」と指摘しているが、こうした定義は今日でもほぼそのまま通用する。

ここでリデルハートが強調している点は、戦略が見通し得る地平線の限界は戦争自体に限られるが、大戦略の視野は戦争の限界を超えて戦後の平和にまで拡大されるという事実である。だからこそ、大戦略は単に各種の手段を結合するだけでなく、同時に、将来の平和状態に害を及ぼさないよう、換言すれば、安全保障と繁栄の確保のために、手段の使用方法を調整すべきなのである。つまり、大戦略という用語が登場したのは、従来、戦争を戦略と戦術という二つのレベルに分けて語ることが一般的であった一方で、戦争とは優れて政治的な営みであるとの認識から、国家政策を意味する用語として用いられるようになったのである。リデルハートにとって大戦略という用語は、何よりも非軍事的手段で戦争を遂行するというニュアンスが含まれている。同時に、戦争における直近の目的だけではなく、その後に続く平和についても視野に入れた長期的な観点からの政策を示唆するものであった。

「攪　乱」

以上のような戦争をめぐるリデルハートの見解を総合するかたちで、次のようなしばしば引用される記述が出てくるのである。

したがって、戦略家の真の目的は戦闘を求めるというよりは、むしろ有利な戦略環境を求めることである。この有利な戦略環境とは、状況そのものだけで軍事的解決は生み出さないにしても、そのような戦略的状況が継続すれば軍事的解決にいたることが確実であると思えるもので十分である。換言すれば、「攪乱」が戦略の目的である。攪乱の結果として、敵の崩壊または戦闘での敵軍の撃滅が容易になるであろう。敵の崩壊のためには、一部には戦闘行為を必要とするであろうが、必ずしも大規模な戦闘をともなう必要はない。

『戦略論』の中のこうした記述から、リデルハートの戦略が「非戦の戦略」や「不戦の戦略」と半ば誤解されて定着するにいたっているが、リデルハートはあくまでも「実戦の戦略」から目を逸らしたことはないのである。彼にとって戦争は、いまだに国家目的を達成するための一つの重要な手段であった。

なお、「攪乱」という概念は英語では「ディスロケーション」と表現されるが、これはリデルハートの「間接アプローチ戦略」を支える主要な概念の一つであり、彼は敵を物理的、心理的に攪乱し、敵のバランスを崩すことこそ戦略の真髄であると主唱したのである。

「最小抵抗線」と「最小予期線」

次に、戦略とは敵の軍事力の撃滅がその唯一の目的ではないとするリデルハートの確信から、また、「攪乱」の重要性を強調する彼の信念から、『戦略論』では「迂回」という要素が重要視されることになる。

このように敵の前線の側面を「迂回」して敵の背後に向かう運動は、運動の途中で敵の抵抗を回避することだけが目的なのではなく、同時に、その結果自体を目的としている。このことをより深く考察すれば、「最小抵抗線」を用いるということになる。心理の領域でこれと同義なのは「最小予期線」である。これら二つの概念は同じコインの表と裏であり、この価値を認めることができれば戦略に対する理解も深まるであろう。例えば、味方が明白な最小抵抗線を選択しようとすれば、直ちにそれは敵に見破られ、この最小抵抗線は、もはや真の意味での最小抵抗線とは呼べないのである。

物質的領域だけを検討し、心理的領域に対する考察を忘れることがあってはならない。この両者が結合された場合のみ、戦略は敵のバランスを攪乱すべく計算された真の「間接アプローチ戦略」となり得るのである。

最小抵抗線とは、リデルハートの「間接アプローチ戦略」を支える主要な概念の一つであり、物理的意味合いが強い用語である。彼は、敵の抵抗がもっとも小さな地点を狙って攻撃するよう主唱した。また、最小予期線とは、やはりリデルハートの「間接アプローチ戦略」を支える主要概念の一つであるが、これは心理的意味合いが強い用語である。彼は、敵がもっとも予期しない地点を狙って攻撃するよう主唱した。そして、ここで初めて有名な「間接アプローチ戦略」という概念が『戦略論』に登場してくるのであるが、リデルハートがこの「間接アプローチ戦略」の領域として、物質的な要因とともに心理的なものの重要性を強調している点は銘記しておく必要がある。「間接アプローチ戦略」とは優れて心理的な概念なのである。なお、「間接アプローチ戦略」という用語は英語では「インダイレクト・アプローチ」と表現されるが、これは、「イギリス流の戦争方法」とならんで、リデルハートの『戦略論』及び彼の戦略思想の中核的な概念である。この双方の用語には、精神的・心理的な意味合いが含まれていることを、ここでもう一度確認しておきたい。

「牽　制」

また、撹乱を行うための前提条件としてリデルハートは、「牽制」の重要性を強調する。再び彼の『戦略論』から該当する個所を引用してみよう。

敵がこのような正面変更を行うかもしれないという懸念が存在する限り、通常、攪乱行動に先立って遂行される他の運動（複数の場合もあり得る）が必要となる。これは「牽制」と定義される行動であり、文字通りの解釈では「他の方向に引きつける」という意味である。牽制の目的は「敵から行動の自由を奪うこと」であり、そして、これは物理的・心理的領域において遂行すべきことである。物理的領域においては、牽制は敵兵力の拡散または敵の注意力を無益な目標へと逸脱させることを指向し、そうすれば、敵は兵力を過度に分散させるとともに不必要な場所に拘束されるため、自らが企図する決定的な運動に出ることができないのである。心理的領域においては、敵軍司令部の恐怖心をかきたてることにより、さらには敵を欺くことにより、同様の結果が得られる。

この「牽制」という概念についても、リデルハートが心理的側面の重要性に言及している事実は注目に値する。

「代替目標」

戦争における敵と味方の相互作用、あるいはエスカレーションの重要性を指摘したのはクラウゼヴィッツであった。実はリデルハートのほかの著作では、この敵と味方の相互作用への配慮に欠ける記述が散見されるのであるが、不思議なことに『戦略論』の中では相互作用の重要性が強調されている。そして、戦争が敵・味方の相互作用であるという事実の帰結として、ある目標を確実に達成しようとすれば、常に「代替目標」を持たなければならないと記している。ここで、リデルハートが唱えた著名な戦略概念の一つである「代替目標」が登場することになる。代替目標とは、やはり彼の「間接アプローチ戦略」を支える主要な概念の一つであり、彼は、攻撃に際して常に複数の代替目標を確保すべきであると主唱した。すなわち、一つの目標の攻撃が成功しないと思えば、直ちに別の選択肢に切り替えられるよう予備の目標を持つべきであるとしたのである。また、代替目標を確保できれば、敵は味方の攻撃方向が予測できなくなるという利点もあるという。

そして、以上のような論点をまとめるかたちで、リデルハートは戦争の将来像を見極めながら次のように結論を下している。

軍隊の有効性は、次のような新たな方式の発展にかかっている。すなわち、前線の占領を目的とするのではなく、むしろ、ある地点に浸透し、そこを支配することを狙った方式であり、また、敵兵力の撃滅という理論上の目的ではなく、むしろ、敵の行動を「麻痺」させるといった実行可能な目的を指向する方式である。兵力集中といった方式に、硬直性が加味されれば、流動性に富む敵兵力に撃破されるだけであろう。

ここで「麻痺」とは、やはりリデルハートの「間接アプローチ戦略」を支える主要な概念の一つであり、彼は例えば、敵の軍事力を撃滅するよりも、それを、一時的に行動不可能な状態に陥れる方が得策であると考えたのである。当然ながら、この「麻痺」という概念は心理的な意味でも用いられる。

戦略と戦術の真髄

次に、『戦略論』の中だけに限らず、リデルハートが出版した多数の著作の中でももっとも有名で、もっとも引用され、そして、残念ながらもっとも誤解されている「戦略と戦術の真髄」について考えてみよう。『戦略論』には「戦略と戦術の真髄」という項目が設けられており、その冒頭でリデルハートは次のように述べている。

戦争の原則とは、単なる一つの原則ではなく多数の原則で構成されるものであるが、それらをあえて一語に凝縮すると「集中」という用語で表現できる。しかしながら、これは「弱点に対する力の集中」と敷衍《ふえん》されるべきである。また、これから何らかの実質的な価値を生み出そうとすれば、さらに、弱点に対する力の集中は、敵の力の分散にかかっているものであり、敵の力の分散はまた、味方の表面上の分散及び分散の部分的効果によって生起するとしなければならない。味方の分散、敵の分散、味方の集中。これらは因果関係を構成するものであり、その各々が結果として生まれるものである。真の集中とは、計算し尽くされた分散がもたらす結果である。

戦略の六つの積極的側面と二つの消極的側面

リデルハートは『戦略論』でさらに、戦略をめぐる金言なるものが全部で八つあり、その中の六つが積極的な側面を備え、残りの二つは消極的なものであり、これらの金言は、特に断らない限り戦略と戦術の双方の次元に適用が可能であると述べている。リデルハートの言う六つの積極的側面とは次のようなものである。

(1)目的を手段に適応させよ。

目的を決定する際には、明確な見通しと冷徹な計算を重視すべきである。「消化能力以上の過食」は無意味である。軍事的英知とは「何が可能か」を第一とする。それゆえ、誠実を旨とし、真実を直視することを学ぶべきである。誠実であることの必要性を十分に認識すべきである。誠実さは、行動が開始された暁において、一見不可能なことを可能にできるものである。また、自信というものは、あたかも電池の中の電流のような存在であるため、無益な努力のために放電、浪費してはならない。自己の継続的な自信は、電池、すなわち、依拠すべき味方の兵力を消耗した時には無益に帰することを想起すべきである。

(2)目的を常に銘記せよ。

自己の計画を状況に適応させる際、目的を常に銘記しなければならない。目的達成のための方法は、一つではなく、複数存在するが、いかなる軍事目標も必ず最終的な目的に指向されるよう細心の注意を払うことを忘れてはならない。そして、目標の可能性を考慮するにあたっては、その実現可能性を図るとともに、仮に目標が達成された場合、それらがいかに目的に奉仕するかを図るべきである。すなわち、横道に逸れることも悪いが、なお悪いのは、手詰まり状態に陥ることである。

(3)最小予期線（最小予期コース）を選択せよ。

敵の立場で考えてみることに努め、敵が先見、先制する可能性のもっとも少ないコースがどれであるかを考えよ。

(4)最小抵抗線を活用せよ。

味方の最終目的に対して貢献する目標へ指向されている限り、最小抵抗線を活用すべきである（戦術の領域においては、この金言は予備兵力の使用に適用され、戦略の領域では戦術的成功の活用に適用されるものとする）。

(5)代替目標への変更を可能にする作戦線を取れ。

こうすることにより、敵をジレンマの立場へと追い込み、敵の防御がもっとも手薄な目標を少なくとも一つは攻略できる機会を確保することが可能となる。また、それを手掛かりとして、逐次、別の目標を攻略することも可能となろう。

代替目標の設定により、味方は一つの目標を攻略する機会を確保することになる。ところが、単一目標の設定は、敵が極端に劣勢でない限り、いったん味方の目的を知れば、味方がその単一目標を攻略することを確実に不可能にしてしまう。単一の作戦線（通常、これは賢明な方法である）と単一目標（通常、これは無意味である）を混同してしまうことほど、繰り返し犯される誤りはない（この金言は、主として戦略の領域に適用されるものであるが、必要に応じて戦術の領域にも適用されるべきであり、また、実際には浸透戦術の基礎を形成するものである）。

(6)計画及び配置が状況に適応するよう柔軟性を確保せよ。

味方の計画は、成功した場合、失敗した場合、さらには、戦争でもっとも多く見受けられる一部成功を収めた場合を考えて、その次の場面を予見、提供すべきである。味方の配置（隊形）は、最短時間で次の場面での活用ができるよう、換言すれば、状況への適応を許すようなものにすべきである。

以上が、リデルハートのいう戦略の六つの積極的側面であるが、彼の言う戦略をめぐる金言の二つの消極的側面とは、次のようなものである。

(7)敵が油断していない時は、すなわち、敵が味方の攻撃を撃退、回避できる態勢にあるうちは、味方の兵力を打撃に投入するな。

極めて劣勢な敵に対する以外は、敵の抵抗力、回避行動が「麻痺状態」に陥らない限り、効果的打撃を加えることが不可能なことは、歴史が証明しているところである。それゆえ、このような麻痺状態に敵が十分に陥っていない限り、軍司令官は、敵に対する本格的な攻撃を始めるべきではない。麻痺状態とは、敵の組織の崩壊、さらには、組織崩壊の精神面での対応物である士気の崩壊によって生起するものである。

(8)作戦が失敗した場合、同一の作戦線（形式）に沿った攻撃を再開するな。

単なる兵力の増強は、必ずしも新たな作戦線に沿った攻撃を意味するわけではない。なぜなら、敵もまたその休止期間に、自己の兵力を増強することは十分に可能であるからである。さらには、味方を撃退したことが敵を精神的に強化することも、十分に考えられるからである。

リデルハートによれば、こうした八つの金言の根底に流れる真理とは、成功を収めるためには二つの問題、すなわち、「攪乱」と「戦果の拡大」の問題を解決しなければならないことである。最初に、攪乱が行われ、実際の打撃の後、戦果の拡大が行われるのである。実際の打撃は比較的単純な行為であるが、そもそも機会を作り出さない限り、敵に効果的に打撃を加えることは不可能である。また、敵が打撃から立ち直らないうちに次の機会を活用しないのであれば、打撃の効果は決定的なものとはなり得ないのである。

政治と戦争

ここで、政治と戦争の関係について『戦略論』の中からリデルハートの所論を紹介しておこう。この点については、本書の第六章でも詳しく検討したが、実はリデルハートの政治と戦争の関係についての認識は、驚くほどクラウゼヴィッツの戦争観に近いのである。リデルハートとクラウゼヴィッツはしばしば対極に位置する戦略思想家として比較されるが、戦争の「政治性」の問題に関する限り、リデルハートはほぼ一〇〇パーセント『戦争論』でのクラウゼヴィッツの戦争観を受け入れている。それは、あたかもジョミニがその著『戦争概論』の中でクラウゼヴィッツを厳しく批判しながらも、その実、クラウゼヴィッツの戦略概念を自らの著作へ取り込もうとしたのと同じような結果を招いている。ジョミニの『戦争概論』からは、クラウゼヴィッツへの対抗意識と劣等感が強く感じられるが、リデルハートの著作もまた、クラウゼヴィッツを批判しつつも彼の戦争観を取り入れているのである。『戦略論』には次のような記述が見られる。

なぜなら、国家は国家政策の遂行のために戦争を行うのであり、戦争のために戦争を遂行するのではないからである。軍事目的は、政治目的に対する単なる手段にすぎない。それゆえ、軍事的に（すなわち、実質的に）不可能なことを政治が求めないという基本条件が満たされるのであれば、軍事目的は政治目的によって支配されるべきものである。

歴史の教えるところでは、軍事的勝利の獲得自体は、必ずしも政治目的の達成を意味するものではない。

すなわち、「戦略」が単に軍事的勝利に関する問題であるのに対し、「大戦略」はより長期的な見通しを必要とする。と言うのは、「大戦略」は平和を獲得する問題であるからである。

戦争の目的とは、少なくとも自らの観点から見てより良い平和を達成することである。それゆえ、戦争の遂行にあたっては自己の希求する平和を常に念頭に置かなければならない。これこそ、「戦争は他の手段をもってする政治の延長である」とするクラウゼヴィッツの戦争に関する定義の根底を流れる真実である。したがって、戦争を通じた政治の延長は、戦後の平和へと導かれるべきことを常に銘記する必要がある。仮に、ある国家が国力を消耗するまで戦争を継続した場合、それは、自国の政治と将来とを破滅させることになる。

仮に、戦勝の獲得だけに全力を傾注して戦後の結果に対して考慮を払わないのであれば、戦後に到来する平和によって利益を受け得ないまでに消耗し尽くしてしまうであろう。同時に、そのような平和は、新たな戦争の可能性を秘めた、言うなれば悪しき平和にすぎないのである。このことは、数多くの歴史の経験によって実証されている教訓である。

戦争の勝利について

以上が、政治と戦争の関係をめぐるリデルハートの戦争観であるが、ここで読者は「はたして戦争の勝利とは何を意味するのか」という問題に突き当たるはずである。そこで本章では以下、リデルハートが『戦略論』を執筆したそもそもの問題意識である戦争の勝利について考えてみよう。言うまでもなく、ここでの戦争の勝利とは、あくまでもリデルハートが示したような政治的勝利を意味するのであり、政治的勝利を獲得した戦争だけが「決定的勝利（真の勝利）」の名に相応しいというのが著者の基本的立場である。すなわち、戦場での軍事的勝利と戦争の政治的勝利はまったく別の次元に属する問題なのである。また、以下ではそのような「決定的勝利」を得るためにはいかなる条件が必要とされるのかについても併せて考えてみたい。

ボンドは近著『戦史に学ぶ勝利の追求――ナポレオンからサダム・フセインまで』の中で、戦争の「決定的勝利」とは戦場での単なる軍事的勝利に留まらず、政治指導者がその軍事的勝利を最大限に有効活用し、戦争後の永続的かつ自らに有利な平和を確保した時に初めて得られるものであると指摘している。これは、リデルハートとまったく同一の見解であるが、ボンドによれば、歴史上、このような戦争の「決定的勝利」を得られたことは極めて稀であり、十九世紀の「ドイツ統一戦争」がその数少ない事例の一つである。すなわち、デンマーク戦争、普墺《ふおう》戦争、そして普仏《ふふつ》戦争での大モルトケの軍事的勝利を基礎にして、その後、第一次世界大戦にいたるまでプロイセン＝ドイツ主導の平和を構築し得たオットー・フォン・ビスマルクの政治指導を高く評価しているのである。そして、「決定的勝利」を得るための一つの前提条件として、高度の政治手腕、つまり、戦前・戦後は言うまでもなく、戦争中も常に軍事を統制する能力を備え、講和に向かう条件が整ったと判断すれば軍部の反対を抑えてでも戦争を早期に終結させ、かつ、戦場で獲得した軍事的勝利を政治的勝利へと変換でき、その後、長期にわたる平和を自国に有利な条件で確保することができる政治的能力を挙げている。

ビスマルクの政治手腕

いわゆる「ドイツ統一戦争」の詳しい経緯などについて語ることは、本書の目的ではないためほかの著作に譲るしかないが、例えば、普墺戦争の際、ビスマルクはケーニヒグレーツの戦いの勝利の後もさらなる勝利を求めて戦争継続を主張する大モルトケに代表される軍部を抑え、早期講和への道を選択したのである。なぜならビスマルクは、オーストリア軍を軍事的に追い詰めればオーストリアとの講和成立がますます困難になるであろうこと、また、戦争の長期化に乗じてフランスが介入あるいは参戦する危険性があることを察知していたからである。また、ビスマルクは普仏戦争においても、国家としてのフランスの完全な無力化を強硬に主張する大モルトケに対して、戦争の目的はあくまでもドイツの統一であり、そのためにも大国であるフランスの名誉を傷つけることなく和平を考えることが最優先されるべきであると反論したのである。

このように、ビスマルクが「ドイツ統一戦争」を自らに有利な条件で終結させ得た偉業もさることながら、さらに特筆すべきは、彼が一九一四年の第一次世界大戦勃発にいたるまでの約三五年間、ヨーロッパに比較的安定した時期をもたらすべく平和の基礎を構築した事実である。ビスマルクの外交政策については、一方では、それまでの「ヨーロッパ協調」を露骨な勢力均衡政策へと変換させた彼の負の側面が強調される傾向が強いが、約三五年にもわたる安定をヨーロッパにもたらした彼の功績は決して過小に評価されてはならないのである。

ドイツと日本の失敗

ボンドによれば、戦場での軍事的勝利が戦争の政治的勝利へと直結することは稀であり、そこでは、卓越した政治指導が要求される。彼は、それに失敗した事例として第二次世界大戦におけるドイツと日本の戦争指導を挙げており、同大戦での緒戦の軍事的勝利を担保にして妥協的和平に向けての模索を怠ったこの両国の戦争指導を厳しく批判している。

確かに、はたしてドイツや日本の緒戦での軍事的勝利が早期講和へ向けての戦略環境を提供し得たかについては議論の余地があろう。実際、西部ヨーロッパを席捲したドイツに対して、イギリスは対決姿勢を崩そうとはしなかったのであり、また、そもそもイギリスはヨーロッパ大陸でのドイツの覇権確立に反対して第二次世界大戦に参戦したのであれば、大陸でのドイツ側の既成事実を追認する妥協など考えられなかった。だからこそ、イギリスはアメリカをこの戦争に巻き込むべく戦争の「世界化」を図ったのである。さらには、ポーランドやフランスに代表されるドイツの苛酷な占領政策は、連合国側の政治的結束をますます強固なものにしていったのである。

また、日本軍による真珠湾奇襲攻撃を受けたアメリカが、その反日世論の高まりを抑えて容易に妥協的和平に応じるとは考え難かった。実際、アメリカからすれば日本が「ハル四原則」を受け入れることが講和の前提条件であり、また、同国は日本にこれを強要するだけの潜在的な軍事力を十分に保持していたので、妥協的和平に応じる理由など存在しなかったのである。それにもかかわらず、日本とドイツの両国が「成功の極限点」(クラウゼヴィッツ)に踏み留まらず、逆に戦線を拡大したために早期講和への希望が断たれ、そのまま連合国側がもっとも望んでいた長期消耗戦争へと引きずり込まれたことは否定できない事実のように思われる。

「決定的勝利」の条件

では、人類が経験してきたおびただしい数の戦争の歴史において、仮にボンドが指摘するように「決定的勝利」の獲得の事例が極めて少数に留まるのであれば、はたして、それはいかなる理由によるのであろうか。そこで、最初に戦争の「決定的勝利」を得るための諸条件について考えてみよう。

前述したように、歴史上、戦場での軍事的勝利が、それ自体で広義の意味での戦争の終結に決定的な役割を演じた事例などほとんど存在しないとされる。イギリスの歴史家で、やはりリデルハートの愛弟子の一人であるハワード卿が鋭く指摘したように、戦争は和平交渉のテーブルで決着を見る。すなわち、戦場での軍事的勝利はそれ自体が戦争の結末を決定するのではなく、ただ単に勝利のための政治的機会を提供するにすぎないのである。なるほど戦場での軍事的勝利が、戦争全体の政治的勝利にとって重要であることは疑いない。そして可能であれば、その軍事的勝利とは敵側の軍事力を徹底的に破壊し、さらには敵を非武装化する程度のものが望ましいが、最低でも、これ以上戦争を継続することが不可能であると敵側に認識させるために十分なものが必要とされる。だが、戦争の「決定的勝利」の獲得のためには、戦場での軍事的勝利に加えて、少なくとも以下の二つの条件を満たすことが必要となってくる。

一つは、勝者側が明確な政治目的を掲げ、かつ、確固として現実的な外交運営を行うことであり、もう一つは、敗者による戦場での評決の甘受である。ハワード卿は、後者をさらに敷衍して以下のように指摘している。

敗者が敗北の事実を素直に認めなければならず、また、見通し得る将来において、軍事的復活によってであれ卓越した外交能力によってであれ、さらには国際的なプロパガンダによってであれ、その敗者に、戦場での評決を反故《ほご》にする機会を与えてはならないのである。次に、敗者は遅かれ早かれ戦後の新しい国際秩序を運営するうえでのパートナーとして迎え入れられ、それにともない、敗北に対する何らかの和解策が講じられる必要がある。すなわち、敗者の名誉が回復されなくてはならないのである。

勝者と敗者の「共同作業」

これを言い換えれば、たとえ戦場での軍事的勝利が圧倒的なものであったとしても、その勝利を政治的に活用して永続的な平和を確立するためには、敗戦国側による何らかの協力が必要不可欠となるということである。皮肉にも、戦争の勝利を永続化させるためには、戦勝国と敗戦国とを問わず、常にすべての参戦諸国がこうした認識を共有することが前提となるのである。また、とりわけ近代以降の戦争においては、敵の存在の物理的抹殺など現実にとり得る選択肢ではなく、その意味でも、このすべての参戦諸国による「共同作業」という認識を共有する必要性はますます高まってきている。

そうであるからこそ、特に主権国家間の戦争においては、戦勝国は敗戦国の中に、例えば、講和条件を受け入れてそれを確実に履行する意図と能力とを兼備した何らかの「政府」を見つけ出すことが肝要となってくるのである。すなわち、戦争においては、常に交渉相手を確保しておくことが重要なのであり、逆に、その交渉相手を戦争で破壊することは、戦後処理の問題を含めてあらゆる問題を複雑化させるだけなのである。一九九一年の湾岸戦争におけるアメリカのサダム・フセインに対する徹底性に欠ける政策方針が、こうした問題をめぐる戦勝国側のジレンマを見事なまでに描き出している。それと同時に、例えば普仏戦争におけるビスマルクや二十世紀のフォークランド戦争でのイギリスの対応に代表されるように、戦勝国には、敗戦国の画策によって戦場での軍事的評決が反故にされることがないよう、敗戦国にそのような画策を行う余地を絶対に与えてはならない責務が課せられているのである。

「フランス革命戦争・ナポレオン戦争」と第二次世界大戦

そうしてみると、近代以降の戦争の中でこのような条件を比較的満たしているものとして、前述した「ドイツ統一戦争」を別とすれば、例えば「フランス革命戦争・ナポレオン戦争」や第二次世界大戦が挙げられるであろう。「フランス革命戦争・ナポレオン戦争」に関しては、この一連の戦争がクラウゼヴィッツが驚愕するほど多数の一般国民の参加をともなった熱狂的な戦いになったにもかかわらず、また、ナポレオンの個人的野心によって戦争の規模や範囲が飛躍的に拡大したにもかかわらず、戦後は「正統への回帰」を謳ったウィーン会議の結果、その後の「ヨーロッパ協調」が確保されるとともに、フランスは直ちに大国の地位へ返り咲くことを許され、その協調の主要なアクターとして行動するのである。

また、第二次世界大戦において連合国側は、チャーチルやローズベルトに代表される政治家の卓越した戦争指導により、戦場での完全な軍事的勝利を獲得し得たことは言うまでもなく、第二次世界大戦後には、確かに冷戦と呼ばれる米ソ間の対立構造が作り出された一方で、同大戦での戦勝国の政治的結束は意外と強固なものであったことも事実であり、「五人の警察官」による戦後国際秩序の運営によって、真の意味での戦争は極めて少数かつ周辺的なものに留まったのである。その中でも、敗戦国、とりわけドイツと日本は戦争での軍事的敗北を完全に甘受し、その後、冷戦も幸いして比較的早期に国際社会への復帰が認められた結果、グローバルな次元での「長い平和」(ジョン・ルイス・ギャディス)が維持され得たのである。

第一次世界大戦後の国際政治

逆に、戦争の「決定的勝利」の獲得に失敗した事例として特筆に値するものは、第一次世界大戦後の戦間期の国際政治であろう。興味深いことに、第一次世界大戦末期、少なくともドイツ側には戦場で軍事的敗北を喫したという意識は希薄であった。実際、ドイツの国土が占領される前に停戦が合意されたため、ドイツ国民には敗北という事実が実感されていなかったのである。「匕首《あいくち》伝説」が生まれたのは、まさにその証左である。確かに、第一次世界大戦の経緯を冷静に分析していたドイツの歴史家ハンス・デルブリュックでさえ『プロイセン年報』の一九一八年十一月号で、「私は大きなミスを犯した。確かに、四週間前には事態が非常に悪化していたことは事実であるが、私はいかに戦線が動揺していたとしても、なおこれを維持することは可能であると考えていたし、さらには、我々の領土を守るべく停戦条件を敵国側に強要することも可能であると信じていた」と回想しているのである。

また、同大戦後のヴェルサイユ体制に関しても、少なくともドイツにとっては自国の意志に反して強要されたものにすぎないと考えられていた。事実、この体制の打破を目指すという意味ではヒトラーもほかのドイツ国民もほぼ同様の見解を抱いていたのであり、両者の差異は主としてその方法をめぐるものにすぎなかった。また、戦勝国の一つであるイギリスには、戦後の国際秩序を維持及び主導しようとする意志が欠如しており、残念ながらフランスにいたっては、その意志あるいは能力が備わっていなかった。アメリカは自ら孤立主義に回帰する道を選択し、当初、ソ連にはこの体制への参加すら許されていなかった。さらには、例えば、イタリアや日本に代表されるように第一次世界大戦の戦勝国の中にも、ヴェルサイユ体制やアジア太平洋地域でのワシントン体制といった戦後の国際秩序に不満を抱き、これを積極的に維持していくことに自国の利益を見出せない諸国も存在したのである。その結果、世界は第二次世界大戦へと突き進んで行くのである。

勝利という幻想？

次に、戦争における勝利がまったくの幻想にすぎないというリデルハートの見解の妥当性について検討してみよう。

確かに、例えば第一次世界大戦後のイギリスでは、大英帝国を破産までさせて勝ち得た勝利にいかなる意味があるのかといった素朴な疑問が提示されたし、また、第二次世界大戦後、日本とドイツの急速な復興と国際社会における自国の優位の相対的低下といった事態に直面したアメリカでは、はたして、第二次世界大戦は誰のための勝利だったのかといった疑問が提起されたことは記憶に新しい。だが、感情論としては理解できるにせよ、こうした議論に決定的に欠落している視点は、仮に戦争に負けていればどうなっていたのかということである。すなわち、戦争の勝利は、たとえそれがいかなる犠牲を強いるものであろうと、戦争の敗北とは決定的に異なるのである。

確かにイギリスは第一次世界大戦での軍事的勝利によって、却って国力を相対的に低下させたし、また、その後の安定した国際秩序を維持することができなかった。だが、それにもかかわらず、仮にこの戦争でのイギリスの敗北を想定してみれば、同国にとってこの両者の差異は決定的であったはずである。また、第二次世界大戦における連合国側の勝利が、その後の国際秩序構築を主導したことは疑いようのない事実である。さらに踏み込んで言えば、少なくとも一九四五年の段階では、連合国側は、日本とドイツに対する軍事的勝利を歓迎するだけで十分であり、その後の両国の急速な再建やソ連の予想以上の台頭といった問題は容易に予測できるものではなかったのである。第二次世界大戦中には既にソ連の勢力拡大を危惧していたリデルハートは、むしろ例外的な存在であり、それは、彼が「部外者」の位置に留まっていたからこそ言い得たものであった。

戦争の「政治性」

次に、リデルハートとクラウゼヴィッツがともに提示した戦争の「政治性」の正否について簡単に考えてみよう。第六章で記したように、確かにクラウゼヴィッツは戦争は政治に内属すると指摘した。また、リデルハートの戦争観もほぼ同様である。だが、それはあくまでも戦争は政治に内属「すべき」であるという規範論を述べていたにすぎないように思われる。実際、現実の世界では政治による戦争の統制は困難を極め、その失敗例は枚挙に暇がないのである。

いみじくもイスラエルの歴史家マーチン・ファン・クレフェルトが指摘したように、しばしば戦争は単なる政治の「手段」たることを超え、それ自体が「目的」へと化してしまうのである。実際、エドワード・ハレット・カーが『危機の二十年』で論じたように、例えば、近代の戦争の中で国家間の「取引の増進や領土の拡大を慎重かつ意識的に目指して戦われたと思われるものは、ほとんど見当たらない」のである。逆に、戦争の歴史、とりわけナポレオン戦争以降の歴史を振り返る際、この「目的」と「手段」の合理的な均衡に失敗したと思われる事例は予想以上に多い。なるほど近代的な意味での主権国家の成立以前には、国家権力そのものが集権的かつ強大なものではなかったため、戦争がしばしば政治の統制を超えた行為になったとしても不思議ではないが、絶対的な主権国家の登場にともない国家による暴力装置の独占状態が完成した後においてさえ、政治による戦争の管理は、現実には多くの国家指導者を悩ませ続けてきたのである。

クラウゼヴィッツが指摘するように、戦争がそれ自身の「文法」を有するのであれば、ある意味で、戦争が自己目的化する傾向は当然の帰結と言えよう。敵・味方の相互作用、エスカレーションにより戦争は極限へと達するはずだからである。

だが、政治による統制が強く意識されたとしても戦争を抑え込めない原因は一体どこにあるのか。そもそも、本当に戦争は政治に内属しているのか。戦争は本当に政治の産物なのか。実際、以上のような視点から、政治の延長としての戦争というクラウゼヴィッツ的戦争観は、その妥当性についてしばしば批判されてきたのである。以下、本書では、キーガンとクレフェルトのクラウゼヴィッツ批判を中心に、政治と戦争の関係について考察を進めたい。そうすることによって、リデルハートの戦争観もまた検証されるはずである。

キーガンの戦争観

端的に言って、イギリスの歴史家であるジョン・キーガンの戦争観は、戦争を政治の延長としてではなく、より幅の広い文化的行為の一つと捉えている。すなわち、戦争という社会的な事象は政治といった狭義の枠組みの中では到底説明できるものではなく、より広義の文化という文脈の下で捉えることによって初めて意味をもち得るとするのである。また、キーガンは、それぞれの文化圏には固有の戦争観及び戦争形態が存在することを指摘し、政治の延長としての戦争という戦争観は、極めて啓蒙主義的かつヨーロッパ中心主義的な見方であるとクラウゼヴィッツを厳しく批判する。

今日とは異なり、ヨーロッパ地域以外の戦争に関する史資料や情報が極めて限定されていた時代のクラウゼヴィッツに対して、このような批判が少し酷であることは事実であるが、確かに、古代の部族間戦争をはじめ、キーガンがしばしば引用するロシアのコサック兵の事例、さらには、今日にいたるまで特に欧米地域以外での戦争を、単に政治的利益の観点だけから理解することは困難である。クラウゼヴィッツ自身も認めているように、戦争はカメレオンのように時代や地域によって多彩な変化を見せるのである。

クレフェルトの戦争観

キーガンの議論と比べて、クレフェルトのクラウゼヴィッツ批判は抑制的であり、さらに示唆に富むものである。クレフェルトはクラウゼヴィッツが歴史上もっとも傑出した戦略思想家であることを素直に認める。だが同時に、クレフェルトもクラウゼヴィッツの戦争観に対しては否定的であり、その中でも、政治と戦争の関係についての彼のクラウゼヴィッツ批判は、概略、以下の四点に集約されるであろう。

第一に、クレフェルトは、『戦争論』を執筆する際にクラウゼヴィッツが、あたかも戦争が主権国家間だけで生起するものであることを所与のものと考えている点を批判している。すなわち、クレフェルトはクラウゼヴィッツの戦争観が主権国家間以外の戦争、彼の用語で「非三位一体戦争」と呼ばれる戦争に対する視点を欠いているため、クラウゼヴィッツの戦争観は現実に生起した多数の主権国家以外の主体がからんだ戦争に対しては妥当性を持ち得ないと指摘している。確かに、『戦争論』におけるクラウゼヴィッツの論述には、ゲリラ戦争（彼の用語では「国民戦争」）に関する記述を例外とすれば、フランス革命以降、特にその全貌を現しつつあった主権国家の存在を前提としたものが中心となっていることは事実である。

これに関連して第二は、クラウゼヴィッツが主唱した、戦争は外交とは異なる手段を用いて政治的交渉を継続する行為にすぎないという『戦争論』の枠組みそのものに対する批判である。史実を詳細に検討した後、クレフェルトはキーガンの議論をさらに発展させ、ある一つの政治目的を達成するための手段としての戦争という認識に対しては、同様に否定的評価を下している。クレフェルトは、例えば、中世ヨーロッパの王朝国家間の関係では、政治といった要素よりも正しさの要素が重要視されていた事実を指摘し、「正義」のための戦争が存在していた事実を主張する。実際、オランダの国際法学者フーゴー・グロティウスは敵の不正が正しい戦争を生じさせるという認識の下で『戦争と平和の法』を著したのであった。また、旧約聖書の時代や中世ヨーロッパの十字軍の時代は、宗教戦争の時代と位置付けられ、「宗教」が戦争のもっとも重要な原因であったと指摘している。

もちろん、クレフェルト自身も認めているように、「正義」や「宗教」といった大義の裏には、常に現実的な政治的利益が存在していたことは事実であるが、同時に、中世ヨーロッパの戦争や十字軍の時代、旧約聖書の時代の戦争が、冷徹に計算された政治に基づいて遂行されたとするには相当の無理がある。また、政治という用語も、解釈次第では「正義」も「宗教」もすべて政治的行為に含まれようが、他方で、『戦争論』の中でクラウゼヴィッツは、基本的には政治という用語を「国家政策」の意味で用いているのであり、その限りにおいて、クレフェルトの批判は正鵠を射ていると言わざるを得ない。

第三に、クレフェルトは、「正義」や「宗教」の戦争に加えて、「生存」を賭けた戦争の存在を挙げている。「生存」を賭けた戦争とは、他のあらゆる政治的な手段が尽きてしまい、戦争以外の選択肢が残されていないといった状況に置かれた中での、まさに最後の生き残りを賭けた戦争を指すのであり、その実態は、例えば、一九六七年の「六日間戦争」でイスラエルが置かれた状況に代表されるように、政治的利益の計算の結果として選択された戦争というよりは、むしろ、政治をまったく度外視したものに近いのである。

最後に、クラウゼヴィッツが合理的な目的を達成するための合理的な行為としての戦争を強調する一方で、クレフェルトは、史実を援用しつつ、人類が戦争に取り憑かれてきたのは、戦争が危険や歓喜といった不可測な何かと隣り合わせになっているからこそであると指摘し、戦争とは政治の延長などではなく、スポーツの延長としての側面が強いと挑発的な議論を展開している。確かに、例えば第一次世界大戦前の戦争に関する文献を調べてみれば、狩り（ハンティング）やクリケットとして見た戦争、さらには戦争という栄誉ある競技といった表現がいたるところに見られるのである。さらには、芸術の目的が芸術それ自体であるとされたのと同様、十九世紀には、戦争はある目的のための手段ではなく、それ自体が目的だと認識されることも多かったのである。

また、十九世紀の戦争に関する文献の中で長期にわたって取り上げられた主題の一つに、戦争はその本質においてすべてのくだらない計算や利己的動機の超越であるとするものが挙げられる。ここで示唆されていることは、戦争は最高の「私利」である生命そのものの放棄をともなうため、逆に、戦争によって人間とは何かを正確に見極めることができるということであった。戦争があるからこそ、人類は「この瞬間を生きる」ことを認識できるのであろう。そうしてみると、もしかしたら人類は本質的に戦争が好きなのかもしれないという疑問すら生まれてくる。少なくとも、人類にとって戦争は、政治的利益の有無に関係なく魅力的な行為なのである。

戦争の歴史

クレフェルトの指摘を待つまでもなく、例えば古代中国の戦争は、総じて、武力による衝突というよりも、むしろ道徳的価値を競う試合のようなものであり、そこでは「名誉」が競い合われたのである。また、中世ヨーロッパ初期のフランク王国の時代には、戦争が「生計維持」の一手段であったことはよく知られた事実である。すなわち、戦争で生活資源を獲得すること、これが当時の戦争及び兵士の特性《エートス》であったのである。また、フランスの絶対君主ルイ十四世の戦争が、政治とはほとんど関係なく、あたかも時期を迎えた狩りのようなものであったことも周知の事実である。さらには、スペインのフェリペ二世が何のために戦争をしたかというと、第一に、それは「名誉」のための戦争であった。第二に、宗教的使命感に基づく戦争、すなわち神への奉仕《サービス》としての戦争であった。神への奉仕とは、カトリックに反抗する新興プロテスタント諸国、とりわけイギリス及びオランダに対する戦争は、神に対する神聖なる義務であると考えられたのである。

また、ナポレオン戦争以前のいわゆる制限戦争の時代が、君主間の戦争であったことは知られているが、なぜ同時代の戦争が制限されていたのかという問いに対しては、一般的には、君主の政治目的が制限されていたからであると説明される。しかしながら、最近の戦争史研究から明らかなことは、例えばクレフェルトやイギリスの歴史家ヒュー・ストローンの議論に代表されるように、より現実的な問題、とりわけ技術的な理由によって軍隊の行動が制限されていたにすぎないという見解が主流になりつつあることである。すなわち、政治が戦争を制限したのではなく、技術の未発展が戦争を制限していたという解釈が受け入れられつつあるのである。確かに、プロイセンのフリードリヒ大王をはじめ当時のヨーロッパの君主が、敵を撃滅したいという野心を抱いていなかったとしたら、それこそ不可解である。おそらく、彼らはナポレオンと同様、大きな野心を抱いていたのであるが、残念ながら、交通・輸送手段や兵器の火力をめぐる技術水準がその野心を実現するまでには発展していなかったというのが真実に近いのであろう。

また、近年の戦争に見られるホロコーストや民族浄化といった現象は、ある政治目的を持った戦争の単なる副産物であるどころか、あたかもそれ自身が戦争の目的になったかのような様相を呈している。最後に、かつてジョルジュ・バタイユは戦争とは「蕩尽」にすぎないと指摘したが、確かに、「ポトラッチ」という儀式的戦争に代表されるように、いわゆる「未開の戦争」には自らの社会を防衛及び保守するためではなく、逆に、すべてを蕩尽することによって共同体の閉塞を一瞬にして解体し、生への隷属を打破するといった意味合いが強いことは、人類学という視点からの戦争研究で明らかになりつつある。なるほどこうした現象は、広義の意味での政治的行為であるかもしれないが、明らかにクラウゼヴィッツの戦争観とは異なるものである。

合理主義者としてのクラウゼヴィッツとリデルハート

以上の議論から明らかなことは、一方で、クラウゼヴィッツは『戦争論』の中で戦争の非合理的側面に繰り返し言及しておきながら、実際に彼が戦争を分析する際に用いた枠組みは、あまりにも合理的すぎたということである。残念ながら、クラウゼヴィッツはフリードリヒ大王の時代を中心とする王朝間戦争の研究に心血を注ぎ込みながら、戦争の宗教的側面を軽視していたことは否定できない。同様に、クラウゼヴィッツは正義の戦争の存在、そして、政治目的とは無関係の戦争の存在にあまり注目していなかったように思われる。そして、こうしたクラウゼヴィッツの戦争観への批判は、そのままリデルハートに対しても当てはまるように思われる。やはり戦争の「政治性」をめぐるリデルハートの議論も、あまりにも合理的すぎると、そして、戦争の本質を包括的に説明するものではないと言わざるを得ないのである。

第八章　『戦略論』の誕生（その二）

勢力均衡政策

本章では、再び『戦略論』の内容の検討に戻ろう。興味深いことに、『戦略論』の中でリデルハートは、国際政治におけるいわゆる勢力均衡政策とそれにともなう相互抑制機能を重要視している。後に「リベラルな戦争観」と高く評価されることになるリデルハートの戦争に対する見方であるが、その彼でさえ現状維持国としてのイギリスの世界観、国際秩序観、さらには戦争観を超越することができなかったのであろう。リデルハートは、次のように述べている。

見解の相違を受け入れず、それを抑圧すれば悪しき結果をもたらすという認識があって初めて、そこに相互の寛容が存在し、思考の多様性を生み出すのである。この理由により、勢力均衡から生じる相互抑制作用こそが進歩を可能ならしめるものであり、平和のための最良の保証である。このことは、国内政治と国際関係とを問わず、同様にあてはまる。

現状維持国の国家戦略

これに関連して、現状維持国としてのイギリスの国家戦略への教訓を、東ローマ帝国（ビザンツ帝国）の事例から引き出そうとしたリデルハートの着眼点も大変興味深い。

東ローマ帝国という表現はビザンツ帝国と同義として用いられるが、厳密には、東ローマ帝国が領土の縮小やキリスト教の普及を経て徐々に変質した結果、ビザンツ帝国となるのである。だが、いつの時代までが東ローマ帝国で、いつからがビザンツ帝国かといった時代区分については、必ずしも明確ではない。いずれにせよ、リデルハートによれば現状の変革を求める国家の企図は冒険的要素が大きくならざるを得ないが、現状維持を旨とする保守主義的な国家、すなわち東ローマ帝国に代表される国家は、「相手にその企図が割に合わないことを認識させることにより、征服の企図を放棄するよう誘導するだけで自国の目的を達成することができるのである」。『戦略論』には、現状維持国の国家戦略のあり方について次のような記述が見られる。

これらの諸要因を考えてみると、保守主義的国家の抱えた問題は、現在の状況を将来も確保すべく、国力の維持を最重要目標とする、保守主義固有のより限定された目的を達成するのに適したタイプの戦略を見つけられるか否かである。純然たる防御がもっとも経済的な方法であると思えるかもしれない。しかしながら、これは静的な防御を意味するものであり、歴史の教えるところでは、純然たる防御は危険をはらんだ方法であり、これに依存することはできない。鋭い反撃力を備えた高速機動を基礎とする防御・攻勢兼用方式こそ、兵力の経済的使用と抑止効果を巧みに結合したものである。

東ローマ帝国は、右述の積極的な「保守主義戦略」を戦争政策の基礎として慎重に考案した好例であり、これこそ、東ローマ帝国の比類なき長期存続を説明可能にするものである。別の例を挙げれば、考案したというよりむしろ本能的産物であろうが、イギリスが十六世紀から十九世紀までの間、自国の戦争で遂行したように、海軍力を基礎とする戦略である。その価値は次のように言えよう。すなわち、イギリスは自国の発展にともない国力を維持していったが、逆に、イギリスの敵国は戦争によって消耗し、没落していった。なぜなら、それら諸国は直ちに完全な勝利を獲得しようと過度な欲望を持っていたからである。

現状維持国が採用する可能性の高い純然たる防御の危険性、そして自国に固有の軍事力を基礎とする戦略の必要性を説いたリデルハートの所論は、もちろん彼の母国イギリスのとるべき国家戦略に関する彼なりの提言であったが、この議論は、現状維持国としての今日の日本でも十分に検討に値するものであろう。この問題については「エピローグ」で考えてみたい。

リデルハートの戦争観

次に、『戦略論』の中でリデルハートの戦争観がもっとも明確に表れているのが以下の記述である。

戦争は理性に反するものである。と言うのは、戦争は交渉によって問題の解決に失敗した場合、力でその問題を解決しようとする方法であるからである。しかしながら、戦争の目的を達成しようとすれば、戦争は理性をもって統制されなければならない。それは以下の理由による。

(1)戦うということは物理的行為であるが、他方において、その方向は心理的プロセスである。戦略が優れていればいるほど、容易に優勢を確保でき、その代償も小さい。

(2)逆に、力を浪費すればするほど、戦局悪化の危険性は高まる。仮に戦争に勝利したとしても、戦後の平和を活用するための力は低下する。

(3)敵に苛酷であればあるほど、敵側の感情は悪化し、当然、味方が克服しようとする敵の抵抗は大きくなる。それゆえ、敵・味方の力が拮抗していればそれだけ、極端な暴力を回避する方が賢明である。と言うのは、極端な暴力は敵の指導者に従う軍隊や国民を団結させる恐れがあるからである。

(4)このような計算はさらに広がる。自己中心的な講和を征服によって強要しようとする意図が明らかであれば、目的達成のための障害は大きくなる。

(5)さらに、味方が軍事的な目標を達成したとしても、敗者に対する要求が過大であれば、味方の処理すべき困難は増大し、また、戦争によって解決を見た事項を反故にするための口実を敵に与えることになる。

リデルハートはさらに、「力は、その使用にあたりもっとも慎重かつ理性的な計算で統制されない限り、悪循環を繰り返す。と言うより、螺旋《らせん》状に進行するという方が正しいのであろう。このように、元来、戦争は理性の否定によって開始されるのであるから、戦争のあらゆる段階を通じて、理性の否定を要求するものである」と述べている。彼によれば、戦争は理性の否定を要求するものである。だからこそ、「大戦略」次元での政治による統制が必要とされるのであるが、こうした点に限れば、やはりこのリデルハートの見解はクラウゼヴィッツの戦争観とほぼ一致するように思われる。

だがよく考えてみれば、戦争を理性の否定と捉えるリデルハートの立場は、クラウゼヴィッツの戦争観とは相容れないものである。なぜなら、クラウゼヴィッツにとって戦争は極めて理性的な行為であるからである。

戦後の展望を見据えた戦争

戦争を遂行するにあたり戦後の構想を常に描いておく必要があるとのリデルハートの所論の核心は、『戦略論』の以下のような記述に現れている。

戦前よりも戦後の平和状況、とりわけ国民の平和状況が良くなるというのが真の意味での戦争の勝利である。この意味での戦勝の獲得は、速戦即決によるか、あるいは、長期の戦争であっても自国資源と経済的に均衡がとれた場合のみ可能となる。目的は手段に応じて適合されなければならない。

賢明な政治家であれば、そのような戦争の勝利が十分に見込めなくなった時は、平和交渉のための好機を逸するようなことはしない。交戦当事諸国が偶然、相互の実力を認識し合ったことを基礎として戦局が手詰まり状態に陥った結果、講和が結ばれたとしても、少なくともこれは、相互の国力消耗の果てに結ばれた講和より良いのであり、実際、この方が永続的平和のための基盤となることが多かったのである。

リデルハートによれば、「勝利という蜃気楼」を追求する際も、決して戦後への展望を見失わないことが政治家の責任なのである。

交戦当事諸国の力があまりに拮抗しており、早期に勝利を獲得する機会がない時には、戦略の心理学から何かを学ぶ政治家は賢明である。仮に、敵が強固な陣地を占領し、味方が攻略するためには高い代償を必要とすることが明らかであれば、敵の抵抗をもっとも速やかに弱体化する方法として敵の退却線を開けておくことは、戦略の初歩的原則である。同様に、敵に下に降りるための階段を用意してやることは、政治の原則、とりわけ戦争の原則である。

戦争における海軍力とそれを用いた経済封鎖の重要性を過度に強調するリデルハートの姿勢は、『戦略論』の次のような記述からも明らかである。少し長いが、また、一部引用が重複するが、このリデルハートの海軍力及び経済封鎖に対する評価は、今日にいたるまで大きな論争を巻き起こした挑発的かつ大変興味深い記述であるため、本書ではそのまま引用してみよう。もちろん、こうしたリデルハートの解釈は、今日では戦争史家の賛同を得ているとは言い難い。

第一次世界大戦の最後の年、すなわち、一九一八年の軍事的状況を研究するためには、これに先立つ海軍情勢を理解することが重要であり、また、それなしでは無意味である。と言うのは、第一次世界大戦では早期に軍事的決着が付かなかったため、海軍力による封鎖が、全般の軍事情勢を支配するようになったからである。

実際のところ、将来の歴史家がこの世界大戦の結果にとって決定的なものとして一日を選ぶことを迫られた時、おそらく彼は一九一四年八月二日を選ぶであろう。イギリス国民にとっては戦争はまだ始まっていなかったが、これはウィンストン・チャーチルが午前一時二十五分にイギリス海軍に動員令を発した日である。そのイギリス海軍は、トラファルガーの海戦での勝利を再現することはできなかった。だが、海軍はこの戦いを連合国側の勝利に導くため、ほかのいかなる要因にも増して貢献することになったのである。なぜなら海軍が封鎖の立役者であり、戦争の霧が晴れ、戦後の年月の明るい光の下で見ると、その封鎖の占める比重がいよいよ大きくなり、それがこの戦いにおける決定的な要因であったことがさらに明確になってきたからである。アメリカの監獄で手に負えない囚人に着せられていたという囚人ジャケットのように、封鎖も次第に窮屈なものに変わっていったため、まず囚人の動きを制約し、次にその呼吸をも阻むことになった。そして締め付けが厳しさと持続性を増すにつれ、囚人の抵抗力は衰え、圧迫感は士気の低下を誘ったのである。

喪失感が絶望につながるのであり、また、生命の喪失ではなく希望の喪失が戦争の帰趨を決するものであることは、歴史の教えるところである。ドイツ国民の半飢餓状態が、直接的にドイツの銃後の最終的崩壊をもたらしたことを過小評価する歴史家などいないであろう。しかしながら、革命と軍事的敗北の因果関係は別として、目に見えない海上封鎖の浸透的要因は、軍事情勢のあらゆる考慮の中へと入ってくるのである。

さらにリデルハートは『戦略論』で、「ドイツが降伏した原因の中でも、海上封鎖がもっとも決定的なものであると考えられている。仮に革命が勃発していなかったら、ドイツ軍は自国の国境を強固に防衛できたかもしれないという疑問に対しては、海上封鎖の存在がもっとも確実な回答を与えてくれるのである。と言うのは、たとえドイツ国民が国土防衛という明確な目的の下、最大限の努力を払うため決起したとしても、それは、連合国軍を食い止めることはできたであろうが、結局は、敗北を引き延ばしただけにすぎなかったであろう。なぜなら、ドイツはイギリスの伝統的な武器、すなわち、海軍力の支配下に置かれていたからである」と断定している。

これもリデルハートらしい議論と言えばそれまでであるが、こうした解釈が今日の戦争史家に一切受け入れられていないことは改めて確認しておきたい。明らかにこれは、「間接アプローチ戦略」の有用性、さらには海軍力を用いた「イギリス流の戦争方法」の有用性を過度に強調したリデルハートの希望的観測にすぎないのであるが、こうした議論は、戦争での直接的な軍事力行使を回避するための方策として、今日でも広く支持を集める傾向にある。だがここで問題は、はたして戦争がそのようなクリーンな方法だけで解決され得るのかということであり、歴史が教えるところでは、その答えは「否」である。

ゲリラ戦争への予感

リデルハートの大きな功績の一つは、核兵器を用いたアメリカとソ連の冷戦構造の下で、誰よりも早く非通常戦争、そしてゲリラ戦争の可能性に気付いていた事実である。これは、彼が第一次世界大戦でのイギリスの国民的英雄、「アラビアのロレンス」と親交が深かったこととも関係している。リデルハートは、『戦略論』でゲリラ戦争について次のように述べている。

戦争とは組織化された行為であり、混乱状態の中で継続することは不可能である。しかしながら、核抑止力は巧妙なタイプの侵略に対して抑止力として機能し得ないし、それゆえ、抑止力を発揮できない。核抑止力がこのような目的に対して不適切であるため、巧妙なタイプの侵略の生起を刺激し、助長する傾向にある。筆者の金言（「平和を欲すれば戦争に備えよ」のリデルハート自身の修正である「平和を欲すれば戦争を理解せよ」）に必要な敷衍を加えると、「平和を欲すれば戦争を理解せよ。とりわけゲリラ方式と内部攪乱方式の戦争を理解せよ」となろう。

この問題をさらに広範かつ深遠に取り扱った著作が、クラウゼヴィッツより一世紀後に登場したが、それが、T・E・ロレンスの『知恵の七柱』である。同書は、ゲリラ戦理論に関する名著であるが、ゲリラ戦の攻勢上の価値に焦点を当てたものである。

「アラビアのロレンス」として知られるトマス・エドワード・ロレンスは、オックスフォード大学で考古学や中世の十字軍史を学んだ後、大英博物館の中東遺跡発掘調査に参加したが、第一次世界大戦が勃発するとイギリス陸軍情報将校、そして同外務省「アラブ局」の一員として、ドイツの同盟国であるトルコの後方を攪乱する目的で、トルコの支配下にあったアラブ民族の反乱を指導し、その独立運動に献身した人物である。

第一次世界大戦におけるロレンスの活動については、当時、イギリス国民の士気を高めるためのヒーローの存在を求めていたイギリス政府の思惑のため、そして、その後のロレンスに対するリデルハートの過度な思い入れのため、過大に評価されているのが実状であろう。周知のように、ロレンスを主人公とする映画「アラビアのロレンス」は今日にいたるまで戦争映画の傑作の一つとして高く評価されている。実際、二〇〇七年末にイギリスで放映されたテレビ番組「アメリカ映画の名選一〇〇点」では第七位にランクされていた。

また、ロレンスの著作『知恵の七柱』やその要約版とも言える『砂漠の反乱』は邦訳されており、そのほかにも彼の評伝が日本語で多数出版されている。著者は個人的に戦車の発展や機甲戦理論に興味があるため、イギリス南部の町ボーヴィントンをしばしば訪問する。ここには「戦車博物館」があるからであるが、この博物館の近郊にロレンスのコテージ「クラウズ・ヒル」があり、ここには今日でも多くの観光客が訪れている。

「アラビアのロレンス」

ロレンスはその著『砂漠の反乱』の中で、「アラブ人たちがなぜファイサルとともに戦いを続けているかと考えてみれば、彼らの目的はただ一つ、アラビア語を話す人間の住む土地からトルコ人を立ち去らせることにあるのだ。平和な自由を求める理想が彼らをして銃をとらせているのだ。トルコ軍が穏やかにアラビアから立ち去れば、戦いは終わり、血を見る必要もない。立ち去らなければさらに説得を試み、それが無駄なら戦わねばならぬ。その時において初めて、血を見ることになるのだが、人命の損失は最小限に留めねばならぬ。なぜなら、アラブ人は自由を得るために戦うのであり、死んでしまったのではせっかく得た自由を楽しむことができないからだ」と述べている。

またゲリラ戦争の戦略としてロレンスは、例えば「メディナをおとしいれてはならぬ。あそこをあのままにしておいても、トルコ軍は我々に対しては無害である」と、さらには

「我々の理想は、トルコ軍の鉄道に、最大限の損失と不安を与えながら、しかもかろうじて使えるようにしておいてやること、本当にかろうじてという程度にである」と述べているが、こうした記述から、なぜリデルハートがロレンスの示した戦略概念、すなわち、西部戦線で用いられているものとは違った戦略概念に共感を抱いたかが理解できるはずである。

リデルハートが高く評価したロレンスの活動であるが、そもそも「アラブの反乱」の目的は、当時のオスマン帝国内のアラビア語地域と呼ばれていたところからトルコ人を追い出すことであり、彼らの殺害そのものはまったく無意味なことであった。ロレンスにとっては、犠牲は小さければ小さいほど都合が良いのである。そして、こうしたゲリラ戦争では、「重心」を作らないことが重要となってくる。ロレンスが的確に表現したように、砂漠におけるゲリラ戦争はあたかも海上での戦いに類似したものであり、そこでは兵力の温存や損害の極小化が重要とされ、いわゆる「ヒット・エンド・ラン」といった方策が用いられたのである。

正規の軍事教育を受けておらず、逆に独学で多くの戦争史及び戦略思想を研究したという点で、リデルハートとロレンスには共通点が存在し、それがこの両者を互いに惹きつけた原因であろう。また、おそらく「異端児」に対する共感が互いに存在したのであろう。

しかしながら、ロレンスが「アラブの反乱」で第一次世界大戦のイギリスの戦争遂行にいかに貢献したにせよ、やはりこの地域の戦いはこの大戦全体においては単なる「サイドショー」にすぎなかったのである。

また、たとえそれがいかに魅力的なやり方であったにせよ、ロレンスが中近東の砂漠地帯で用いた戦い方が、そのままヨーロッパ大陸の西部戦線で用いられるか否かについては、まったく別の次元に属する問題なのである。そして、おそらくこの答えは否であろう。ここでもリデルハートは、自らが唱える「間接アプローチ戦略」を正当化する手段として、ロレンスの活動を過大に評価しすぎている。もちろんその一方で、第二次世界大戦後、世界中が核兵器に注目する中で、その後のゲリラ戦争の重要性を早くから指摘していたリデルハートの先見性は改めて評価されて然るべきである。

第二次世界大戦以降のゲリラ戦争についてリデルハートは次のように『戦略論』に記している。

「アラビアのロレンス」と（1934年）。左側のロレンスはリデルハートとの身長差を気にしている

しかしながら、第二次世界大戦においては、ゲリラ戦争はほとんどこの戦争の普遍的特質と言えるほど、広範囲にわたって見られたのである。

ゲリラ戦と内部攪乱戦の発展は、核兵器の威力の増大、とりわけ一九五四年の水素爆弾の登場、及びそれと同時に行われたアメリカ政府によるあらゆる種類の侵略に対する抑止力としての「大量報復」政策・戦略の採用決議によって、ますます激化していった。

ゲリラ戦を抑止するために核兵器使用の脅威を示唆することは、あたかも蚊の大群を金槌で追い払おうとする話のように非合理的である。そのような政策が無意味であることは明らかであり、その当然の結果が、対抗手段として核兵器を使用できない侵蝕による侵略様式の生起を刺激、助長することであった。

リデルハートのゲリラ戦理論

「蚊の大群を金槌で追い払う」とはいかにもリデルハートらしいレトリックであるが、彼のこうした記述から理解できることは、リデルハートが巨大な破壊力を備えた核兵器の登場から生み出されたパラドクス、すなわち「非対称戦争」の可能性を早くから認識し得ていた事実である。少し長いが、ゲリラ戦争に関する『戦略論』からの引用を続けよう。

我々が今日、頭脳を明快にして考えなければならないもっとも緊急かつ根本的な問題は、いわゆる「ニュールック」軍事政策及び戦略の問題である。この死活的重要な問題は、水素爆弾の登場と強く結び付いている。（中略）水爆の登場により全面戦争が生起する確率を低下させたのと同程度に、水爆は、広範囲にわたる局地的侵略という制限戦争の可能性を増大させたのである。敵は、各種様式の技術の選択に訴えることができ、それにより目的を達成することができるが、味方にとっては、対抗手段としての水爆・原爆の使用を躊躇させることになる。

ゲリラ戦は、常にダイナミックでなければならないとともに、機勢を維持しなければならない。静的な休止期間が生じれば、敵に地域の掌握を許し、敵の部隊に休息を与えることになるとともに、味方のゲリラ部隊に参加及び支援する地域住民の衝動を削ぐ傾向にあるため、ゲリラ戦で静的な休止期間を設けることは、正規戦と比較して失敗する要因となるのである。ゲリラ戦では静的防御の果たす役割はなく、また、伏兵に代表される一時的な方策を除いては、固定防御もゲリラ戦では効果がない。

ゲリラ行動においては、被害をこうむる恐れがある場合には、戦略的に戦闘を回避し、戦術的にいかなる交戦も回避するといった、通常の戦争方法とはまったく逆転したやり方となる。と言うのは、ゲリラ戦では伏撃の場合と極めて異なり、ゲリラ行動の指導者と兵員の中でもっとも優秀な者が、部隊の全兵力と比較して不均衡なほど死傷し、その結果、部隊の活動全体が停滞し、戦闘精神の炎が消滅してしまう危険性があるからである。包括的な表現を用いれば、「ヒット・エンド・ラン」と言えよう。すなわち、小規模な打撃と脅威を数多く加えることは、少数の大打撃を加えるよりも戦局の行方に及ぼす効果は大きい。同時に、それは敵により多くの混乱、妨害、及び士気喪失を累積的に課すとともに、地域住民に対して広範囲にわたる印象を与えることになる。姿は見えないが、いたるところに敵が存在するということが、成功の基本的秘訣なのである。さらには「ヒット・エンド・ラン」は、敵を味方の伏兵の方へ誘い込むという攻勢目的にとって最良の方策となることが多い。

ゲリラ戦はまた、正規戦の主要な原則の一つである「兵力集中」を逆転させる。これは敵・味方の双方にあてはまる。ゲリラ側にとっては、「分散」が生存と成功の不可欠な要件である。ゲリラ側は、決して敵に目標を提供してはならず、そのため、細かな粒子のように行動する。しかしながら、これらの粒子は敵の防御の手薄な目標を撃滅するため、一時的に水銀の塊のように行動することもある。と言うことは、ゲリラ部隊にとって「兵力集中」の原則は、「兵力の流動化」の原則に置き換えられなければならない。同様に、正規部隊にとってもそれが核兵器の攻撃にさらされている時は、「兵力の流動化」の原則を適用しなければならない。また、「分散」の原則はゲリラの挑戦を受ける側においても必要である。と言うのは、蚊のように機敏で捕捉し難いゲリラ部隊に対しては、正規部隊の狭い集中は意味がないからである。ゲリラ行動を抑制する見込みのある方法は、主として可能な限り最大の地域に巧妙かつ緊密に編み上げた網を張ることである。この網が広ければ広いほど、対ゲリラ戦の効果は高まるであろう。

以上のように、リデルハートは通常戦争（彼の用語では正規戦）での戦争方法とゲリラ戦争を含めた非通常戦争（彼の用語では非正規戦）での戦争方法の違いを鮮明に描き出している。「間接アプローチ戦略」を強く主唱するリデルハートが、「アラビアのロレンス」の戦争方法に強く魅せられた理由も理解できるであろう。もちろん、ゲリラ戦争をめぐるリデルハートの所論には誇張も多い。だが、ここでもやはり「水銀の塊」といったレトリックを多用しながら、読者の注目を集め得たことは事実である。

チャーチルの対レジスタンス支援政策

また、第二次世界大戦においてチャーチルの戦争指導に総じて批判的であったリデルハートであるが、チャーチルがドイツ占領下のフランスで行った対レジスタンス支援活動に限れば、次のように彼を高く評価している。すなわち、「同時に、チャーチルはロレンスと親交があり、彼の崇拝者であった。今やチャーチルは、ロレンスがアラブの比較的限定された地域で実施したのと同じことを、ヨーロッパで大規模に遂行する機会を見つけたのである」。「ヨーロッパを炎の海に」とは、チャーチルの有名な言葉である。

過去二〇年間にこのタイプの戦争の数が増加したのは、第二次世界大戦の際、ドイツへの対抗手段としてチャーチル指導下のイギリスが、ドイツ占領下の諸国で住民の反乱を煽動、育成する戦争政策を用いたことと大いに関連している。この戦争政策は、その後、日本への対抗手段として極東地域まで拡大された。

この政策は極めて熱心に受け入れられ、疑問視されることなどほとんどなかった。いったんドイツの迅速な征服がヨーロッパの大部分を覆い尽くすと、占領地域に対するヒトラーの支配力を弱体化させることが当然の方針であると考えられた。この種の方針こそ、チャーチルの思考と気質にアピールするものであった。チャーチルは、本能的な闘争心とヒトラー打倒への飽くなき情熱を備えていた。実際、チャーチルにとって事後の問題は重要ではなかった。

もちろん、ここで読者が冷静に考えるべきことは、例えば、はたしてフランスでのレジスタンス活動が、第二次世界大戦の戦局に決定的な影響を及ぼし得たかについてである。残念ながら、フランス人レジスタンスの精力的な活動にもかかわらず、こうした要因がこの戦争の帰趨に大きく影響を及ぼしているとは思えないのであり、また、とりわけ彼らが活躍したとされる一九四四年六月のノルマンディ上陸作戦前後の時期ですら、その効果は極めて限られたものでしかなかった。その意味でも、リデルハートはこうした活動、すなわち「間接アプローチ戦略」の有用性を過度に評価している。

ゲリラ戦争の実践

次に、ゲリラ戦争の実際の遂行方法についてリデルハートは、以下のような興味深い分析を行っている。

ゲリラ活動が成功するための主要な条件は、ゲリラが敵の配置や運動に関して信頼できる情報を入手するとともに、優れた土地勘をもって戦う一方、敵側を無知の状態にしておくことである。ゲリラ活動は、味方の安全と敵に対する奇襲を考えて、主として夜間に実施されるものなので、心理的光明といった要素が改めて重要となる。必要な細部資料と迅速な情報をどの程度入手できるかは、ゲリラに対する地域住民の支援の有無によって左右されるのである。

ゲリラ戦は少数の要員によって遂行されるが、多数の人々の支援に依存している。ゲリラ戦は、それ自体がもっとも独立的な行動方式であるが、同時に、住民の同情によって集団的に支援された場合にのみ効果的に戦え、かつ、その目的を達成することができる。まさにこの理由により、仮にゲリラ戦争が民族独立のための抵抗や要求のアピール、さらには、社会的・経済的に不満を抱く地域住民のアピールと結合すれば、それは、広い意味での革命的存在となり、その結果、ゲリラ戦はもっとも効果を発揮できるのである。

今日の戦争

このようにリデルハートは、第二次世界大戦後、アメリカとソ連の間の冷戦という大きな対立の影で、また、核兵器という「絶対兵器」（バーナード・ブロディ）を逆手に取るかたちで、民族や国家の独立を旗印とする大きな流れがゲリラ戦争という方法を用いながら進展している事実にいち早く気付いていたのである。実際、イギリスやフランスは、それぞれマラヤやアルジェリア及びインドシナでこうした戦い方に苦しめられることになり、やがてアメリカもヴェトナム戦争でほぼすべての戦闘に勝利しているにもかかわらず、戦争そのものには勝利できないというジレンマに悩まされることになる。そしてこの時期、リデルハートのゲリラ戦理論と同様に、毛沢東やチェ・ゲバラ、そしてザップのゲリラ戦争をめぐる著作が注目されることになる。なお、次の「カモフラージュされた戦争」という表現もリデルハート独自のものであるが、彼の用語法によれば、これはゲリラ戦争を含めた浸透戦争、すなわち、大規模な軍事力行使をともなわない戦争全般を意味するものである。

過去においてゲリラ戦は弱者の兵器であり、そのため、主として防勢的な意味をもっていた。しかしながら、核時代においては、核の手詰まり状態を利用するに適した侵略方式としてさらなる発展を遂げるであろう。こうして、「冷たい戦争」という概念はもはや時代遅れとなり、「カモフラージュされた戦争」という概念に取って代わられるに違いない。

しかしながら、この広義の結論はさらに広範かつ深遠な問題を提起している。そのため、ゲリラ戦や内部攪乱戦の対抗戦略を開発しようとする西側諸国の政治家と戦略家は、「歴史の教訓」を学び、過去の失敗を再び繰り返さないことが必要となる。

戦争を構成する要素として「政治」「軍事」、そして「国民」という「三位一体」を挙げたのはクラウゼヴィッツであり、クラウゼヴィッツは国民の熱狂というものを半ば歓迎しつつも、半ば警戒したのであった。同様に、戦争と国民の関係についてリデルハートは『戦略論』で次のような示唆に富む記述を遺している。すなわち、「戦争という熱狂の下では、世論はもっとも極端な方法を要求し、その結果の是非を問うことはない」。このリデルハートの指摘は極めて妥当である。だからこそ、例えば第二次世界大戦でドイツや日本に対する無条件降伏政策があれほどまで執拗に求められたのであるが、彼にはこうした「国民」の熱狂と無条件降伏政策の関連性が理解できなかったのである。

不思議なことには、ゲリラ戦争の有用性を高く評価していたリデルハートが、『戦略論』の最後になって少し冷静に次のような議論を展開している。

しかしながら、これらの後方地域での戦闘を分析してみると、後方地域での戦闘の効果は、敵正面で交戦し敵の予備兵力を吸収している強力な味方の正規軍が存在し、その作戦と後方地域での戦闘がどの程度まで結合しているかに拠ることが明らかになった。敵の主たる注意を引く強力な攻撃が実施されるか、あるいは、そのような切迫した脅威が存在する場合に、また、後方地域での戦闘が時を同じくして実施されない限り、その効果は、敵を苛立たせる程度に留まるのが常であった。

図らずもここでリデルハートが述べているように、これこそが彼が主唱した「間接アプローチ戦略」や「イギリス流の戦争方法」の限界及び問題点の核心である。すなわち、間接的な戦略が成功するためには、常に誰かが、どこかで直接的に敵と対峙している必要があるという冷徹な事実である。その意味において、ゲリラ戦争の有用性をあまり高く評価していないクラウゼヴィッツは、結果的には正しかったように思われる。

そのほかの場合でも後方地域での戦闘は、広範囲にわたる消極的抵抗ほどの効果を持ち得ず、効果に比べて遥かに大きな損害を現地住民にもたらしたのである。後方地域での戦闘は、敵に与えた損害を遥かに上回る敵の確固たる報復を挑発することになった。これらの戦闘は、敵の部隊に対して暴力行為に訴える機会を与えることになったが、この暴力行為は、非友好的な国家に進駐している敵部隊にとって、常に神経の鎮静剤としての役割を果たすものとなった。ゲリラ戦がもたらした直接的な物理的損害、そして、挑発された敵の報復という間接的な損害は、自国民に多大な苦難を与え、その結果、解放後の復興にとって大きな障害となった。

このリデルハートの論述は、ゲリラ戦争をめぐるさらなる根源的な問題、つまり、こうした戦い方にはその効果を上回るほどの敵の報復を招く可能性が高いという問題を見事に捉えている。フランスのレジスタンス活動が、ドイツ軍による地域住民に対する多くの報復を招いた事実は、改めて述べる必要はないであろう。また、以下の『戦略論』の記述は、ゲリラ戦争が戦われている時はもとより、戦後にいたるまでいかなる悪影響を及ぼし得るのかについて述べたものである。すなわち、「敵の占領軍に対する闘争を通じて、若い世代は権威に対する否定と公衆道徳規範の無視を学んだのである。このことが、『法と秩序』の軽視へとつながり、それは、侵略者の去った後も不可避的に継続した」。これは、第二次世界大戦後のフランス社会を念頭に置いて書かれたものであろうが、リデルハートはさらにゲリラ戦争の問題点を、「非正規戦においては、正規戦よりも暴力の根源がさらに深い。正規戦では、暴力は既存の権威への服従によって抑止されるのに対し、非正規戦では、権威への挑戦と法規違反は称讃されるのである。非正規戦の経験により切り崩された基礎の上に、国家を再建し安定状態をもたらすことは極めて困難なことになった」と述べている。こうした論述には、やはり第二次世界大戦後の混乱したフランス社会に反発を覚えた保守主義者としてのリデルハートの一面を垣間見ることができるが、ここで問題となるのは、はたしてゲリラ戦争はある政治目的を達成するための手段として有用であるか否かである。あるいは、リデルハート自身が有用であると考えているか否かである。こうしたゲリラ戦争に対する評価に明確に現れているように、結局のところリデルハートは、常に自らの評価を意識的に曖昧なままにしておき、批判を受けた際の「逃げ道」を用意しているのである。

リデルハートの著作の全般的評価

次に、前章と本章で詳しく紹介した『戦略論』を含めて、リデルハートの個々の戦略概念の妥当性、あるいは有用性について詳しく検討する前に、彼の著作の一般的な傾向とそれに対する評価について紹介しておこう。

一九二〇年代半ばに健康上の理由でイギリス陸軍を除隊してからその死にいたるまで、リデルハートの著作には、学術的な色彩がある程度はうかがわれることは事実であるが、本質的には、彼はジャーナリストであった。著作を出版して生計を維持する必要から、彼の仕事量は増大する一方で、その質は必ずしも高いものとは言えなくなっていった。リデルハートの死後に出版された『第二次世界大戦』（同書の大部分、とりわけアジア太平洋地域での戦いに関する個所は、実際にはリデルハートの愛弟子であるポール・ケネディが執筆した）の序文で、リデルハートの再婚相手である夫人が「十分な資産を持たなかった夫は、雑文や簡単に完成できる著作の執筆に追われ（後略）」と記しているように、リデルハートが生計維持の手段として著作を発表し続けたことが、後年、彼に対する否定的な評価につながったことは事実であろう。彼の著作にいわゆる内容のリサイクルが多いのも、おそらく原稿の締め切りという時間的制約に追われていたためである。仮にリデルハートが、一九四〇年代に強く希望していたオックスフォード大学戦争史担当講座教授の要職に就いていたとしたら、間違いなく彼の著作の質はもう少し高いところに届いていたであろう。

とは言え、それにもかかわらずリデルハートの著作の中には、時間というもっとも厳しい試練を乗り越えて今日でも読む価値を有するものが多い。なぜなら、「間接アプローチ戦略」に代表される彼の様々な戦略概念を広く世に問うことにより、二十世紀の立場からリデルハートがクラウゼヴィッツの『戦争論』に対する反対命題《アンチテーゼ》を提示しようとしたからである。

リデルハートは正規の軍事教育をまったく受けていない。彼の戦略思想は独学で形成されたものである。もちろん、リデルハートの戦略思想の源泉としては、本書でも紹介したフラー、コルベット、「アラビアのロレンス」、さらにはフランスの「新ナポレオン学派」やヒュー・トレンチャードなどの戦略思想家が考えられる。おそらく、これらの先人の知恵と第一次世界大戦を通じて自らが得た経験的知識を融合して、リデルハートの戦略思想が形成されたのであろう。

その一方で、リデルハートの戦略思想は多くの問題を抱えていたことも事実である。例えば、イギリスの歴史家スペンサー・ウィルキンソンはリデルハートが提唱した多くの戦略概念、とりわけ「攪乱」といった概念に対して、その目的自体には反対しなかったものの、その有用性に対しては極めて懐疑的であったが、リデルハートの戦略思想の問題はまさにこの点にある。すなわち、多くの研究者や軍人にとってリデルハートの理論は、現実の戦争ではあまり効果が期待できないと考えられているのである。

リデルハートの戦略思想の大きな問題点としてもう一つ挙げられることは、彼の理論は、仮に敵が味方と同様に合理的に思考する場合、あるいは、味方と同様の目的を抱いている場合にはかなりの効果が期待できるものの、それ以外の場合は通用しないという単純な事実である。ところが戦争は、合理的計算だけに基づいて遂行されるものではないのである。同様に、戦争当事国の目的も通常、様々である。端的に言って、クラウゼヴィッツとは対照的にリデルハートは、戦争が敵・味方の相互作用である事実を十分に念頭に置いていないのである。また、クラウゼヴィッツ以上にリデルハートは、あまりにも戦争を合理的な行為と捉えすぎている。

リデルハートのチャーチル批判

次に、リデルハートが『戦略論』の中で示した様々な戦略概念の妥当性について、国家戦略の次元のものを中心に考えてみよう。

リデルハートが「間接アプローチ戦略」の理想として高く評価していた軍事戦略の次元

での事例は、第二次世界大戦の西方戦線での緒戦におけるドイツの軍事戦略、いわゆる電撃戦として知られる「マンシュタイン計画」であった。一九四〇年五月十二日、ドイツ軍はあたかも第一次世界大戦前の「シュリーフェン計画」を踏襲するかのように、オランダとベルギーに進攻を開始した。これに対してフランスは、当初の予定通り「D号計画」をそのまま発動、ドイツとフランスの国境地帯の防衛をマジノ線《ライン》に託してその主力をベルギー救援に差し向けたのである。五月十三日、フランス軍の主力が完全にベルギーに吸収されたのを確認した後、ドイツ軍の機甲化推進派の一人でありリデルハートの影響を強く受けたとされるグデーリアン指揮下のドイツ軍機甲化部隊は、マジノ線北端とベルギー南端の間に広がる通過不可能と言われたアルデンヌの森の突破という、当時の軍事常識では考えられない行動に出て、突如としてセダンに進攻したのである。

逆に、第二次世界大戦の連合国側の政策の中で、国家戦略の次元で「間接アプローチ戦略」に反するものとしてリデルハートがもっとも批判的であったものが、イギリスの首相であるチャーチルの戦争指導であった。リデルハートは大戦中からチャーチルの国家戦略、とりわけ「戦略爆撃」と「無条件降伏」に代表される彼の総力戦政策を厳しく批判していたが、これは、ドイツに対する勝利という当面の目的に目を奪われるあまり、戦後の展望に欠けるという点から発した批判であった。

すなわち、リデルハートは第二次世界大戦における連合国側の戦略爆撃と無条件降伏政策を、国家戦略の次元における過度な「直接アプローチ戦略」であると考えていたのである。そして、この点こそ、リデルハートが『戦略論』で繰り返し指摘している点である。だが、はたしてリデルハートのこうした批判は、どの程度の妥当性を備えているのであろうか。

無条件降伏政策をめぐる問題

最初に、第二次世界大戦で連合国側が用いた無条件降伏政策について考えてみよう。

この問題をめぐっては、連合国側の硬直した政策が却ってドイツの降伏を遅らせ、その結果、ソ連の東ヨーロッパ進出を阻止し得なかったとのリデルハートに代表される批判がある一方で、無条件降伏政策はソ連に対する保証や連合国側の政治的結束の強化といった立場から正当化し得ることも事実である。また、戦争の「決定的勝利」といった観点から、第一次世界大戦での過ちを二度と繰り返さないため、ドイツに対する完全な軍事的勝利が必要とされたことも事実である。

だが、それ以上に重要な要因は、ドイツとの妥協的和平など、連合国側の国民が絶対に容認するはずがなかったという事実である。すなわち、クラウゼヴィッツの概念を援用して説明すれば、「政治」は戦争で多大な犠牲を強いられることになった「国民」を納得させるためにも、どうしても無条件降伏政策を必要としたのである。領土の一部や賠償などを取引材料とした「旧外交」を、当時の国民が許容することはあり得なかった。実際、二十世紀前半の戦争を象徴する概念としてしばしば総力戦という言葉が用いられるが、ある意味において、総力戦とは「国民」を基礎とする民主主義制度の産物にほかならないのである。しかしながら、リデルハートはこうした社会と戦争の様相の関係性については深く検討していないのである。

戦略爆撃政策をめぐる問題

次に、戦略爆撃をめぐる問題について考えてみよう。リデルハートを含めてこの政策に反対する論者によって第一の問題として挙げられたのは、ドイツ国民の士気を破壊するためにイギリスが採用した、夜間のいわゆる「地域爆撃」の有用性に関してである。確かに、第二次世界大戦後のイギリス爆撃調査隊の調査結果は、連合国軍による戦略爆撃がドイツ国民の士気そのものに及ぼした影響について否定的な結論を下している。興味深いことに、アメリカ戦略爆撃調査団の結論もほぼ同様であった。

第二の問題は、アメリカが主として昼間に遂行した「精密爆撃」の効率性に対する疑問である。周知のように、イギリスが主唱した「地域爆撃」とアメリカの「精密爆撃」の戦略爆撃の方法論をめぐる対立は、両国による連合司令部の創設にもかかわらず、決して解消されることはなかったのである。第三に、遅くとも一九四五年初頭までには、アメリカの戦略爆撃がいわゆる「剣」方式から「棍棒」方式へと移行したことの是非についてである。すなわち、「精密爆撃」から「絨毯《じゅうたん》爆撃」（その実態は盲目《ブラインド》爆撃であった）への戦略転換をめぐる問題である。最後に、非戦闘員を目標にする倫理性が強く問題とされたのであり、ドイツの古都ドレスデンへの空爆に代表される戦略爆撃の非人道性については、今日でも論争が続けられている。

その一方で、このような戦略及び戦略転換は、戦略爆撃を実施するために必要な当時の技術力を考慮する時、当然の帰結であるとも言える。つまり、昼間戦略爆撃ではあまりにも味方の犠牲が大きく、また、夜間に目標をピンポイントで爆撃することなど、当時の技術では不可能に近かったのである。実際、イギリスは「精密爆撃」を可能にする技術革新をしばらく待つか、それとも「地域爆撃」を直ちに遂行するかとの二者択一を迫られた結果、後者、それも夜間の「地域爆撃」を選択したのであり、これは妥当な選択であった。

それ以上に、戦略爆撃の是非を議論する際には、その政治的意味合いにも注目する必要がある。すなわち、当時のイギリスにとって戦略爆撃は、自国民の士気を維持するほぼ唯一の手段であったこと、ドイツによるイギリス本土爆撃に対する報復の意味合いが強かったこと、そして、アメリカやソ連に代表される連合国側の諸国との政治的な結束を強化する手段であったこと、などを理解する必要があるのであるが、こうした国家戦略の次元での問題点についてリデルハートはほとんど何も語っていない。

原爆投下をめぐる問題

言うまでもなく、この戦略爆撃をめぐる問題を極限にまで推し進めたものが、広島と長崎に対する原爆投下の戦略的、倫理的問題であった。

広島及び長崎に対する原爆投下そのものについてリデルハートは多くを語っていないが、従来、原爆投下の是非をめぐる議論の大多数は、程度の差こそあれ倫理的観点からの不必要論に傾きすぎており、極端な事例では広島と長崎への原爆投下を犯罪という尺度で測るものも散見される。戦略的な思考ができる論者でも、原爆投下を「第二次世界大戦最後の一撃ではなく、冷戦最初の一撃」（パトリック・ブラッケット）と捉えるのが主流であった。ソ連との冷戦を予測したアメリカが、国際政治における政治的地位の確保と軍事戦略上の優位を求めた結果、原爆投下を決定したという議論である。

当時のアメリカの立場からすれば、この決定は当然とも言えようが、ここで想起すべき事実は、残された史資料の多くが示すところは、アメリカが原爆を投下したのは日本の降伏が主たる目的であり、実際の投下の前に示威行動《デモンストレーション》を行わなかった理由は、この示威行動が日本の政策決定に影響を及ぼすとは考えられなかったからである。

それ以上に、このような示威行動はアメリカが採用した「ショック戦略」と合致しなかったからである。端的に言って、原爆の投下は、「二十世紀後半の冷戦の端緒を開いた一発ではなく、二十世紀前半の二つの世界大戦の終焉を告げる一発である」（D・C・ワット）。「ショック戦略」という観点からすれば、無警告での原爆投下は明確かつ首尾一貫した政策であったのである。もちろん、当時のアメリカ国内に原爆の運用方法、有用性、そして弊害などについて明確な見解の一致が存在したわけではない。しかしながら、この新たな兵器が敵に衝撃を与えるための「心理兵器」となることに関しては疑う余地はなかったのである。そして、敵に衝撃を与えるという目的を考えれば、目標選定のための技術的条件に加えて、いまだに空襲の被害が比較的軽微な場所、できれば軍事施設を含む都市を目標とし、一切の事前警告なしで最大限の損害を与えようとした戦略は合理的である。

実際、この「ショック戦略」は極めて有効に作用し、日本は降伏に追い込まれたのである。イギリスの核戦略研究者ローレンス・フリードマン卿が指摘するように、原爆投下が日本に与えた衝撃の大きさは想像を絶するものであり、この日本国内に対する直接的な衝撃は、ソ連の参戦という外地に対する間接的衝撃とは比較できないほどのものである。アメリカは、その後の日本の突然の降伏に驚いたほどである。

リデルハートと戦略爆撃

興味深いことに、当初リデルハートは、航空機が塹壕線《ライン》の頭上を越えて敵の中枢を直接攻撃する方法、すなわち、戦略爆撃を「間接アプローチ戦略」の観点から支持するとともに、これを積極的に主唱していたのであるが、第二次世界大戦中にチャーチルがドイツへの全面的な戦略爆撃を実施すると、これに強く反対するようになった。その理由としてリデルハートは、第一に、第一次世界大戦時と比べて飛躍的に増大した戦略爆撃による破壊力の結果、この方策が単に敵の中枢の破壊だけに留まらず、敵の国民生活全体を破壊する野蛮な戦争方法に成り下がったという事実を挙げている。第二に、リデルハートはこのような戦争方法に前述の無条件降伏政策が結合すれば、敵国民全体を決死の抵抗へと追い込み、その結果、敵の指導者層の戦争遂行能力を向上させることになると考えたのである。

リデルハートの第一の論点の背後には、もはや戦略爆撃が、最小限の犠牲による目的達成という手段としての「間接性」を失ったとする、戦略爆撃に対する彼の認識の変化があるが、同時に、彼が真に憂慮したことは、第二次世界大戦でのそのような相互全面破壊の応酬の結果、イギリスとドイツの双方が国力の基盤を失い、戦後の国際秩序においてともに二流国家へと転落する可能性であった。その場合、ヨーロッパ大陸でソ連の覇権を均衡させる力は存在しなくなるであろうし、また、非ヨーロッパ世界においてイギリスは、アメリカの従属国へと転落する可能性をリデルハートは危惧したのであった。

「ヨーロッパ均衡の将来」という表題が付されたリデルハートの覚書には、彼が少なくともチャーチルより遥か以前から、ヨーロッパの勢力均衡に関して危機感を抱いていた事実が示されている。すなわち、「この戦争〔第二次世界大戦〕にイギリスが勝利してもたらされる直接の結果は、多分、ソ連軍による中部ヨーロッパ全域と大部分のドイツ国土の占領であろう。と言うのは、ソ連だけがこの地域の諸国に有効な占領軍を配備する力を有するであろうからである」と、さらには、「イギリスは、アメリカとソ連という二つの大国の狭間に位置する無用な緩衝国家の地位へと転落しているであろう。二つの大国間の緩衝勢力としての力を真に強化できる唯一の国家こそ、現在、我々がその破壊を目標に全力を尽くしている国である」と、ドイツとの戦争を継続することにともなう危険性を指摘していたのである。

一方、リデルハートの第二の論点の背後にあるものは、すべてのドイツ国民をヒトラーやナチス政権と同一視するのではなく、ヒトラー派と反ヒトラー派、さらには、善きドイツ人と悪しきドイツ人を区別して対応すべきであるというリデルハートの思考である。しかしながら、ここに、国際政治に対する彼のナイーブな認識が現れている。すなわち、ボンドが鋭く指摘しているように、第二次世界大戦において連合国側が破壊しようとしたものは、ヒトラーの率いるナチス＝ドイツだけではなく、国家としてのドイツそのものであったことを考えると、このようなリデルハートの主張が受け入れられるはずはなかった。また、今日では一九四四年の「ヒトラー暗殺計画」をはじめドイツ国内での反ナチス運動の実態が過大に伝えられているため、一般には理解し難いことではあるが、当時のイギリスではこうした運動が成功する可能性はほとんどないと考えられており、また、仮に成功したとしても、新たな政権が連合国側が求める条件で戦争終結に合意する保証はまったくなかったのである。

『戦争論』と『戦略論』

本章でも繰り返し言及してきたように、リデルハートの『戦略論』は、しばしばクラウゼヴィッツの『戦争論』と比較の対象とされる。その理由の一端は、リデルハートが『戦略論』の中でクラウゼヴィッツの戦略思想を厳しく批判しているからである。より正確には、リデルハートがクラウゼヴィッツの戦略思想であると誤解したものを、彼が同書で批判したと、少なくとも第三者は理解したからであった。

確かに、クラウゼヴィッツがあたかも敵軍の主力の撃滅を戦争の唯一絶対の方法であると主張したのに対して、リデルハートは、牽制、遮断、威嚇などの手段を用いて敵と正面から対決することを避け、神経中枢である指揮や交通線を麻痺させることによって敵の抗戦意志をくじくべきであると主張し、これを「間接アプローチ戦略」と名付けた上で、敵の「攪乱」こそが戦略の真髄であると述べたのである。はたしてリデルハートが、クラウゼヴィッツの戦略思想に対する反対命題を完全に提供し得たかについてはやや否定的にならざるを得ないが、それでも次章以下で述べるように彼の示した様々な戦略概念が、二十世紀の戦争、さらには今日の二十一世紀の戦争の様相に少なからず影響を及ぼしていることとは間違いない。

孫子の影響

次に、リデルハートの戦略思想に関して想起すべきこととして、彼に及ぼしたとされる孫子の影響が挙げられる。興味深いことに、『戦略論』はその冒頭で「間接アプローチ戦略」の真髄を伝える一八個の金言を引用しているが、その中の一二個が『孫子』からの引用なのである。その一二個とは、「兵は詭道なり。（後略）」や「戦わずして人の兵を屈するは、善の善なるものなり。（後略）」など、そのいずれも『孫子』の中核的命題であり、残りの六個は、ペリサリウス、ハムレット（シェークスピア）、ナポレオン、クラウゼヴィッツ、大モルトケ、ドゥ・ロベックからの引用である。

戦争における戦闘以外の要素、とりわけ戦争の心理的側面を重要視したリデルハートであれば、当然、孫子の影響が大きいことは理解できる。『孫子』には「夫《そ》れ兵の形は水に象《かたど》る。水の行《こう》は高きを避けて下《ひく》きに趨《おもむ》く。兵の勝は実を避けて虚を撃つ」とあるが、確かにこれは、リデルハートの「拡大する急流」という概念と一致する。だが実際は、リデルハートは一九二七年まで孫子の存在についてはまったく知らず、彼の著作に最初に英語で接したのは一九四二年であったとされる。つまり、リデルハートは孫子から何かを学んだというよりは、従来から唱えていた自説が、『孫子』の内容と極めて近いことに意を強くしたというのが真実に近いのであろう。なお、リデルハートがこのように『孫子』を高く評価したことも一因となり、今日におけるアメリカやヨーロッパ諸国での『孫子』人気は我々の想像を絶するものがあり、どこの書店にも『孫子』に関連する著作が並んでいる。

再び「間接アプローチ戦略」について

また本章の前段で触れたように、リデルハートは一九五四年出版の『戦略論』の第二改訂版において、ゲリラ戦争の基本的要素と問題点を考察した新たな一章を設けることにより、『戦略論』の同時代的な意義を強調することになる。確かに、『戦略論』の中のゲリラ戦争とその対抗手段、いわゆるカウンター・インサージェンシー（対反乱）についての言及は、二十一世紀の今日においても示唆に富むものが多い。

その一方で、やはりゲリラ戦争の有用性を過大に評価することには慎重である必要がある。と言うのは、同書でのリデルハートの比較的に楽観的な立場とは逆に、ゲリラ戦争にはそれ固有の問題点と限界が数多く存在するからであり、実際、イギリスはマラヤにおいて見事なまでに対ゲリラ戦争、カウンター・インサージェンシーに勝利することになる。

同様に、『戦略論』を通じてリデルハートが、経済封鎖、海上封鎖の有用性を過大に評価していることも否定できない事実であるが、その一方で彼は、経済封鎖や海上封鎖についてそれほど深く研究したことがないのが真相である。彼はイギリスの国家戦略における海軍力の重要性を強調する一方で、海軍力をめぐる著作はほとんどない。

　最後に、確かに「間接アプローチ戦略」という概念は定義が極めて曖昧であり、都合の良い解釈が可能である。さらには、仮に「間接アプローチ戦略」が理論として優れたものであると認めたにせよ、これを現実に実施することの困難性については、リデルハートはほとんど無関心であった。イギリスの歴史家デビッド・フレンチの批判を待つまでもなく、例えば、第一次世界大戦でのガリポリ上陸作戦の失敗やサロニカ作戦での膠着状態からも明らかなように、「間接アプローチ戦略」の実施には多くの難問をともなうのである。また、「間接アプローチ戦略」を提唱するリデルハートであれば「アラビアのロレンス」の活動を高く評価することは理解できるが、はたして中近東の砂漠地帯で成功した方法が、ヨーロッパ大陸の西部戦線、さらには時代を超えて世界のどの地域での戦争でも同様に有用であると言えるのであろうか。

　だが、こうした「間接アプローチ戦略」をめぐる疑問や問題点を認めた上で、ここで強調すべきことは、『戦略論』の副題である「間接的アプローチ」が示す通り、リデルハートは戦争に関する何らかの原理や原則を提供しようとしたのではなく、問題解決のためのアプローチを示したにすぎないという事実である。端的に言って、リデルハートはものの見方や「戦略感覚」といった用語で表現するしかない、まさに「接し方」の養成を唱えたのである。

また、リデルハートが主唱した個々の戦略概念や具体的提言についても、そのそれぞれについて評価を下すよりも、戦争の目的は敵を心理的に破壊することであり、この成功を測る尺度は味方が享受する行動の自由の程度である、と包括的かつ幅広い視点から捉える方が、戦争研究や戦略研究の発展のためには有益であるように思われる。個々には多くの問題点を抱えているクラウゼヴィッツの『戦争論』の内容も、その中核的命題の重要性ゆえにあまり批判されないのと同様、リデルハートの『戦略論』も、彼が唱えた主要な戦略概念の重要性と有用性の観点から、改めて検討し直す必要があろう。

こうしたことを念頭に置きながら、次章以下では、リデルハートが唱えた個々の戦略概念を検討することにより、なぜ今、リデルハートが重要なのかについて考えてみたい。

第九章　「間接アプローチ戦略」と「イギリス流の戦争方法」

リデルハートの代表的な戦略概念

本章では、最初に、総力戦という大きな時代の流れに抵抗するための反対命題を提示しようとしたリデルハートの戦略思想の中で、軍事戦略の次元におけるものを紹介する。ここでは、例えば、「機甲戦理論」の誕生に対する彼の影響や、航空機や毒ガスを用いた新たな軍事戦略を主唱したリデルハートの真意を探るとともに、それがイギリスや世界各国の防衛政策にどのような影響を及ぼしたかについて考えてみたい。

次に、自らをコルベットの信奉者と認めるリデルハートの国家戦略の次元における戦略思想、海軍力による封鎖や経済圧力を中核とする「イギリス流の戦争方法」という概念を説明するとともに、この概念の有用性に対する疑問も提示してみよう。

また、ここでは戦略というものが決して教条的な概念ではなく、広い意味でのものの見方、あるいは「感覚」であることをこうしたリデルハートの戦略概念を用いて改めて説明してみたい。

「機甲戦理論」の誕生とその発展

リデルハートが主唱したとされる軍事戦略、とりわけ機甲戦理論に関しては多くの著作が出版されているが、最近の研究が示すところは、リデルハートが生み出したとされる軍事戦略の背後には、ほぼ例外なくフラーの姿が見え隠れしているという事実である。フラーの人物像について詳しくは後述するとして、ここでは、この機甲戦理論を手掛かりにリデルハートの軍事の次元における戦略思想を考えてみよう。

軍事戦略の発展に対するリデルハートの大きな貢献とされているものは、彼の機甲戦理論である。戦略思想家としてのリデルハートの出発点は、イギリス陸軍の歩兵戦術、とりわけ『歩兵操典』の改訂作業から始まった。リデルハートは、第一次世界大戦で用いられた歩兵部隊の戦闘方法が、基本的には十八世紀や十九世紀の初歩的な兵器体系から導き出されたものを踏襲したままであったと批判する。だが彼は、二十世紀の歩兵兵器が機関銃であることを第一次世界大戦での経験で早くから認識していた。フラーの概念を援用すれば、リデルハートは機関銃こそが将来の歩兵の「支配的兵器」であると位置付けていたのである。その結果、リデルハートは早急にこの機関銃を中心とする歩兵部隊の再編成の必要性を説いたのである。

さらに彼は、第一次世界大戦まで歩兵戦術の中心とされたいわゆる「横隊」からの突撃が、あらゆる兵科によって構成される「戦闘部隊」へと再編成されるべきであり、また、個々の戦闘部隊は相互に独立して機動し、その部隊は機動により獲得した好機を迅速に活用するため、さらに独立した「下部戦闘部隊」へと分割されるべきであると主張した。戦争の歴史の中で、軍事戦略における「ライン思考」と「ユニット思考」の対立は常に存在してきたが、ここで、リデルハートは同時代の兵器の特性とその威力を踏まえながら「ユニット思考」の復活を説いたのである。

続いて、このような戦闘部隊の展開を可能にし、また、その機動で得られた好機を有効に活用するため、リデルハートは従来から対抗意識が強かった各兵科・軍種間の枠を超えて次のような運用概念を主唱するにいたった。すなわち、それぞれ自動車化された歩兵と砲兵が、新たに開発されつつあった戦車部隊と共同行動をとりつつ敵陣奥深くまで迅速に進攻し、それを、砲兵の伝統的任務を引き継いだ急降下爆撃機によって支援するという概念である。また、兵力の増援や物資の補給にも、やはり新たに生まれつつあった空軍の潜在的輸送能力を活用するというものであった。これは、「近接航空支援」や「電撃戦」の概念、さらには、今日において注目を集めている「統合運用」の概念の萌芽と言えよう。

同時にリデルハートは、敵の側面及び敵前線の背後に奥深く進攻するため距離の長い軍事行動が必要であると説き、その際、不測の事態に備えて常に複数の「代替目標」を視野に入れて行動すべきであると主張した。『戦略論』の中でも繰り返し言及されているリデルハートの戦略思想の中核的概念である代替目標が、既にこの時期に明確に示されていることは興味深い。リデルハートは、彼が構想した機甲化部隊が敵前線より奥深く進攻すればするほど、敵に対する心理的攪乱効果も大きくなり、その結果、敵を多くの流血をともなう決戦へと追い込む必要性も低下すると期待したのである。

空軍力への期待

確かに一時期、リデルハートは戦略爆撃に期待される効果を過度に強調していたようである。彼は、敵の「重心」を攻撃するために陸軍力を用いれば、あまりにも土地に縛り付けられることになり、さらには、敵の軍事力と交戦することなしには重心に到達できないと考えていた。また、彼は海軍力ではあまりにも長い時間が必要とされると懸念していた。そこで、新たな技術として登場しつつあった空軍力に注目したのである。すなわち、敵の意志及び政策中枢を直接的に攻撃する可能性を秘めた空軍の潜在能力である。ここから、戦略爆撃、それも毒ガスを用いての彼独特の戦略爆撃構想が生まれてきたのである。

興味深いことに、当初、リデルハートは非戦闘員に対する攻撃をめぐる道義的問題を軽視していた。と言うのは、第一に、毒ガスを用いることで戦争を迅速に終結できると期待したリデルハートは、これによる非戦闘員の犠牲も、さらなる世界大戦の犠牲と比較すれば小さなものに留まるであろうと考えたからである。第二に、リデルハートは、非致死的な毒ガスの開発が可能であると期待したのである。

　だが、ここで注目すべきは、イタリアの空軍戦略思想家ジラリオ・ドゥーエのいわゆる空軍万能主義とは一線を画したリデルハートの冷静な判断である。ドゥーエの主著である『制空権』の要旨は、概略、次のようなものである。第一に、近代の戦争では戦闘員と非戦闘員の区別が不可能になりつつある。第二に、第一次世界大戦の経験から今や地上軍（陸軍力）による攻撃が成功する可能性は極めて低い。第三に、空の戦いという三次元の舞台では、速度と高度の優位さえ確保できれば、攻勢的な空軍力に対する防御手段はあり得ない。第四に、と言うことは、平時から国家が準備すべきことは、敵の人口及び政治、そして産業の中枢に対して強力な爆撃を加えるための方策である。つまり、敵国政府に講和を求める以外の選択肢を与えないよう、敵国民の士気を破壊するために最初に大打撃を与える必要があるとされたのである。最後に、そのためには、長距離爆撃機部隊を有する独立した空軍が、常に臨戦態勢で維持される必要がある。

　このように、基本的にはドゥーエの関心は空の戦いに集中していた。空軍の潜在能力を過度に強調するという点では、同時代のアメリカの思想家ビリー・ミッチェルやアレグザンダー・セヴァースキーも同様である。これとは対照的に、軍事力全体の中での航空機の果たし得る役割について模索したのが、リデルハートとフラーであった。空地協同を旨とする彼らの機甲戦理論は、やがて、第二次世界大戦において電撃戦として知られる軍事戦略として結実することになる。確かにリデルハートの初期の著作には、航空機を「将来の戦争における唯一の手段」と位置付けたものもあるが、その後、彼の著作の中心テーマは空軍と地上軍の協同による戦い方へと発展を遂げているのである。

空地協同の運用概念

つまりリデルハートは、機甲化部隊の機動力と突破力を活用するため、空地協同作戦を重要視する一方、ドゥーエとは異なり、空軍力を軍の作戦全体の中に組み込んだ戦争方法を考案したのである。空軍の主力を「近接航空支援」、さらには「航空阻止」に投入する機甲戦理論は、ドゥーエが主唱した戦略爆撃とはまったく対照的な運用概念であるが、この概念は、第二次世界大戦という実践の場において大きな効果が認められたため、その後、今日にいたるまで世界の主要諸国の軍事戦略の中で受け継がれている。その代表的なものが、中東戦争でイスラエル軍が用いた戦略ドクトリン、さらには、NATOヨーロッパ正面でのアメリカ陸軍を中心とする空地協同戦闘、「エア゠ランド・バトル」ドクトリンである。

だが、皮肉なことにこのような当時のリデルハートの機甲戦理論に注目したのは、イギリス政府や同国の陸軍指導者層ではなく、例えば、ドイツのグデーリアンに代表されるヨーロッパ大陸諸国の革新的な若手陸軍将校であった。思えば、ヨーロッパ大陸への積極的な関与を予定していない戦間期のイギリスにとって、この機甲戦理論が不必要と考えられたことは容易に推察でき、また逆に、ヴェルサイユ条約によって自国の軍備が大幅に制限されている中で二正面での戦争を常に意識せざるを得なかったドイツが置かれた地政学的条件を考える時、ドイツ軍人がリデルハートの理論に魅力を感じたことにも頷ける。実際、ヴェルサイユ条約によって参謀本部は解散していたものの、戦間期ドイツにおいて実質的には「陸軍参謀総長」として軍の再建に尽力したハンス・フォン・ゼークトは、小規模ではあるが機動力に富み、かつ、専門知識を備えた精鋭軍を構想していたのであり、機甲戦理論はこうした戦略要請に対応し得る概念であった。

イギリスの伝統的な政策、島嶼国家という地位、限られた資源、そして戦争の準備にはヨーロッパ大陸諸国と比べて時間を必要とするという固有の要因により、イギリスは電撃戦といった地上での攻勢にほとんど関心を示すことはなかった。端的に言えば、リデルハートはフラーとともに機甲戦理論を発展させ続けたが、イギリス政府や陸軍省は、彼の理論の重要な部分を削ぎ落とすことに努めたのである。そして、辛くも生き残った彼らの理論は、ドイツ陸軍の手によって開花することになった。これが、第二次世界大戦での電撃戦である。

「十八世紀の戦争」への回帰？

歴史が見事に実証したように、機甲戦に関する軍事戦略に限定すれば、リデルハートが先駆けたとされる理論は正鵠を射たものであったといっても過言ではない。第二次世界大戦中、ヨーロッパ戦線で見られた戦争形態の多くは、リデルハートが予測したものと近いものであったのである。

だが、同時に付言すべきは、リデルハートが発展させたとされるこのような軍事戦略をもってしても、二十世紀のその後の戦争を、彼が目標とした制限戦争と妥協的平和に象徴される「十八世紀の戦争」へと回帰させることは不可能であった事実である。何度も繰り返すが、戦争とは優れて社会的な事象である。二十世紀の戦争は、政治的、経済的、そして文化的要因をも含めた二十世紀固有の社会的文脈の中で生起するものであることを考えると、総力戦といった概念に象徴される二十世紀の戦争の趨勢を、一つの軍事戦略をもって逆行させることが可能だと期待したリデルハートは、いかにも浅薄の誹りを免れない。

さらに付け加えれば、歴史上、常識的に大規模戦争の範疇に入る戦争を振り返る際、その戦争の前夜に、その破壊力であれ犠牲者数であれ、大規模な戦争を自ら企てた指導者を見出すことは困難であるように思われる。思えば、第一次世界大戦や第二次世界大戦に代表される大規模戦争とはあくまでも結果であり、仮に、ある指導者がリデルハートが主唱したものとは正反対の軍事戦略を用いたとしても、その結果は、その当時の特殊条件、さらには偶然といった要素にも左右され、事前に正確に予測することなどほぼ不可能に近いのである。

なぜイギリスで機甲戦理論は開花しなかったのか

次に、リデルハートの軍事戦略思想と戦間期のイギリス国防政策の関係について考えてみよう。

なぜリデルハートの機甲戦理論は、母国イギリスでは開花しなかったのであろうか。前述したように、ヨーロッパ大陸への「大陸関与」を予定していないイギリスの国家戦略にとって、彼の理論は不必要と考えられた。その意味では、当時のイギリスの国家戦略そのものにこの回答を求めることも可能である。だが同時に、その理由の一端はイギリス陸軍にもあった。戦間期のイギリス陸軍が、リデルハートが主唱するほど機甲戦理論、とりわけ、戦車の潜在能力を重要視しなかった理由として、次のようなものが挙げられる。

第一に、戦車そのものが抱える限界であり、技術的には、いまだに戦車は多くの問題を解決しなければならず、それほど信頼できる兵器とは考えられていなかったのである。第二に、確かにイギリス政府は、一九三四年には将来におけるもっとも危険な潜在敵国をドイツと想定し、以後五年間の国防予算は、基本的にドイツの脅威に対処するために配分する旨を決定した。理論的には、この決定はイギリス欧州大陸派遣軍の必要性が原則的に受け入れられたことを意味し、これは、予算や人員の増強を要求し続けていた陸軍にとって有利なものになるはずであった。だが現実には、そのような陸軍の役割は政治的に受け入れ難く、また、財政的にも海軍や空軍に予定されていた予算との調整が困難であった。実際、長期間にわたる論争の後、陸軍の最悪の状態を救うため五年間にわたって配分される国防資源は、それでなくとも少額の四〇〇〇万ポンドから、一九〇〇万ポンドにまで削減されたのである。その結果、ヨーロッパ大陸での戦争に備えて大規模な派遣軍を準備するための措置は、ほとんど何もとられなかったのである。

第三に、戦車や機甲戦理論に関する技術的、政治的、さらには財政的事情を考慮したにせよ、一九三〇年代中頃のイギリス陸軍指導者層は、想像力に欠けていたと言わざるを得ない。これは、軍人の保守主義に帰する問題として簡単に片付けられる程度のものではなかった。だが、さらに重要な要素として、政治家と同様、指導的立場にある戦略思想家や軍人が、様々な理由からヨーロッパ大陸におけるイギリス陸軍の関与に反対していた事実が挙げられる。そして、皮肉にもこの急先鋒が、ヨーロッパ大陸での限定関与政策を唱えるリデルハートなのであった。

繰り返しになるが、大規模なイギリス陸軍をヨーロッパ大陸に派遣することへのリデルハートの反発は、基本的には、第一次世界大戦でイギリスが果たした役割に対する彼自身の認識を反映したものである。確かに、一九三〇年代中頃までイギリス陸軍がいかなるタイプの戦争にも準備不足であった事実が、このリデルハートの認識を補強したことは否定できない。しかしながら、ヨーロッパ大陸での関与に対するリデルハートの嫌悪は、ヒトラーの登場やイギリス陸軍での機甲化戦力の欠如が確実となる遥か以前からのものであった。リデルハートは、限定関与として知られる政策の積極的な主唱者であったが、彼の見解は当時の大多数のイギリス国民の恐怖心を代表するものでもあった。

ボンドが鋭く指摘したように、このようにリデルハートは、陸軍の機甲化戦力の必要性とそれが先導するであろう機動作戦に対しては進歩的な構想を持っていたが、同時に、ヨーロッパ大陸での最強の軍事力に対する作戦に使用可能な完全装備の野戦軍を創設するために必要となる、多額の陸軍予算を唯一正当化できる大陸へのコミットメントの必要性を否定する傾向にあったのである。

また、確かにリデルハートが指摘するように、イギリス軍人の保守的思考が機甲化の障害となったことは否定できないが、その一方で、彼に対するイギリス軍部の感情的反発が原因となり、機甲化をめぐるリデルハートの提唱が、実際には陸軍の近代化を阻止する役割を演じる結果を招いたことも事実である。と言うのは、普段からのリデルハートの過度に挑発的な言動を快く思わない軍人が多く存在していたからである。結局、リデルハートに代表される戦略思想家という「部外者」は、同時代の軍隊が抱えた問題と実行可能な選択肢に関する十分な知識に欠けるため、現実に、軍の改革に直接的かつ決定的な影響を及ぼすことなど不可能に近いのであろう。

第二次世界大戦の実相

また、戦争の将来に関するリデルハートの予測が、第二次世界大戦によって完全に的中したわけではないことも事実である。なるほど第二次世界大戦において、彼が主唱した機甲戦理論は見事に開花した。一九一四年から一八年の静的な塹壕戦の膠着状態に対する反発から、リデルハートは機動を回復させ、犠牲者を最小限に抑制、小規模の精鋭かつ専門的な機甲化部隊を用いて迅速な勝利を求めたのであった。しかしながら、例えば、この戦争における一九三九年から四一年の初期の軍事作戦の中でさえ、あたかもリデルハートの予測に反するかのように、機甲化や近代化がなされていない大規模部隊が、勝敗の行方に大きな役割を果たした事例は多い。ましてや、それ以降、第二次世界大戦はまさにクラウゼヴィッツのいう「絶対戦争」の様相を呈するようになるのである。

戦略思想には機動力を用いた戦いを比較的苦難の少ないもの、すなわち資源と犠牲の双方を節約する方法として捉えようとする古代からの誘惑が存在する。二十世紀においてリデルハートはしばしばこの誘惑に屈したのであり、また、二十世紀後半においても西側諸国の対ソ防衛計画を策定する際の複雑さから逃れる方法として、機動戦を提唱する多くの論者がこの誘惑に屈してきた。だが、結局のところ安価で勝利を獲得できる戦争とは幻想にすぎない。強固な意志をもって抵抗する敵に対して機動が戦争の目的を達成できるのは、それが戦いの勝利と敵軍の実質的な壊滅に到達した場合だけに限られるという冷徹な事実を、歴史上のグレート・キャプテンと称される軍人は十分に理解していたのである。

リデルハートとシャーマン

リデルハートが十九世紀中頃のアメリカ南北戦争での北軍の将軍ウィリアム・シャーマンを高く評価していたことは、リデルハート自身がシャーマンの戦略に関する著作、『シャーマン』を出版している事実からもうかがわれるが、確かにシャーマンは、戦争の正統な目的とはより完全な平和を達成することであると主張しており、この点については、リデルハートが自らの著作の中で繰り返し言及していることと同じである。

リデルハートは、シャーマンが用いた戦略の中に称讃すべきものを多く見出したとされる。例えば、映画「風と共に去りぬ」にも登場した敵軍の背後の奥深くへと達するシャーマンの進撃は、「間接アプローチ戦略」の模範のように思われた。また、おそらくリデルハートにとってシャーマンが魅力的に感じられたもう一つの理由は、彼の戦い方が第一次世界大戦の西部戦線を想像させるのではなく、まさにそれを回避する戦略を提示したように思えたからであろう。

実際、シャーマンの戦略はリデルハートに留まらず、後年のいわゆる空軍至上主義者にも大きな示唆を与えることになったが、それは、空軍力こそ敵軍の頭上を越えて敵の経済や国民に直接到達することが可能な軍事力であると考えられたからであり、その戦い方が南北戦争でのシャーマンの軍事戦略を彷彿とさせるものであったからである。また、リデルハートにとってシャーマンの機動や彼が南部連合諸州の領土を抜けて海岸にまで進撃したことは、アメリカ南北戦争で主として東部地域で行われた直接的かつ多大の流血をともなった軍事力の衝突とは好対照をなすものであった。

しかしながら、やはりここでリデルハートが完全に見落としている点は、シャーマンにせよ、北軍のもう一人の著名な将軍ユリシス・グラントにせよ、彼らの作戦は南北戦争の東部戦線で行われた消耗戦争と相互補完的なものであったという事実である。かつてハワード卿が鋭く指摘したように、南北戦争における東部地域の作戦と西部での作戦は、あたかも「ハサミの二つの刃」のような相互関係にあったのである。すなわち、シャーマンが「間接アプローチ戦略」を採用できたのは、彼が直接アプローチを用いて自らの前に立ちはだかる南軍を決定的に撃滅した後のことであった。ここでも、戦争では「直接アプローチ戦略」と「間接アプローチ戦略」は相互補完的な関係にあることが実証されているのであり、そのどちらかに優劣を付けることなど意味がないのである。ましてや、シャーマンが西部で実施した焦土作戦は、南部連合諸州の人々にとっては「絶対戦争」にほかならなかった。

J・F・C・フラー

ここでリデルハートの同時代のイギリスの戦略思想家で、今日でも彼としばしば比較されるフラーについて簡単に紹介しておこう。と言うのは、疑いなくフラーは、リデルハートの良きライバルであり、それ以上に、リデルハートの戦略思想の源泉の一つであるからである。

ジョン・フレデリック・チャールズ・フラーは革新的なイギリス軍人であり、今日でも機甲戦理論の先駆者として知られる。第一次世界大戦においてフラーは、一九一七年十一月のカンブレーの戦いにおける戦車部隊による突破作戦を立案した中心的人物の一人であり、その後、敵の縦深陣地に対する機甲化部隊と航空部隊の協同による攻勢作戦を「一九一九年計画」として立案したことでも広く知られている。この「一九一九年計画」も、やはり敵の心理的麻痺を狙った軍事戦略であった。

フラーは天才的な軍人であったが、例えば彼がイギリス陸軍内の機甲化への流れを、予言に満ちた改革派と反動的な体制派の対立と極めて単純化して捉えたため、陸軍内に不必要な摩擦や対立を生じる結果を招いた。フラーの真の才能は、敵を説得あるいは論破することではなく、多くの敵を作ることであったとの皮肉な評価も存在するほどである。この点については、ヴィジョナリーとしてのリデルハートにも共通する特徴である。

「非通常的な軍人」

もちろん、フラーの一連の著作を今日読み返してみれば、第一次世界大戦で戦車が果たした役割をめぐる彼の見方でさえ、とてもバランスのとれたものとは言えず、端的に言えば、自己満足的な評価にすぎないと思える個所も見受けられる。また、フラーの自叙伝の表題は『非通常的な軍人の回想』と付されているが、思えば、この表題ほど彼の生涯を的確に表現し得たものはないであろう。彼には約三〇冊の著作があり、日本語の翻訳もある。

また、容姿がナポレオンに似ていたため、そして、極めて短気であったことがナポレオンと似ていたため、「ボーニー〔ボナパルトのくだけた表現〕」という異名で呼ばれていた。興味深いことに、当初フラーは、オカルト問題に熱中していたが、その後、軍事問題に強い関心を寄せるようになるのである。また、晩年のフラーが、オズワルド・モーズレーが率いるイギリス国内のファシズム運動に参加していたことは広く知られた事実である。

前述したようにフラーは、第一次世界大戦中の一九一七年、戦車部隊の集中運用を中核とする独創的な奇襲作戦を立案して、カンブレーの戦いで注目を集めた後、その概念をさらに発展させて『戦争の改革』という刺激的な著作を出版している。また、第一次世界大戦が終結したため実現しなかったとはいえ、フラーは約五〇〇〇両の重戦車と中戦車を急降下爆撃機による近接航空支援とともに運用して、ドイツ軍の指揮中枢を麻痺させる目的で約二〇マイルの縦深にわたって突入させるという、革新的な「一九一九年計画」の立案者としても有名である。

実はこの「一九一九年計画」は、一九一八年の起案の時点では存在していなかった技術や機械を基礎にした、想像力豊かで未来志向のヴィジョンであった。第一次世界大戦で実際に用いられた戦車は、その速度は遅く、性能も信頼に足るものではなかった。それ以上に、この計画に必要とされる行動距離に対して当時の戦車は、実際にはあまりにも短い距離しか備えていなかったのである。それでもフラーは、この「一九一九年計画」を立案した。イギリス国内で当時、機械化や機甲化を中核とする陸軍の再編成を強く主唱していたのは、ブロード、ホバート、リンゼイ、マーテル、パイルといった若手将校であり、フラーはその中心的な人物であった。そしてリデルハートは、彼らの主張の代弁者として執筆活動を行ったのである。

機甲戦理論に関して、リデルハートが常にこうしたフラーの存在を強く意識していた事実は実証されているが、戦車の運用をめぐるリデルハートとフラーの相違をあえて挙げれば、それは、総じてフラーが歩兵部隊を後方連絡線と固定基地の防衛という極めて従属的な役割に格下げしたのとは対照的に、リデルハートは、戦車の果たす役割を重要視しつつも、常に機甲化部隊に不可欠な要素の一つとして歩兵の必要性を主張した事実である。すなわち、戦車部隊と歩兵部隊が一体化した「タンク・マリーン」の概念である。

また、リデルハートはフラーが戦車部隊の機動目標を敵の司令部、通信中枢、補給部隊など前線からあまり遠く離れていない敵の施設の攻撃に置いていたと指摘し、これは戦車部隊の戦術的運用にすぎないと批判している。これに対してリデルハートは、敵の縦深をより深く進攻することを旨とする戦車の戦略的運用を唱えたとされる。確かに、第二次世界大戦前のドイツ軍機甲化部隊の創設者の一人とされるグデーリアンは、自らの『回顧録』の中で戦車の戦略的運用についてリデルハートから多大な影響を受けたと述べており、また、彼が主唱した機動、速度、そして「間接アプローチ戦略」を組み合わせるという発想は、第二次世界大戦でのドイツ軍の電撃戦の成功に大きく貢献したとしている。

フラーとリデルハート

また、フラーはその著『戦争の再編成』の中で、第一次世界大戦をめぐってイギリスの経済学者ジョン・メイナード・ケインズとほぼ同様の評価を下している。ケインズが、第一次世界大戦の結末について「カルタゴの平和」と厳しく批判した事実は広く知られているが、フラーもこの戦争を、「戦争の真の目的に対する大きな誤解を基礎にしている。戦争の目的とは敵・味方を問わず最小限の犠牲である一つの国家の政策を強要することであり、さらに結果的には世界中に強要することであるが、文明国家の試練はあまりにも強く相互に結び付いているため、ある一国を破壊することは、同時にそれ以外のすべての諸国を傷つけることになるのである」と批判している。

フラーによれば、「内燃機関の時代においては、技術の発展及びその完全さと比較した時、人間の数などあまり重要ではない。身体的な時代は終わりを告げ、道義的な時代が始まろうとしている。もはや、文字通り敵を野戦で撃滅する必要はまったくないのである。だが、これこそ第一次世界大戦中に連合国側が試みたことである。今日においては、毒ガスを積載した航空機によって機甲化されていない陸軍、水上艦艇、そして、一般国民やインフラストラクチャーを同様に活動不能にし、士気を低下させ、あるいは麻痺させることが可能なのである」。機甲化戦力を用いさえすれば、「一九一九年計画」に象徴される方法で後方の指揮通信中枢を攻撃することにより、敵の軍隊を麻痺させ、士気を低下させ、さらに解体させることも可能であるとフラーは考えたのである。

さらに国家戦略の次元でフラーは、彼が主唱する軍事戦略の結果として戦争での殺戮行為や破壊行為の減少とともに、戦争は人道的かつ合理的なものになるかもしれないと期待した。彼によれば、「ある国家を破壊することは平和の真の目的を破壊することになる。逆に、破壊が少なければ少ないほど、勝者にとっての勝利はより完全なものになる」のである。「将来においては、戦争はより良い平和を構築する方法として見なされるであろうし、逆に、消耗し尽くした平和を生む方法として考えられることはないであろう」。

フラーの影響

多くの読者は既に気が付いていると思うが、一般的にこのような論点は、フラーの見解というよりは、リデルハートのものとして認識されているものである。つまり、かつてリデルハートはフラーの『戦争の再編成』を「二十世紀を代表する文献」と称讃したが、この表現は必ずしも誇張ではなく、現実にこの著作は、リデルハートの戦略思想形成に対してもっとも重要な影響を及ぼした源泉と言える。フラーの『戦争の再編成』は、リデルハートの生涯を通じた戦争観を形成した著作なのである。そして、実はこうしたフラーの思想をリデルハートが自分なりにまとめ直した著作が、先にも紹介した『パリス、または戦争の将来』なのである。

実際、フラーに対する当初のリデルハートの評価はまさに絶讃の一言であった。彼にとってフラーは、「私が接した人物の中で知的能力のもっとも高い者、ミノス〔英雄〕のなかのタイタン〔巨人〕であった」。リデルハートはまた、フラーを評して「軍事思想における新たな時代の幕開け」と手放しで評価している。

後年、リデルハートはフラーと決別する運命にあるが、疑いなくフラーこそ、リデルハートの戦略思想の一つの大きな源泉であり、次の三つの領域でリデルハートに決定的とも言える影響を及ぼしているのである。その第一は、戦争の原理及び科学についてであり、第二は軍隊の機械化についてである。そして、第三が総力戦と相互破壊戦略を拒絶する姿勢であった。時期的には少し後になるが、制限戦争という概念を強く唱えたフラーの戦略思想は、彼の一九六一年の著作『戦争指導』（邦訳のタイトルはまさに『制限戦争指導論』）に集大成されている。また、リデルハートは航空機の運用についても多くの著作を遺しているが、実は、ここでもフラーの影響が垣間見える。同様に、彼の著作の中ではあまり直接的には言及されていないが、リデルハートが潜水艦の可能性に注目していたのも、彼がフラーの著作を通じて最新の知識を知り得た結果なのである。

リデルハートの戦略思想の源泉

このようにリデルハートとフラーの両者の戦略思想の発展を比較してみると、一九二〇年代初頭までにフラーが発展させた様々な概念、これには、軍事戦略の次元での機甲戦理論や、後年の平和を視野に入れた戦争の目的及び遂行といった、国家戦略の次元での根源的な問題をめぐる考え方などが含まれるであろうが、彼のこうした概念は感受性豊かな若きリデルハートにとってはまさに衝撃であった。そして、リデルハートは自らが体験した衝撃を、一連の著作を通じて自らの言葉で表現し直したというのが真実に近いように思われる。

ガットは、フラーのほかにリデルハートの戦略思想の源泉と考えられる人物として、フランスの「新ナポレオン学派」、コルベット、そして「アラビアのロレンス」を挙げている。「新ナポレオン学派」もその源泉をたどればクラウゼヴィッツの影響を強く受けたドイツ軍人、とりわけコルマール・フォン・デア・ゴルツに行き着くのであるが、彼らの中では、とりわけコランとフォッシュの影響が大きいようである。事実、一九三一年にはリデルハートはフォッシュの評伝を出版しているが、必ずしも彼は批判的であるとは言えない。彼がフォッシュの戦略思想に批判的になったのは、後年のことである。リデルハートはまた、コランの後期の著作、とりわけ『戦争の変遷』を英語版で丁寧に読んでいる。事実、カリキュレーション（計算）、ヴァリエーション（多様性）、ディスロケーション（攪乱）、エクスプロイテーション（戦果の拡大）といった概念は、コランがもっとも重要視したものばかりである。

また、「アラビアのロレンス」は、リデルハートに限らず多くのイギリス国民にとっていわば「生きた伝説」であり、戦後、イギリス国内で唯一の第一次世界大戦の英雄《ヒーロー》であった。そして、コルベットの戦略思想を基礎として、リデルハートの「間接アプローチ戦略」や「イギリス流の戦争方法」といった概念が生まれてきたことは既述したが、彼が『戦略論』の中で、あらゆる時代において偉大な将軍（グレート・キャプテン）が共通して達成してきたことは、軍事力の直接的な衝突によってもたらされたものではなく、通常、戦闘に先立つ敵の心理的、物質的な攪乱の結果として生じたものとの結論を下すようになったのは、明らかにコルベットの著作及び彼の戦略思想の影響である。

リデルハートと「イギリス流の戦争方法」

さて、本章のここまではリデルハートの「間接アプローチ戦略」という概念の一つの具体的事例である機甲戦理論について、そして、リデルハートの軍事戦略の次元における思想形成に決定的とも思える影響を及ぼしたフラーについて概観した。以下では、「間接アプローチ戦略」の国家戦略の次元での表現とも言える「イギリス流の戦争方法」の内容を考察するとともに、その問題点や限界についても検討してみよう。なお、「間接アプローチ戦略」と「イギリス流の戦争方法」といった表現に関してであるが、リデルハートは、これらを軍事戦略と国家戦略のいずれの次元にも用いているが、本書では特に断らない限り、軍事戦略の次元での記述に「間接アプローチ戦略」を、そして、国家戦略の次元のものに「イギリス流の戦争方法」という表現を充てることにする。もちろん、この二つの戦略概念は同義、言うなれば同じコインの表と裏であり、こうした区別はあくまでも読者の混乱を避けるための便宜上のものである。また、多くの読者は既に気が付いていると思うが、本書では戦争を大きく軍事戦略と国家戦略という二つの次元に分けて論述していることを、ここで改めて確認しておきたい。したがって、やはり混乱を避ける意味でも本書では、戦術、戦域、あるいは作戦といった表現は基本的には用いないようにしている。

周知の通り、第一次世界大戦は総力戦時代の幕開けを告げる戦いであった。ヨーロッパ大陸の西部戦線での悲惨な塹壕戦の様相に関しては、戦争詩を含めた文学や芸術の分野においても今日でもなお取り上げられている大きな主題であり、また、ヨーロッパの多くの人々が、「世界大戦」と聞くと第二次世界大戦ではなく、第一次世界大戦を思い浮かべることを考えると、この戦争がヨーロッパに残した爪跡は我々の想像以上に深いものなのである。

「銃後」というそれまでは耳慣れない表現が頻繁に用いられ始めたのも、第一次世界大戦が最初であり、この戦争は銃後の社会や人々をも巻き込んだ、まさにクラウゼヴィッツが予測した「絶対戦争」の様相を呈することになったのである。そして、このような戦争の中で西部戦線での塹壕戦に参加した若きイギリス陸軍将校の一人がリデルハートであったことは既述した。当然ながら、リデルハートに限らず第一次世界大戦に参加した多くのイギリス国民が、その後、この戦争における母国イギリスの戦争指導を厳しく批判するようになった。そこには、このような惨禍を二度と繰り返してはならないという彼らの使命感が色濃く滲み出ていたのである。

「イギリス流の戦争方法」とは何か

リデルハートは、ソンムの戦いに代表される第一次世界大戦の西部戦線での膠着状態が、単に軍事戦略の誤りによって生じたものではなく、国家戦略の次元での誤謬にも起因するはずであると考え、やはり、その元凶としてナポレオン戦争をめぐるクラウゼヴィッツの解釈にまでさかのぼってしまう。そして彼は、この戦争で数多く見られた直接アプローチ的な国家戦略は、「間接アプローチ戦略」に取って代わられるべきであるという結論に達したのである。

ここでの「間接アプローチ戦略」とは、国家戦略の次元のものを意味するのであるが、リデルハートは、イギリスがその伝統的な「間接アプローチ戦略」、言い換えれば、「イギリス流の戦争方法」と言われる国家戦略に固執してさえいれば、一九一四年から一八年の大規模な陸軍力を用いたヨーロッパへの「大陸関与」を回避できたはずであり、また、それにともなう大量殺戮も避けることが可能であったと考えたのである。

ここで興味深い事実は、はたしてリデルハートの所論が戦間期のイギリス政府の国防政策に何らかの影響を及ぼし得たか否かについては実証が困難である一方で、実際に、当時のイギリスの国防政策が、あたかもリデルハートの議論をその青写真にしていたかのような印象を受けることである。周知の通り、戦間期のイギリスの再軍備政策においてその優先順位は、大英帝国防衛のための空軍と海軍、そして、イギリス本土の防空作戦に置かれ、ヨーロッパ大陸での大規模な戦争への参加を前提とする陸軍力の増強に対しては、ほとんど関心が払われなかったのである。以下、再度、リデルハートのクラウゼヴィッツ批判を手掛かりにして、彼が主唱した「間接アプローチ戦略」とその国家戦略の次元での表現である「イギリス流の戦争方法」について、その戦略概念と内容をさらに明確にしてみよう。

前述したように、リデルハートは一九三四年に出版した『ナポレオンの亡霊』という著作の中で、第一次世界大戦が、軍人だけに留まらず一般国民にまで膨大な犠牲を強いる総力戦の様相を呈することになった責任は、クラウゼヴィッツを源泉とする戦略思想そのものにあるとして、クラウゼヴィッツを大量集中理論と相互破壊理論の救世主と呼んで厳しく批判した。実は、リデルハートは既に一九二〇年代中頃までには、クラウゼヴィッツが主唱したとされる戦略を「邪悪な思考」とさえ表現しており、クラウゼヴィッツの誤った戦略こそが、ヴェルダン、ソンム、そしてパシャンデールに象徴される、第一次世界大戦の西部戦線での兵士の大量殺戮をともなう不毛な消耗戦争をもたらした真の原因であると、今日から考えれば不可解な結論に達していたのである。

その後リデルハートは、一九二五年に『パリス、または戦争の将来』を発表し、そこでは、第一次世界大戦で連合国側が主戦場での敵の軍事力の撃滅といった誤った戦争目的を掲げてしまったと厳しく批判した後、戦争における軍事力の役割は敵の「アキレス腱」を発見してそれを活用すること、すなわち、敵の強大な場所ではなくもっとも脆弱な個所に対して攻撃を実施することであると主張している。さらに一九三二年には、こうした戦略概念をさらに洗練したかたちで『イギリス流の戦争方法』という著作を世に問うている。

同書でのリデルハートの議論は明確であり、第一次世界大戦でイギリスがヨーロッパ大陸に完全に軍事的に関与したことは、イギリスの伝統的な戦争方法からの逸脱であり、また、徴兵を用いた大規模な陸軍力派遣をもって最後の一兵まで戦うやり方に固執したことは完全に誤りであったと、イギリスの国家戦略と戦争指導を厳しく批判している。このようなイギリスの国家戦略に対するリデルハートの批判は、同様に、その後次々と出版される著作の中でも繰り返されることになる。

RUSIでの講演

イギリスのロンドンのホワイトホール（官庁街）の一角に王立統合軍防衛安保問題研究所（RUSI）という軍事問題を専門に研究する組織がある。近年の湾岸戦争やイラク戦争でこの研究所の研究員が日本のマスメディアに多々登場したこともあり、日本での知名度も少しずつ高まりつつあるが、今日においてはイギリス国防省から完全に独立した組織となったRUSIも、その設立を一八一五年のワーテルローの戦いの勝利で一躍イギリス国民のヒーローとなったウェリントン公にまでさかのぼる名門の研究所である。場所はホワイトホールの中心に位置し、首相官邸や国防省、そしてホースガーズ（衛兵の交替の場所）からもすぐ近くである。

私事で恐縮であるが、著者も今日まで約一五年間、RUSIの正規会員としてこの研究所を何度も訪れた経験があり、また現在、二〇〇七年十一月より一年間の予定で、同研究所の客員研究員を務めている。実は本書の校正作業も、RUSIの自分の研究室で行っているのであるが、ここでかつてリデルハートやフラーが幾度となく重要な講演を行った事実を知っているだけに、この建物に入るたびに感慨を新たにするのである。また、RUSIの図書館は、ヨーロッパ戦争史を研究する者にとってはぜひとも訪問すべき場所であるが、残念ながら今日、基本的には関係者以外には開放していない。だが、図書館に限らずこの建物の内部だけでも一見の価値があるので、公開セミナーなどに参加するかたちで訪問することを勧める。「拡大する急流」や「イギリス流の戦争方法」といったリデルハートの著名な概念はいずれも、このRUSIでの講演やセミナーで初めて用いられたものである。これには、イボー・マクセ卿が事実上、RUSIでの講演活動のスポンサーであったことにより、マクセ卿と親交が深かったリデルハートに発表の機会が多く与えられたという背景があったようである。事実、当時のマクセ卿とリデルハートの間にはいわゆる師弟関係が成立していた。

さて一九三一年一月、このRUSIでの講演でリデルハートは初めて「イギリス流の戦争方法」という概念を世に問うた（論文の正式タイトルは「経済的圧力かヨーロッパ大陸での勝利か」）。二十世紀後半から脚光を浴び始めた「戦略文化」といった概念を、彼は既にこの時期、「イギリス流の戦争方法」という表現によって先取りしていたとも言える。

この歴史的な講演での内容をさらに発展させたものが、前述した著作『イギリス流の戦争方法』へと集大成されていくのであるが、この講演の中でリデルハートは、十六世紀以降のイギリスの国防政策を振り返る時、イギリスによるヨーロッパ大陸への陸軍力派遣がほとんど有効な結果をもたらすことはなかったと述べている。

リデルハートによれば、伝統的にイギリスは、ヨーロッパ大陸の敵を無力化するため、陸軍力派遣の代わりに自国の海軍力を中核とする経済封鎖に依存したのであり、これが、イギリスに成功をもたらした。すなわち、リデルハートが主唱する「イギリス流の戦争方法」とは、本質的には海軍力を用いて適応された経済的な圧力のことであり、この戦争方法の究極目的は、ヨーロッパ大陸の敵国の国民生活に対して経済的困難を強要することにより、敵国民の戦意と士気の喪失を図るというものである。さらには、イギリスが誇る海軍力を用いることで敵国本土とその植民地間の貿易を妨害し、また、小規模な上陸作戦によって植民地そのものを奪取することにより、敵の戦争資源の枯渇を図るとともに自国の資源の確保にもつなげるというものであった。

ここでもう一度確認しておくが、リデルハートは第一次世界大戦でイギリスがこうむった膨大な犠牲の根本的原因は、イギリスの戦争方法がクラウゼヴィッツの戦略思想に影響された結果、伝統的な「イギリス流の戦争方法」を放棄し、大規模な派遣軍を用いてヨーロッパ大陸に直接関与したからであると考えたのである。そして、この「大陸関与」政策に反発を覚えたリデルハートが考え出した概念が「間接アプローチ戦略」であり、「間接アプローチ戦略」のさらなる表現としての「イギリス流の戦争方法」であった。

リデルハートは、今後イギリスは、ヨーロッパ大陸での大国間の勢力均衡に多少の影響力を確保しつつも、基本的には不関与政策に留まるべきであり、その間に、グローバルな次元での大英帝国の維持と拡大を図るべきであると主張する。また、仮に不幸にしてヨーロッパ大陸において再び大国間で戦火を交える事態が生起したのであれば、イギリスはその「伝統」に回帰して、主として海軍力（さらには第一次世界大戦以降、新たに発展を遂げつつあった空軍力）と財政支援をもってヨーロッパ大陸の同盟諸国に対する責務を果たすべきであると主張したのである。

イギリスの「伝統」

「イギリス流の戦争方法」についてリデルハートは、十六世紀以降のイギリスのグローバルな優位とヨーロッパにおける支配的影響力の源泉が、自国のユニークな戦略政策にあったと考えたわけである。彼によれば、イギリスは島嶼国家としての地政学的位置及び海軍の優位により外部からの侵略から保護されていたため、ヨーロッパ大陸での大規模な戦争に対して大規模な軍事関与を回避することに成功したのである。例えばスペインのフェリペ二世やフランスのルイ十四世、そしてナポレオンといったヨーロッパ大陸諸国の敵対者に対して、イギリスは陸軍力以外の多様な手段を用いて対応した。すなわち、同国はこうした強大な敵国を陸上での戦闘で釘付けにしておくため、同盟諸国に対して財政支援を積極的に行う一方で、自らは小規模な陸軍を派遣するという措置で満足していたのである。これとは反対にヨーロッパ大陸諸国は、相互の大規模な軍事関与の結果、互いに疲弊したというのがリデルハートの理解であった。

こうした発想を基礎として、第一次世界大戦でのイギリスの国家戦略に対してリデルハートは、いったん西部戦線におけるドイツ軍の初期の攻勢を防御できたら、ヨーロッパ大陸での同国の関与はフランスの防衛力を強化することだけに限定すべきであったと指摘する。彼によれば、イギリス陸軍は西部戦線以外のより広範な戦場で、より効果が期待できる戦いに用いられるべきであった。さらには、イギリス海軍の機動力と奇襲能力を最大限に活用すべきであった。例えば彼は、ダーダネルスでの軍事作戦（ガリポリ上陸作戦）がもう少し慎重に計画され、もう少し上手く調整されていれば、ロシア側との交通路を確保することができ、その結果、バルカン諸国を味方に引き込むことにも寄与したであろうと主張する。なるほど、確かにイギリスは自国陸軍をかなりの規模に拡大する必要に迫られていたであろうが、徴兵制度を導入することなど論外であり、ヨーロッパ大陸諸国型の大規模な軍隊を構築することは問題外というのがリデルハートの基本的立場であった。その代わり、イギリスは連合国側でもっとも生産力及び財政力の高い国家として、武器弾薬の製造に集中して連合国側、とりわけロシアを支援すべきであったとされるのである。

こうしたリデルハートの議論が、第一次世界大戦で疲弊したイギリス国内での孤立主義的、平和主義的風潮に象徴される「時代精神」と合致したであろうことは容易に推測できるし、同時に、大英帝国の過剰なまでの拡大（地理的には、第一次世界大戦後に大英帝国はそのピークに達する）を懸念する政策担当者にさしたる抵抗もなく受け入れられたとしても不思議ではない。また、第一次世界大戦で徴兵制度によって動員された兵士は言うまでもなく、銃後での戦いを続けてきたイギリス国民にとっては、戦後は、それに見合う福祉が約束されているはずであった。もちろん、リデルハートの所論が戦間期のイギリスの国防政策にどの程度の実質的影響力を及ぼし得たかに関しては実証できないものの、たとえ結果的にせよ、この時期のイギリス国防政策は悪名高き「一〇年ルール」に象徴されるヨーロッパ大陸への限定関与政策へと収斂されていくのである。

「イギリス流の戦争方法」の問題点と限界

リデルハートの唱えた「イギリス流の戦争方法」という概念に対しては、たとえその議論がいかに洗練されたものであったにせよ、厳しい批判が寄せられることになる。

第一に、リデルハートの戦略思想形成に多大な影響を及ぼした人物の一人として、コルベットの名前が挙げられるが、彼が長年にわたってイギリス海軍の歴史を研究した成果は、リデルハートの議論と比較する時、抑制的かつ説得力に富むものであることは否定できない。コルベットは、イギリスの海軍力、とりわけイギリス本土防衛に必要な海軍力の重要性を認める一方、その海軍力がヨーロッパ大陸の強大な敵の崩壊に直接的な影響を及ぼし得た事例などほとんどないことを理解していたのである。

実際、コルベットも指摘するように、例えばナポレオンは一八〇五年、トラファルガーの海戦でフランス＝スペイン連合艦隊がホラシオ・ネルソン率いるイギリス海軍に決定的な敗北を喫したにもかかわらず、その直後にアウステルリッツの陸戦で大勝、さらには、たとえ一時的にせよヨーロッパ大陸の支配に成功したのである。歴史の教えるところでは、ヨーロッパ大陸の大国に対する海上からの圧力は、陸上での戦闘と比較する時、仮にその効果が認められるにせよ、これが確認できるまでにはかなりの時間を必要とするのである。また、海上での戦いは全体としての戦争の一部にすぎないのである。

次に、ヨーロッパ大陸での勢力均衡を維持すると同時に、オランダやベルギーなどの低地諸国の安全保障をも確保するといったイギリスの伝統的な国益は、海軍力だけでは確保できないという冷徹な事実である。実際、イギリスがある戦争で勝利を得るためには、必ずといってよいほどヨーロッパ大陸の同盟諸国の存在を必要としたのである。なるほど、時としてその同盟諸国は、イギリスの財政支援政策や小規模な陸軍力の大陸派遣だけで満足したのであるが、多くの場合、イギリスとその同盟諸国が最終的に戦争に勝利するためには、大規模な陸軍力をヨーロッパ大陸に派遣する以外に選択肢が残されていなかったことも歴史が実証しているのである。すなわち、一般には「海洋戦略」としても知られるリデルハートの「イギリス流の戦争方法」といった概念は、「大陸関与」政策の副次的な役割を担うものであるか、あるいは、「大陸関与」政策の延長として捉えるのが正しいのである。少なくとも、この二つの国家戦略を相互排他的な選択肢として位置付けることは誤りであろう。

さらに歴史の教えるところは、ヨーロッパ大陸への経済封鎖や小規模な上陸作戦に代表される「イギリス流の戦争方法」に対して、ヨーロッパ大陸の大国は、十八世紀のフランスにせよ、二十世紀初頭のドイツにせよ、確かに海上貿易の損失などで多少の被害をこうむったことは事実である一方で、国家機能が麻痺するような事態には陥らなかったということである。むしろ、ハワード卿が指摘するように歴史の真実は逆で、「イギリス流の戦争方法」は、何世紀にもわたり高価で屈辱にまみれた失敗の連続という記録に終わっているのである。

ハワード卿の評価

「イギリス流の戦争方法」の有用性を実証的に考察したハワード卿の議論は大変参考になるため、ここで紹介しておこう。ハワード卿の結論は、概略、以下の通りである。

第一に、イギリスが、自国の大陸派遣軍を含めて集め得る限りの防衛資源をヨーロッパ大陸に投入することにより、大陸の同盟諸国を支援することは、イギリスの伝統的政策からの逸脱などでは決してなく、実際は、その中核を構成しているという事実である。と言うのは、ヨーロッパ大陸の同盟諸国が敵と対等に戦っている限りにおいて、「イギリス流の戦争方法」が有効に機能し得るからである。すなわち、仮にヨーロッパ大陸の同盟諸国軍が敗北すれば、その時点で「イギリス流の戦争方法」は意味を失うことになるのであり、まさにこの理由によってイギリスは、同盟諸国支援のための大規模な欧州大陸派遣軍を送らざるを得なくなるのである。

第二に、仮にイギリスが伝統的に「イギリス流の戦争方法」を用いる傾向が強いと認めるにせよ、それは、イギリスの隔世遺伝的な政策でも自由選択の結果でもなく、むしろ、必要性や不可抗力の結果なのである。そのため、「イギリス流の戦争方法」とは勝利へ向けての積極的な国家戦略ではなく、むしろ生き残りを賭けての言うなれば消極的な戦略であった。ハワード卿は、仮に「イギリス流の戦争方法」なるものが存在するとすれば、それこそまさに「海洋戦略」と「大陸関与」との絶え間ない弁証法の産物の中に見出すことができると指摘している。

振り返ってみれば、既に一九一四年以前にイギリスは、ドイツとの戦争が勃発すればフランスに小規模なイギリス正規軍を派遣するという関与は認めていたが、これは、イギリスの伝統とされる「海洋戦略」の基本的なアプローチから完全に逸脱したものではなかった。実際、第一次世界大戦の開戦から約一年が経過した一九一五年夏になっても、大多数のイギリス政府指導者はほかの連合諸国に地上戦での負担の多くを任せ、自らは海からの上陸による何らかの攻撃を模索することを支持していたのである。そして、こうした作戦でのイギリスの海軍力は、西部戦線での戦いよりもさらに効果的かつ利益の多い結果をもたらすものと期待されたのである。だがこの戦争の後半になって初めて、すなわち、ガリポリ上陸作戦やサロニカ作戦での連合国側の失敗が明らかになった後、さらにはロシアに対するドイツ軍の圧力とフランスの資源の枯渇が明らかになった結果、西部戦線での連合国軍による攻勢の中でイギリス軍の果たす役割の拡大を求める声が徐々に大きくなってきたのである。

最後に、決定的な時間や場所に小規模な陸軍力を派遣してヨーロッパ大陸での政治及び軍事バランスに影響力を及ぼそうとする「イギリス流の戦争方法」は、ヨーロッパのすべての戦争当事諸国が、ヨーロッパの既存の国際政治システムの維持を望んでいる限りにおいて、そして、その既存のシステムの中でより有利な条件の獲得を模索するため、ある限定的な政治目的を達成する手段としての戦争においてのみ有効であり、例えば、ナポレオンやヒトラーに代表される国際政治秩序そのものに異議を唱える「破壊者」に対しては、その効果が期待できないのである。

フレンチとケネディの評価

このようなハワード卿の議論に加えて、例えばフレンチは、ハワード卿の論点をさらに敷衍し、リデルハートに代表される「海洋戦略」の主唱者は、海洋を渡河し、敵が防御陣地を築いて待ち構えている海岸線へ陸軍力を上陸させるタイプの戦争が、実際にいかなる困難をともなうかについて、ほとんど理解していないと批判する。これは、今日では水陸両用作戦と呼ばれるものであるが、第一次世界大戦ではガリポリ上陸作戦やサロニカ作戦がその好例であろう。

また、フレンチは、ヨーロッパ大陸での鉄道網の発達が海軍力を中核とする「イギリス流の戦争方法」に及ぼした負の影響にも言及している。つまり、鉄道の発展により陸路で要員や物資を運搬することが以前と比べて格段と容易になった結果、海軍力の相対的な重要性が低下したのである。そして、鉄道の登場によって歴史上初めて、戦時のヨーロッパ大陸地域での陸路での要員と物資の輸送が、少なくとも海上（あるいは水上）での輸送と比べて迅速かつ経済的になりつつあったのである。当然ながら、陸路での輸送は軍事的柔軟性という観点からも優位を占めることになった。イギリスの地理学者ハルフォード・マッキンダーが早くから警告していたように、鉄道網の発達によって海洋国家としてのイギリスの優位は失われつつあったのである。また、航空機の登場はこの傾向をさらに強いものにした。その結果、イギリスはヨーロッパ大陸からの攻撃の可能性にますますさらされることになる。こうして、以前にも増してイギリスは、英仏海峡の対岸で何が起きているかについて関心を抱かざるを得なくなったのである。

加えて、同じくイギリスの歴史家で日本でも『大国の興亡』などの著作で知られるケネディは、経済的観点から、彼の恩師であるリデルハートが主唱した「イギリス流の戦争方法」の限界を鋭く論じている。すなわち、「イギリス流の戦争方法」はその効果が認められるまで長い時間が必要とされるため、例えば封鎖そのもののために必要とされる費用、また、封鎖の「ブーメラン効果」として自らに強いられる犠牲は膨大なものになるのである。

感情論としての「イギリス流の戦争方法」

こうした反論から明らかなことは、リデルハートが主唱した「間接アプローチ戦略」や「イギリス流の戦争方法」といった概念は、仮にそれらがいかに洗練されたかたちで論理が組み立てられていようと、その根底にあるものは感情論であり、明確な思考の産物とは言えないという事実である。そして、この感情論は、第一次世界大戦の惨禍だけは二度と繰り返してはならないという信念にまで昂じていたのである。なるほど、確かに一九三〇年代中頃までイギリス陸軍がいかなるタイプの戦争にも準備不足であったという事実が、こうしたリデルハートの議論を後押しする結果となった。だが、前述したように「大陸関与」政策に対するリデルハートの忌避は、ヒトラーの台頭以前に始まったものであり、また、イギリス陸軍が機甲化部隊を保有しないと決定した時期以前にまでさかのぼるのである。

実際、イギリスの国防政策の歴史を紐解いてみれば、そこには、リデルハートの議論を否定してあまりある豊富な史実であふれている。例えば、一九〇七年のあの有名なアイア・クロー卿の覚書の中には、「イギリス外交政策の一般的特徴は、広大な海外植民地や保護領を抱えてヨーロッパ大陸の端に位置する島嶼国家という、イギリスに不変な地理的条件によって決定される。そして、独立した社会としてのイギリスの存続は、圧倒的な海軍力の保有に決定的にかかっている」と主張する一方で、「イギリスは、ヨーロッパ大陸諸国の独立維持に直接かつ積極的利益を見出している。そして、そのため、イギリスは他国の独立を脅かすいかなる国家に対しても、当然、敵として立ち振る舞うべきである。そして当然ながら、弱小国家の保護者となるべきである」と、ヨーロッパ大陸に対する積極的な関与政策も同時に主張しているのである。

歴史の教訓

具体的には、第一次世界大戦前夜の「シュリーフェン計画」に代表されるドイツの戦争計画に対して、また、現実のドイツの緒戦での勝利に対して、イギリスが海軍力だけで対抗することなど不可能であった。ましてや、ドイツの抑止が目的なのであれば、自国陸軍をも含めたヨーロッパ大陸西部地域での圧倒的な軍事プレゼンス以外に、イギリスには選択肢が残されていなかったように思われる。また、仮に第二次世界大戦前にヒトラーを抑止する唯一現実的な方法があったとすれば、それは、積極的な「大陸関与」政策以外には考えられなかったように思われる。だが、周知のようにイギリスは、第二次世界大戦勃発直前になって初めて、「フランスがドイツに屈伏すればイギリスの安全保障は確保できない。そのため、イギリスの防衛にはフランス本土防衛も含まれる」という認識に立ち返り、遅ればせながらヨーロッパ大陸への関与に着手したのであるが、それはもはや、あまりにも遅すぎ、あまりにも小規模な関与に留まったのである。その結果が、ダンケルクの撤退である。

興味深いことに、この認識は、第一次世界大戦前のイギリスのヨーロッパ情勢認識とまったく同一のものである。そして、第二次世界大戦での失敗に懲りたイギリスは、たとえそれがいかにイギリス国民の感覚に合致せず、また、いかにイギリスに犠牲を強いるものであろうと、二度とヨーロッパ大陸への関与から手を引くことはなかったのである。アメリカとソ連が鋭く対立した冷戦の期間は言うまでもなく、冷戦後の今日でもなお、イギリスは小規模ながらヨーロッパ大陸に陸軍力を保持している。もちろん、今日にいたるまでイギリスがヨーロッパ大陸に軍事力を保持している背景や理由は、そのほかにもいろいろと考えられるが、その中の重要な一つが、この歴史の教訓であることは否定できない。イギリスの歴史を振り返ってみれば、いわゆる低地諸国の動向がイギリスの安全保障に直結していることを、イギリス国民はその経験と本能から感じ取っているのである。

結局、リデルハートが主唱した「イギリス流の戦争方法」は、現実には直接的な「大陸関与」の代替策とはなり得なかった。よく考えてみれば、イギリスが純粋に「イギリス流の戦争方法」を採用したのは、あくまでも必要性の結果であり、例えばそれは、ヨーロッパ大陸でのイギリスの同盟諸国が地理的に遠い位置に存在するか、あるいは孤立していたからである。その代表的事例が七年戦争でのフリードリヒ大王である。さらには、既にイギリスの同盟諸国が敗北した後の場合もある。この事例の一つが一八〇七年から一二年にかけての対ナポレオン戦争である。また、アメリカ独立戦争に代表されるように、当初からイギリスには大陸に同盟諸国が存在していなかった事例も見られる。いずれにせよ、こうした戦略環境下でのイギリスの地位が極めて脆弱なものであったことは間違いない。

第十章　リデルハートと「西側流の戦争方法」

リデルハートに対する近年の評価

「偉大な」と形容される人物の宿命であろうか。二十世紀を代表する戦略思想家とされるリデルハートもまた、その死後約三八年を経た今日でもなお論議の的となっている。

従来、リデルハートの軍事戦略と国家戦略の評価をめぐっては、肯定的な見解と否定的なものとが鋭く対立するかたちで並存してきた。例えば前者の見解は、リデルハートとの距離が比較的近いハワード卿やボンド教授に代表されるもので、それは、リデルハートの軍事戦略と国家戦略に関する個々の事例に対しては批判的である一方で、全体としては、戦略思想や戦争史研究の発展に対する彼の貢献を高く評価するものである。

逆に、後者はケニス・マクゼー、ジョン・ミアシャイマー、そしてJ・P・ハリスといった研究者に代表される見解で、時代的には前者の見解よりも新しいものであるが、総じてリデルハートの功績には懐疑的な立場をとる。とりわけミアシャイマーは、アメリカの社会科学の立場からリデルハートの「伝説」を徹底的に破壊するため、修正主義的批判を展開したことで知られている。

リデルハートの戦略思想に関する本格的な著作を最初に発表したのは、彼を師と仰ぐ戦争史家ボンドであった。本書での著者のリデルハートに対する評価は、著者の指導教官であったボンド教授のリデルハート観に大きく影響されているのであるが、彼は、リデルハートの戦略思想を主題にした最初の学術書『リデルハート――その軍事思想研究』を一九七六年に出版している。同書からは、この執筆作業がリデルハートに対する個人的な親愛の情や感謝の気持ちと、彼の思想に対する批判との均衡を図るという困難な作業であったことが理解できる。実際、リデルハートの戦略思想そのものに限れば、今日においてもボンドは彼に痛烈な批判を浴びせ続けている。しかしながら、同書でボンドは戦争と平和に関するリデルハートの思想全般の発展に関心を寄せたため、彼の軍事戦略及び国家戦略レベルでの主張に対する詳細な考察は行わなかった。

これに対して、リデルハートが提唱したとされる個々の戦略概念や理論、とりわけ電撃戦に対するリデルハートの影響の有無を最初に考察したのは、一九八八年のミアシャイマーの著作『リデルハートと歴史の重み』であり、同書は、ハワード卿やボンドが示した従来の見解を大きく覆すものとなった。すなわち、ミアシャイマーによればリデルハートがいわゆる戦間期に機甲戦に関する包括的な議論を展開したことは一度もなく、第二次世界大戦後になって初めて機甲戦理論について語り始めたのである。そして、その時になって初めて、リデルハートは戦略的縦深を突破するため機甲化戦力を用いることを提唱したというのである。さらにミアシャイマーは、リデルハートがドイツの電撃戦理論に多大な影響を与えたとする説には、まったく史資料的な裏付けがないと主張した。その結果、彼のグデーリアンへの影響は完全に否定されたのである。

そうした中、近年になってリデルハートに関する英語の著作が続けて出版されたことは、その軍事戦略と国家戦略の評価をめぐる論争に大きな一石を投じることになった。端的に言って、これらの著作は、論点はそれぞれ異なるもののリデルハートに対する肯定的な評価がその基調となっており、その意味では、リデルハートの評価をめぐるさらなる修正主義と位置付けることができよう。

以下、こうした著作の中で著者がもっとも重要であると考える三冊を選び、その内容を個々に概観することにより、リデルハートの戦略思想のさらなる検討を進めてみたい。

ダンチェフの『戦争の錬金術師』

最初の著作、イギリスの歴史家アレックス・ダンチェフによる『戦争の錬金術師――リデルハートの生涯』は、リデルハートの生涯を描いた初めての評伝である。

著者は、ダンチェフ教授と直接お会いする機会に恵まれたことがあるが、ダンチェフという研究者は独特の表現形式を用いて評伝を著すことで定評があり、同書でも多くのレトリックを縦横に駆使しながらリデルハートの波瀾万丈の生涯に取り組んでいる。同書には、それまであまり知られていなかったリデルハートの一面、例えば、ファッションやスポーツに対する彼の異常なまでの執着や、虚栄心に突き動かされたエキセントリックな人物像が鮮明に描かれている。本書の第一部の内容の多くは、この『戦争の錬金術師』に負っている。

だが同時に、著者を含めて多くの読者が期待していたリデルハートの軍事戦略と国家戦略が生まれてきた背景に関する記述や、それに対する評価の部分に関しては、残念ながら同書は従来の通説からさらに踏み込んだものにはなっておらず、満たされない気分が残るというのが著者の率直な読後感であった。具体的には、戦間期のイギリス陸軍改革に対するリデルハートの影響の有無について、同書はほとんど触れていない。また、同書の記述は実質的には第二次世界大戦直後で終わっており、一九五〇年代からリデルハートが死去した一九七〇年までの時期の彼の活動に関しては、ほぼ空白のまま残されている。読者の多くは、例えば、第二次世界大戦後のイギリス労働党の国防政策の決定過程におけるリデルハートの影響の有無をめぐる評価などをダンチェフの著作に期待していただけに、どうしても失望感は否めない。従来、リデルハートの軍事戦略と国家戦略に関しては、彼自身による二巻本の『回顧録』に頼るほかなかったが、この『回顧録』はあまりにも自己宣伝的で自己弁護的色彩が強かっただけに、その意味でも、ダンチェフの著作に対する期待は高かったのである。

また、同書でもリデルハートの評価をめぐる新たな修正主義の主要な論点、例えば、グデーリアンに代表されるドイツ軍の機甲化推進派に対するリデルハートの影響を明確に認めた点、さらには、二十世紀の思想史という幅広い文脈の中でリデルハートがリベラル民主主義を信奉する立場から「西側流の戦争方法」の構築を提唱した最初の人物であったとする点などが強調されているが、基本的には、こうした記述は当時、既に発表されていたガットの諸論文の内容に負うところが大きいように思われる。

政治家と軍人の「橋渡し」

ダンチェフは、リデルハートの功績として再評価されるべきものとして、彼が軍事問題に関する政治家と軍人の「橋渡し」に成功した最初の人物であった点を指摘している。

確かに、リデルハートは旧来の軍事に限定された思考を超えて新たな視点、すなわち政治と軍事の関連性といった観点から戦争を捉えるよう政治家と軍人の双方に提唱した人物の一人であり、同時に、彼に触発された文民研究者の登場により、戦争を軍人の専権事項とした伝統に終止符が打たれたのである。「戦争は軍人だけに任せておくにはあまりにも重大な企て《ビジネス》である」と述べたのは、第一次世界大戦後期からフランスの首相を務めたジョルジュ・クレマンソーであったが、リデルハートはまさにこの発言を実践に移したのである。

周知のようにそれ以降、今日にいたるまで、戦争に関するヨーロッパやアメリカでの研究は、ほぼ完全に文民を中心として進められていくことになったのである。その代表的な人物が、本書でも何度も引用したハワード卿やボンドであるが、これら文民研究者に対してリデルハートが直接的、間接的に及ぼした影響は計り知れないものがある。おそらくこの点に関しては、リデルハートはもう少し肯定的に評価されて然るべきであろう。

しかしながら、リデルハートの一連の著作の内容そのものに対する著者の見解、とりわけその歴史記述に関しては、どうしても否定的にならざるを得ない。これについては、ダンチェフがリデルハートの評伝である同書のタイトルに「錬金術師」という言葉を用いたことは、極めて皮肉なことに思える。もちろん、著者にはいかなる理由でダンチェフが錬金術師といった言葉を用いたかは不明である。しかしながら、少なくともこの評伝を読む限りでは、その意味は肯定的なものばかりである。おそらく、ダンチェフは戦争に関する膨大な史資料の山の中から優れた何かを抽出できたリデルハートの特異な才能に注目して、この言葉を用いたと推測される。

だが、ダンチェフが意識していたか否かは別として錬金術師という用語には、本物を真似て偽物を捏造するといった否定的な意味さえ含まれているのである。すなわち、リデルハートは自説を正当化する目的で確信犯的に歴史を歪曲したという意味において、さらには、晩年、史資料に手を加えて自らの高い評価を得ようとしたという意味で、真に戦争の錬金術師であったと言うことも許されよう。

ホールデン・リードの『イギリス軍事思想の研究』

本書で紹介するリデルハートの戦略思想に関する第二の著作は、イギリスの歴史家ブライアン・ホールデン・リードによる『イギリス軍事思想の研究――フラーとリデルハートをめぐる論争』であるが、同書は、当時のイギリスを代表するもう一人の戦略思想家であるフラーを研究するこの分野の世界的権威によるこの二人の戦略思想家の比較考察であり、基本的には既に発表済みの諸論文をまとめたものであるにもかかわらず、今日でも十分に再読に値する高水準の研究書である。ホールデン・リード教授とは著者が一九九〇年代後半にロンドン大学キングス・カレッジ名誉客員研究員として同カレッジの戦争研究学部に招聘していただいた際、互いの専門領域が近いこともあり、何度もお話をうかがう機会に恵まれ、リデルハートやフラーの戦略思想についても多くの御教示をいただいた。

同書は、リデルハートとフラーの軍事戦略と国家戦略をめぐる多数の興味深い史実を指摘するだけに留まらず、さらに踏み込んで、この両者の哲学的、思想史的考察を試みた力作である。また、その表現形式としてあえてエッセーが用いられ、いわゆる「散文の健全性」を見事に実証する一般読者にも読み易い著作となっている。とりわけ、リデルハートとフラーの戦略思想の比較考察が簡潔にまとめられている同書の第十章は、戦略思想の系譜の中でのリデルハートの位置付けを知る上でも有益であり、フラーに関する本書の記述の一部は同書の内容に負っている。また、この本には戦争を少しでも「人道化」する目的で毒ガスを積極的に使用するよう提唱したこの両者のユニークな議論も紹介されており、今日とは異なった戦間期の戦争観の一端がうかがわれて興味深い。すなわち、リデルハートとフラーはともに、毒ガスこそが第一次世界大戦での無益な殺戮を繰り返さないための一つの解決策であると考えたのである。

二十世紀という文脈の中のリデルハートの戦略思想

ホールデン・リードが同書でとりわけ強調した点は、例えば、リデルハートやフラーの戦争の将来像をめぐる個別の予測が的中したか否かといった瑣末な問題意識から、この両者を評価しようとする傾向が強い従来からの手法は無意味なものであり、リデルハートやフラーの功績を評価する際に真に重要となる視点は、この両者が構築した軍事戦略と国家戦略をめぐる諸概念及び理論の根底にある「思想」そのものに注目することであるということである。すなわち、ホールデン・リードは、二十世紀という文脈の中でいかに両者の思想が形成され、これを基礎としていかなる軍事戦略や国家戦略が構築されてきたかを考察することがもっとも重要であると考えたのである。興味深いことに、この視点は次に紹介するガットの著作にも継承されている。おそらく、ガットはホールデン・リードが諸論文の中で何気なく問題提起していたこのような視点に注目したのであろう。実際、この両者の著作の視点には、思いのほか多くの共通点が見られるのであり、ガットはホールデン・リードの指摘を手掛かりにして、リデルハートの軍事戦略と国家戦略に対してさらに深く考察を進めたように思われる。

確かに、従来のようにリデルハートとフラーが提唱した多くの軍事戦略や国家戦略に対して、個別に評価を下すという手法に固執するのであれば、例えば、クラウゼヴィッツの『戦争論』でさえ欠点だらけの文献と評価されてしまうことになる。実際、クラウゼヴィッツはリデルハートと同様、自らが生きた時代の戦争に対する「解毒剤」の処方を模索したのであり、その過程の中で、自説を強調するあまり史実を歪曲する傾向が見られたのである。また、『戦争論』の中での彼の所論も、必ずしも彼の独創とは言い難く、フランスの軍人モーリス・ド・サックスなどの戦略思想の影響が強く感じられる。それにもかかわらず、クラウゼヴィッツの『戦争論』は今日でも戦争の本質を理解するための手掛かりを提供し続けている。その意味では、リデルハートの著作も包括的な視点から再評価されて然るべきであろう。あたかも、「印象派」の絵画を鑑賞するかのようにである。

また、しばしば指摘されるリデルハートの変節に関しても、テイラーが鋭く指摘したように、時代が大きく変節を繰り返す中で、「一九三〇年代には首尾一貫した見識を備えた者など誰もいない」ほど思想的な混乱期であったことを考えれば、リデルハートだけを責めても無意味なように思われる。

ガットの『ファシスト及びリベラルな戦争観』

本書で紹介する最後の著作はアザー・ガットの『ファシスト及びリベラルな戦争観――フラー、リデルハート、ドゥーエ、そしてそのほかのモダニスト』であり、同書は近代ヨーロッパ戦略思想史に関する彼の「三部作」の最後を飾る著作である。同書はその副題が示す通り、論述の対象がリデルハートに限定されているわけではないが、彼の軍事戦略と国家戦略を二十世紀思想史という幅広い文脈の中で解釈した点で特筆に価する文献である。ガットはオックスフォード大学大学院博士課程の学生として、ハワード卿の指導の下でこの「三部作」の最初の著作である『啓蒙主義時代からクラウゼヴィッツにいたる軍事思想の起源』を書いたが、今日にいたるまで彼の著書や論文はいずれも、極めて質の高いものである。

また『ファシスト及びリベラルな戦争観』は、機甲戦理論の発展へのリデルハートの影響について、ミアシャイマーに代表される修正主義的立場に対して新たな見解を提示することになった。ここでは、ガットに代表される立場をリデルハートの評価をめぐるさらなる修正主義と呼ぶことにするが、このガットの著作の要点は以下の通りである。

第一に、ガットによれば、リデルハートは第二次世界大戦以前に、既に機甲戦に関する包括的かつ首尾一貫した見解を持っていたのである。これを実証するために、ガットはリデルハートがイギリスの新聞「デーリー・テレグラフ」や「タイムズ」に機甲化戦力の核心について寄稿した洞察力に富む記事を引用している。つまり、ガットによれば今日の歴史家がリデルハートの著書や学術雑誌への寄稿論文だけを史資料として機甲戦理論に対するリデルハートの影響を検討し、逆に彼の新聞紙上での論評などを検討しなかったため、ミアシャイマーのような間違った結論に到達してしまったのである。ここでは、リデルハートが本質的にはジャーナリストであった事実を改めて確認しておきたい。

第二に、ガットは戦間期と第二次世界大戦におけるドイツ側の史資料、とりわけ、ドイツ語の軍事問題専門雑誌を詳細に検討した後、リデルハートが当時のドイツ軍人に対して、そして、ドイツの機甲戦理論の構築に対して多大な影響を及ぼしていた事実を実証したのである。彼らはやはりイギリスの新聞紙上で展開されるリデルハートの議論に注目していたのである。これにより、機甲戦理論の革新的かつ影響力のある理論家としてのリデルハートの名声が、再び回復されることになった。

本書では以下、このガットの著作の中のリデルハートに関する記述を中心に紹介するが、彼は思想史の立場からリデルハートの軍事戦略や国家戦略の根本的かつ実証的な再評価を試み、ダンチェフやホールデン・リードのリデルハートに対する肯定的評価からさらに踏み込んで、従来の評価の見直しを求めたのである。

戦略思想の四つの源泉

リデルハートの戦略思想の源泉を、フラー、コルベット、「アラビアのロレンス」、そして、コランに代表されるフランスの「新ナポレオン学派」の四つに特定したのもガットであった。従来、リデルハートの戦略思想の源泉としては、右記のなかのコルベット、ロレンス、コランに加えて、フランシス・ベーコン、ジョナサン・スウィフト、チャーチル、ハーバート・リッチモンド、トレンチャード、そして、とりわけ孫子の名前が挙げられていたが、ガットはここに、リデルハートの同時代人であり、ある意味ではライバルであるフラーの名前を加えたのである。そして、その過程でガットは、フラーこそイギリス国内で陸軍の機甲化推進を最初に提唱した人物であり、リデルハートが常にフラーの概念を借用して自らの議論を構築していた事実を改めて実証することになった。確かに、この点についてては従来から推測されていたことではあるが、ホールデン・リードが前掲書の中でこの両者の軍事戦略や国家戦略、とりわけ機甲戦理論の著しい類似性を指摘するだけに留めていたのに対し、ガットの実証研究はこの問題に完全に決着を付けるものとなった。

「リベラルな戦争観」

何といってもガットの著作の最大の特徴は、二十世紀という文脈の中にリベラル民主主義を信奉するリデルハートの軍事戦略と国家戦略を位置付けていることである。こうした点について詳しくは、本章の後段で改めて検討するが、まずは簡単にリデルハートの「リベラルな戦争観」の全体像を紹介しておこう。

リデルハートが「リベラルな戦争観」の生みの親と称される理由は、例えばフラーがファシズムへと傾倒し、実際にイギリス国内でのファシズム運動に参加していく中で、リデルハートは最後までイギリスの伝統とも言えるリベラル民主主義の立場を崩さず、その枠組みの中で最適と思える軍事戦略と国家戦略を模索し続けたからである。具体的には、一九三〇年代のヨーロッパにおけるナチス゠ドイツの台頭に直面して、リデルハートはリベラル民主主義国家で現状維持国であるイギリス、また、そのために戦争に自ら進んで参加することに利益を見出せず、それ以上に、国民の強い反対により国際問題の解決のために戦争に訴えること自体が困難であるイギリスの政体の必要性に応えるかたちの戦略の構築を模索したのであり、その論理的帰結が、封じ込め、冷たい戦争、抑止、経済制裁、集団安全保障、限定関与、そして、防御の優位といった概念に現れてくるのである。そして、これらの概念こそイギリスに代表されるリベラル民主主義国家の価値観に合致した「戦争方法」、すなわち「西側流の戦争方法」を示唆するものであった。

同様に、リデルハートが徴兵制度、戦略爆撃、そして無条件降伏政策といったものに対して断固として異議を唱えたのも、まさにこれらの政策がリベラル民主主義の思想や理念と相反するものと考えられたからであった。おそらく、リデルハートのこうした概念の一部は、彼が大英帝国の防衛政策を模索する際に類比《アナロジー》として用いた、東ローマ帝国（ビザンツ帝国）の教訓を学んだ結果として生み出されたものであろう。すなわち、現状維持に徹する国家戦略を用いた東ローマ帝国においては、たとえ宗教的には相容れないイスラム教徒であっても必要であれば平気で手を組み、味方に対する裏切りをもいとわない態度で一貫していた。そして、これこそが「ビザンツ帝国流の戦争方法」と称されるものであった。

この概念の最大の特徴は、あくまでも防勢に徹するというものであった。彼らは仮にほかに適切な手段が存在すれば、可能な限り戦いを避け、最小限の兵力及び資源の運用で勝利を得ることこそ理想的な戦い方であると考えていた。彼らは自らを現状維持国と位置付け、その国力が衰退に向かいつつあると認識していたため、彼らにとって倫理や道徳の名の下に戦争を遂行することなど許されないことであった。こうした思考は、当時のヨーロッパ世界の根底を流れていたいわゆる騎士道精神とはまったく相反するものであったが、これこそが東ローマ帝国が長期間にわたって生き延び得た秘訣なのである。

「西側流の戦争方法」

興味深いことに、ガットはこのリデルハートの思想と酷似するものとして、冷戦期アメリカの外交官で国際政治学者であるジョージ・ケナンの戦略思想を挙げている。もちろん、ガットも認めているようにケナンとリデルハートの相互関係は必ずしも完全に実証されたわけではないが、何らかのかたちでリデルハートの思想が、冷戦初期のアメリカの対ソ封じ込め政策を提言したケナンに継承されたことは否定できないように思われる。

仮にそうであれば、彼が主として活躍した二十世紀の前半はもとより、二十世紀後半の国際政治の舞台でリデルハートが果たした役割は極めて大きなものであったと言えるが、それ以上に重要な事実は、このアメリカと共有されたリベラル民主主義の思想の系譜は、冷戦が終結した今日においても多くの諸国で受け継がれており、それは、「西側流の戦争方法」として知られている。

そうしてみると、確かにリデルハートは今日の「西側流の戦争方法」という枠組みの生みの親として位置付けられる。実際、リデルハートが戦間期に提唱したイギリスの生き残りのための「戦争方法」とそれにともなう諸概念は、今日ではヨーロッパや北アメリカ諸国の戦略の中核を形成するものばかりである。さらに言えば、こうした「西側流の戦争方法」は日本でもほぼ共有されているのである。この点に注目すれば、リデルハートは、十九世紀のクラウゼヴィッツと比肩されるべき二十世紀を代表する戦略思想家といっても過言ではないのである。

思えば、リデルハートとフラーの両者を研究対象としたホールデン・リードとガットの著作のいずれもが、軍事戦略の次元においてフラーを高く評価しているのは興味深い事実である。歴史は、他人の評価に対してまったく無頓着であったフラーと、それに異常なまでの関心を示した虚栄心の塊とさえ言えるリデルハートに対して、皮肉な評価を下しているのである。だが国家戦略の次元の評価について言えば、「西側流の戦争方法」という枠組みを構築したリデルハートの功績は、今後、決して過小に評価されることはないであろう。そこで、本書では以下、リデルハートが主唱した「西側流の戦争方法」とそれにともなう諸概念について、より具体的に考えてみよう。

リデルハートと戦争

二十世紀前半を中心に活躍したイギリスの戦略思想家であるリデルハートは、二十世紀の後半、さらには二十一世紀に入ってからもしばしば引用され、そして研究され続けている。

とりわけアメリカとソ連の冷戦という対立構造の下、そして核兵器で相互に威嚇し合った国際情勢の下では、リデルハートの唱えた「間接アプローチ戦略」という考え方が、軍事戦略の次元においても国家戦略の次元においても大いに参考にされたのである。また、冷戦が終結して二十一世紀を迎えた今日は、一部で「ポスト・ヒロイック・ウォー」という表現が用いられ、政治の一つの手段としての戦争の有用性に疑問が呈される中で、「リベラルな戦争観」を示し得たリデルハートが改めて注目を集めている。そこで以下では、二十世紀の戦略環境の下で戦争を抑制する必要性を早くから認識していたリデルハートの戦略思想を検討するとともに、その今日的意義も考えてみたい。

最初に、リデルハートの全般的な戦争観について考えてみよう。彼は、「政府というものはせいぜい必要悪にすぎない。経験に照らしてみれば、専制主義的な政府は直ちに能率性の向上をもたらすことはできるが、徐々にその能率性の究極的な基盤を切り崩しているのである。議会制民主主義の長所は、政府そのものにあるのではない。政府による権力の乱用を阻止することが可能であるという点にあるのである。（中略）完全なる自由は達成不可能かもしれないが、精神の発展に最低限必要な条件とは、自分が考えたことを言葉として表現するに際して、真の意味で自由であるということである」と政府に対する自らの立場を述べているが、これはいわゆるリベラリズムと呼ばれる思想の系譜である。

また、平和運動についてリデルハートは、「平和とは正義、自由、言論の自由、そして個人の成長や生活に不可欠な条件を維持する目的のために価値を有するにすぎない」と、いわゆる絶対平和主義者とは大きく距離を置いた立場を述べている。さらにリデルハートは、徴兵制度に激しく反対した事実で知られているが、そこでは、全体主義国家に対して「全体主義的な方法」で戦ってはならないと繰り返し主張している。彼によれば、個人の権利は国家の権利より上位に位置するものであり、目的が手段を正当化するようなことがあってはならないのである。ここにも、リベラリストとしてのリデルハートの政治思想の一端がうかがわれる。

戦争全般に対してリデルハートは、「軍事行動はその『頭』、すなわち国家目的によって支配されなければならない。我々は自らの利益を守るために戦争に引き込まれるかもしれないが、また、侵略者に対してリベラル民主主義の文明の存続を確保しなければならないが、こうしたことこそ、我々が『イングランド』と言う際にその背後に隠れている大切な概念なのである。この目的を達成するために我々が『過剰な戦争』に訴える必要はない。他国の征服を目的とする侵略者にとっては、相手の軍事力の完全な破壊と領土の占領は自らの成功のために必要不可欠なものであるかもしれないが、これは我々には当てはまらない。我々が、敵に対して征服は不可能であると説得さえできれば、我々の目的は達成される」と述べているが、これは現状維持国としてのイギリスの置かれた立場を象徴する姿勢であり、まさに「ビザンツ帝国流の戦争方法」の根底を流れる思想である。前述したように、「ビザンツ帝国流の戦争方法」の究極的な目的は、敵に対して戦争に訴えることでは得るものがなく、逆に、失うものの方が大きいことを納得させることであった。そして、その中核的な軍事戦略とは、攻勢によって決着を付けようとする自らの虚栄心を抑えることを基本としていた。

興味深いことに、ナチス゠ドイツや枢軸諸国側に対する政策として第二次世界大戦前、さらには大戦中にリデルハートが主唱していた様々な提言は、戦後、ドイツに代わってソ連が西側諸国の利益や生活様式に対する主たる脅威となってからも、ほとんど変化しなかったのである。そして、これらは二十一世紀の今日の戦略をめぐる基本的な用語や概念になったものばかりなのであり、ここにリデルハートの戦略思想を研究する大きな意義を見出すことができるのである。では、こうした戦略用語や戦略概念、一般に「リベラルな戦争観」と言われるものについて具体的に考えてみよう。

「封じ込め」と「冷たい戦争」

一九三〇年代中頃からイギリスと西側諸国が直面していた安全保障上の問題に応えて、それまでのリデルハートの戦略思想は大きく発展し、新たな側面を備えることになる。彼は一九二〇年代に真剣に検討していた概念や教義などを統合させ、それを意識的に政治及び哲学的な文脈の中で発展させたのである。そして、リベラル民主主義で現状に満足した国家の政体に合致した戦略政策の青写真を提示する際、すなわち、自らは積極的に大国間の戦争に関与しようとは考えない国家の必要性に合致した青写真を準備するに際して、リデルハートがたどり着いた概念こそ、「封じ込め」や「冷たい戦争」といったものであり、併せてリデルハートは、こうした戦略概念を実施するために必要とされる手段を模索したのである。

ここで彼の唱えた封じ込めとは、「集団安全保障」によるものであるが、リデルハートはこの構想の根底に伝統的な勢力均衡政策を思い描いていたようである。つまり、イギリスを中心とする諸国による同盟の形成によって集団安全保障体制を確立し、それを敵に対する大きな抑止力として用いようと考えたのである。またリデルハートは、経済的な圧力、同盟諸国への武器支援、敵の正面ではなく周辺地域での戦争遂行、さらには、海軍力を用いての戦線拡大の阻止あるいは限定といった方策が、結果的に制限戦争（限定戦争）につながっていくと期待したのである。そして、こうした前提の下でリデルハートは、西ヨーロッパと東ヨーロッパの双方でドイツに対する二重の防勢戦略を構築すべきであると主唱したのである。

「集団安全保障」

一九三五年頃、リデルハートはイギリスにとって安全保障問題を解決する唯一の方策が集団安全保障であると認識し始めていた。と言うのは、集団安全保障体制を発展させることとは国際道義の点からも理想的であり、それ以上にイギリスの国益にかなうからである。

彼の日頃の発言からすれば意外とも思えるが、当時のリデルハートの真意は、いわゆる「孤立主義」はイギリスの国家戦略の選択肢としてはまったく問題外であるということであった。彼にとってイギリスの安全保障を確保する唯一の方策は、集団安全保障という枠組みの下での同盟諸国との協力の中に見出せるのであった。そして、この同盟諸国と協力して現状維持を図る努力こそ、イギリス政府に求められている責務であると考えたのである。

リデルハートは、ドイツがイギリスの安全保障に対する主たる脅威になるであろうことを早くから認識しており、そのドイツがヨーロッパ大陸で覇権を確立することを阻止するのが、イギリスの死活的な利益であると考えていた。そして、そのためには軍事力を用いることも辞さないというのが彼の基本的立場であった。だが同時にリデルハートは、当時のイギリス政府指導者や国内世論の絶対多数の見解と同様に、ドイツとの次なる総力戦はイギリスに破滅的な結果をもたらすものになるであろうと考えていた。そして、これが大英帝国の没落をもたらすとともに、アメリカに対するイギリスの従属を招くことになると危惧したのである。

その結果、リデルハートにとってはいわゆる「持たざる国」、なかでもドイツを阻止するために必要であればいかに軍事力を行使するべきか、しかも相互破壊的にならず、非生産的な結果をもたらさず、不毛な総力戦に陥らないための方策が重要となったのであった。

そしてこうした条件の下、リデルハートによれば、宥和政策と総力戦という双方とも破滅的な政策のバランスを取ることこそ、イギリス政府に求められているのであった。こうしてリデルハートにとって集団安全保障とは、宥和政策や総力戦に対する代替案を提供するものなのであった。

封　鎖

こうした基本的立場に立つリデルハートにとって、ドイツに対する抑止や強制のための具体的な手段は、封鎖であった。たとえドイツが自給自足体制を確立して、様々な代用製品を開発できたにせよ、高度に産業化されたドイツ経済が長期間の戦時態勢に耐えることは不可能であるとリデルハートは考えたのである。また、彼によれば決然たる態度と限定された効果がイギリスには必要とされているのであり、これこそが同国の抑止政策や封じ込め政策の基盤となるものであった。

興味深いことに、第二次世界大戦前のアメリカでも、いわゆる侵略国家に対して経済封鎖と封じ込めや抑止を巧みに融合した国家戦略が追求されるようになっていた。この象徴的な事例が、一九三七年十二月の日本を意識した「隔離演説」であるが、残念ながら、リデルハートは当時のアジア太平洋情勢にはほとんど関心を示していなかった。そのため、彼自身のドイツに対する戦略概念と大西洋を挟んだアメリカの政治指導者が描いていた日本に対する戦略概念には、ほとんど関連性は存在しないと思われる。おそらく、当時のイギリスとアメリカが置かれていた歴史状況と直面する戦略的課題が、両国のそれぞれの国家戦略の根底を流れる類似性をもたらしたのであろう。だが、ガットにとってはこれこそがもっとも重要な点なのである。すなわち、イギリスとアメリカというリベラル民主主義を標榜する国家がともに、自国の政体に相応しい戦略として経済封鎖、抑止、そして封じ込めや強制を考えていたのである。

西側諸国のための「大戦略」

また、リデルハートがイギリスや西側諸国のために一九三〇年代後半に発展させた「大戦略」は、ナチス＝ドイツに対抗するためのものであると同時に、彼が「カモフラージュされた戦争」あるいは「点の戦争」と名付けた現象に対する「解毒剤」として考え出されたものでもある。彼によれば、既に第二次世界大戦前からこのようなタイプの戦争は西側諸国の利益に反するかたちで、世界中で頻発していたものなのである。

こうした事態に対してリデルハートは、イギリス及び西側諸国の「大戦略」は、その目的において防御的であるべきであると主張した。そして、やはりこのために用いられる手段が、封じ込め、抑止、強制、周辺的な戦争、経済封鎖、そして、制限戦争などであった。リデルハートによれば、アメリカを唯一の例外とすれば、イギリスとその同盟諸国は、もはやナチス＝ドイツに代表される強大国を直接的に破壊する力を保持していないのである。そして、仮に目的が達成されたにせよ、敵国の破壊という試みに出ることは、イギリスと同盟諸国を破産へと追い込むことを意味した。それ以上に、これら諸国の究極的な国家目的を達成するためには、こうした措置は不必要とさえ考えられたのである。同様に、リデルハートは従来の「直接アプローチ戦略」では、「カモフラージュされた戦争」には対応し得ないと考えたのである。

こうしたことからリデルハートは、伝統的な意味での戦争の勝利は単なる幻想にすぎないと考えるようになった。なぜなら、一方の勝利は敗北した側の恨みを醸成する一方で、新たなライバル国家あるいは主体を誕生させることにもなるため、結局は次の戦争の種を蒔いているにすぎないからである。ここで読者は、はたして今日、戦争での勝利は幻想にすぎないのかという大きな問題に改めて突き当たることになる。

いずれにせよ、リデルハートによれば西側諸国は敵対する勢力の台頭を阻止しなければならない一方で、彼らを破滅させるような「聖戦」に訴える必要はないのである。繰り返すが、こうした戦いは、一方では敵・味方の双方にとって自殺的であり、文明の崩壊につながりかねないのであり、他方で、「カモフラージュされた戦争」には効果が期待できないというのがリデルハートの基本的立場であった。

リデルハートの先見性？

以上のようなリデルハートの論理展開は、時にはあまりにも複雑であり、時にはあまりにも曖昧であるため、これを理解するのは容易ではないが、仮にこうした一見、矛盾に満ちたリデルハートの戦略思想の発展に好意的な評価を下すとすれば、それは、一般的に軍人が常に過去の戦争に備える傾向が強いのとは対照的に、彼の思想は常に一つ先の戦争を見据えていたということになろう。すなわち、既に一九二〇年代にはリデルハートは、第二次世界大戦の前段、一九三九年から四二年にかけての機甲化戦力による圧倒的な攻勢の成功を予測していたのであり、逆に一九三〇年代後半にはリデルハートは、同じく第二次世界大戦の後段である一九四二年から四五年の機甲戦の不幸な結末を見通していたのである。さらに一九三〇年代末からリデルハートは、一般には冷戦期に知られることになる封じ込めや「冷たい戦争」といった概念を、軍事戦略の次元でも国家戦略の次元においても主唱していたのである。

第二次世界大戦の「バトル・オブ・ブリテン」という重大な局面が過ぎ去った後は、さすがにリデルハートもドイツとの交渉による和平を大々的に主張することはなくなった。その代わりに彼は、再びドイツとの「冷たい戦争」を唱え始めるようになったのである。その中でリデルハートは、イギリスが誇る最高の武器とは国内で自由かつ公正な社会を構築している事実であり、これを、ヨーロッパ大陸でのドイツの「新秩序」に対抗し得る魅力的な代替案として全世界に提示すべきであると考えた。これはいわゆる理念の戦いであり、冷戦期にもアメリカで同様の議論が展開されたが、リデルハートにとっては、相互に武装したままでの停戦とその後の相互抑止体制、すなわち「冷たい戦争」をドイツと築き上げることが重要なのであった。

よく考えてみれば、リデルハートのこうした概念は、すべて一九四〇年代後半及び五〇年代にかけて、現実の冷戦の進展とともに西側諸国で普遍的に受け入れられたものばかりである。そしてこの時代、あたかもこのようなイギリスの戦略概念を継承するかのように国際政治に臨んだのがアメリカであった。

西側諸国の戦略文化

第二次世界大戦前からイギリスやアメリカで検討されていた封じ込めや冷たい戦争といった概念が、核兵器の登場や、アメリカとソ連による実際の冷戦の対立構造の固定化より前から考えられていた事実は、極めて重要である。と言うのは、これが、そうした概念の源泉は現代における西側諸国社会の条件の中に深く根差している事実を示唆するものであるからである。

核兵器の登場にともない、リデルハートは直ちにこれを、もう一つ別の新たな兵器とは見なさないよう注意を喚起していた。当時、多くの軍事問題専門家は核兵器の備えた意味をどうにか理解しようと努めていたが、リデルハートはまさに核兵器は革命的な意味を有するものであり、今日においてこれに対する十分な防衛策など考えられず、将来も考えられないであろうと見抜いていたのである。彼は、核兵器の登場を戦争の歴史の中で犠牲と破壊力の上昇という長いプロセスの最終段階であると捉えており、これが、「文明」の生き残りそのものに対する脅威となり、それゆえ、総力戦という戦い方を最終的に非合理的な行為にさせるものであると考えた。

そこでリデルハートが検討したことは、いかにして戦争を効果的に限定しつつ、その一方でその潜在的な戦略能力を活用できるかであった。その最初の試みが、兵器の質に注目した軍縮の提案であり、核兵器の管理であった。と同時に、抑止、相互抑制、集団安全保障、核兵器を用いない通常戦力だけの戦争、それも小規模かつ機械化された部隊による機動力と計算済みの分散に基づく実施、さらには、大英帝国の戦略予備としての役割を担う空挺部隊、周辺戦争、浸透戦略、抵抗、ゲリラ戦争や軍事力を用いない戦争など、一言で表現すれば核時代における「間接アプローチ戦略」の重要性と可能性を唱えたのである。

このようにリデルハートは、一九四五年に広島と長崎に原爆が投下された直後には核時代における戦略の青写真を見事なまでに提示しており、早くも一九四六年には、これを彼の著書『戦争の革命』の中で明言している。実はこの著作の草稿は、第二次世界大戦終結以前に準備されていたものであり、当然ながら、核兵器が実際に使用される前に書かれたものであった。その後、リデルハートは核兵器の登場を受けて同書の一部を加筆したにすぎないのであるが、そこで示されていた基本概念は、そのほとんどが冷戦期の戦略概念と見事なまでに一致する。では、こうした事実がなぜ重要なのであろうか。それは、冷戦期を象徴するような戦略概念と、核兵器の登場や米ソの対立構造には直接的な関連性が認められない一方で、こうした戦略概念の源泉を西側諸国の社会そのものに見出すことができるからである。そして、こうした西側諸国に固有な戦略概念を誰よりも早くから提唱していたのがリデルハートであった。

リデルハートとジョージ・ケナン

第二次世界大戦直後、リデルハートがソ連に対する戦略として主唱した内容は、彼が、一九三七年から四一年にかけてドイツに対して描いていた戦略概念とほぼ同じものである。他方、第二次世界大戦後、戦争や戦略研究の中心は徐々にヨーロッパからアメリカに移っていき、また、グローバルな次元での戦略は、アメリカの首都ワシントンで形成されるようになった。当然ながら、実務者はもとより、研究者もワシントン周辺に集まる傾向が見られた。

そうした中、アメリカでソ連に対する封じ込めを最初に主唱したのは、リデルハートよりもさらに若い世代のケナンであった。当時は外交官であったケナンが第二次世界大戦直後に提唱した西側諸国のための戦略は、実はドイツとの対立の中でリデルハートが唱えていたものとほぼ同じである。一九四五年から四七年にかけてケナンが対ソ封じ込めという概念を発展させた時、彼はソ連はナチス＝ドイツとは異なりより多くの時間的猶予を有し、より慎重であるという点で、同じ西側諸国に対する脅威とは言えその性格はまったく異なると述べていたが、この指摘は極めて重要である。と言うのは、これが、ケナンの対ソ封じ込め政策が核兵器という新たな要件の登場の結果として生まれたものではなかったことを示すものであるからである。ケナンが明言しているように、基本的に封じ込めという概念は、核兵器の登場とは直接的には関係しておらず、やはり一九四五年以前の西側諸国社会の経験の中から生まれてきたものなのである。

それまでのアメリカの戦略について考えてみれば、アメリカ南北戦争、米西戦争、そして二十世紀の二つの世界大戦への参戦の経験から、同国の戦争の全般的な目的は敵の抵抗能力と意志の完全な破壊であり、敵の完全な降伏であると考えられていた。確かに、こうした総力戦の概念は十九世紀及び二十世紀という時代の所産とも言える。だがリデルハートによれば、今後は十八世紀を象徴する制限戦争という概念への回帰を真剣に考える必要があるのである。また、そうなれば当然、戦争の目的も限定的なものに留まるであろう。仮に軍事力が使用されるとすれば、それは敵の野心を抑制するために、あるいは敵の意志に対して限定的な目的をもって運用されるべきであり、敵の力を破壊し、その政府を崩壊させ、敵を完全に武装解除することが目的とされてはならないとリデルハートは考えたのである。こうした考え方は、やはり一九五〇年代中頃以降はごく当然のように受け入れられたが、リデルハートがこれを唱えていた一九四六年から四七年にかけては、国際社会からまったく相手にされなかった事実を想起する必要がある。

ケナンに対するリデルハートの影響

ケナンが、思想的に自分と極めて近い立場のリデルハートの戦略概念から何らかの影響を受けていたか否かについては必ずしも明確ではない。

彼は当時、今後のアメリカの外交政策は、長期にわたる、忍耐強く、そして確固とした封じ込め以外に考えられないと述べているが、これはリデルハートの所論とまったく同一である。ケナンによれば、アメリカもまた、世界に向けて魅力的な政体のモデルを提示することで国際問題の解決を図る必要があるのであるが、この発想もリデルハートのものと同じである。また、リデルハートと同様にケナンは、大量報復政策と戦術核兵器の使用についても反対の立場を崩さなかった。さらにケナンによれば、西側諸国は絶対に核兵器の先制使用に踏み切るべきではないのであった。こうした兵器は、敵が保有する核兵器に対する抑止力として機能するに留めるべきであるというのが彼の所論であったが、この議論もまた、リデルハートと同じである。

興味深いことに、冷戦時の西側諸国の政策にますます批判的になりつつあったケナンは、冷戦のエスカレーションとさらなる軍事力強化の責任の多くはソ連ではなく、むしろ西側にあると指摘した。彼によれば、ソ連の意図と行動に対する誤解から生じた西側諸国の強硬な態度の結果として、ソ連自身がより強硬かつ防御的な政策へと変換を遂げたのである。

リデルハートとケナンは一九五七年から五八年にかけて、ケナンがオックスフォード大学の客員研究員としてイギリスを訪問した時に初めて接点ができたようである。その際ケナンは、イギリスBBC放送で西側諸国の対ソ連政策と核の脅威についての講演を実施している。リデルハートが自らの論文をケナンに寄贈したことに対して、ケナンは次のような返事を書いている。「私はあなたの論文を完全なる驚きをもって、さらには感謝の念をもって拝読致しました。と言うのは、我々の心はとても近いところにあるということが理解できたからです。（中略）私はあなたの論文をもう少し早く読む機会に恵まれていたら、無意識のうちにあなたの論文を盗作したと疑われてしまうかもしれません」。

その後、リデルハートとケナンの書簡によるやり取りは何度か続いたようであるが、この両者が直接会った形跡は見られない。実際、リデルハートはケナンを何度も自宅に招待しているが、そのたびにケナンはこれを丁重に断っているのである。

なお、第三十五代アメリカ大統領ジョン・F・ケネディがハーバード大学で博士号を取得した論文、そしてその後、これを出版してベストセラーとなった一九四〇年の『なぜイギリスは眠ったのか』では、リデルハートの著作が広く引用されている。

制限戦争の理論

一九四九年にソ連が核実験に成功した事実は、西側諸国が敵の核攻撃を抑止する以外に核兵器に依存することができないというリデルハートの確信をますます強めることになった。そのあまりにも破壊的な能力を考える時、核兵器は信頼に足る抑止力を提供することも、ソ連による西ヨーロッパ進攻に対する防衛策を提供することも、あるいは全世界の核兵器を用いない、いかなる脅威に対する防衛策を提供することもできなかった。

だが、リデルハートは既に一九四〇年代半ばにはこうした事態を予測していたのである。これは朝鮮戦争が勃発する以前のことであり、また、アメリカの大量報復政策への批判が高まって制限戦争（当時は限定戦争という表現が一般的であった）という概念が西側諸国の軍事問題専門家の中で共有され始める遥かに前のことであった。さらには、一九二〇年代には既に制限戦争という概念を発展させていたリデルハートは、ヴェトナム戦争の結果として制限戦争という概念への信憑性が低下する遥か以前から、こうした戦争を現実に遂行することについては逆に懐疑的な姿勢を強めていたのである。

この時期のリデルハートは、西ヨーロッパの防衛のためには通常兵力を増強しなければならないと主張している。また彼は、従来の徴兵制度による大規模な陸軍にも反対の立場を表明し続けていた。と言うのは、彼はそうした軍隊を動員するにはあまりにも時間がかかりすぎ、ソ連の奇襲攻撃に対して十分に対応できないと考えていたからである。その代わりにリデルハートは、以前から主唱していた二つのタイプの軍事力の重要性を改めて強調することになる。

第一は、常に警戒態勢にある精鋭かつハイテク兵器を装備した職業軍人による打撃力であり、それは、約二〇個の機甲及び機械化師団、数個の空挺師団、そして強力な空軍力から構成されるものである。第二は、イギリスの国土防衛軍のようなミリシア組織であり、彼らの故郷で敵の進攻を食い止め、抵抗する部隊である。同時に、敵の過酷な報復が予想されるにせよ、地域住民による不服従運動も有用と考えられ、さらには、住民による産業基盤の防衛及び保護も真剣に検討されるべきとされたのである。いわゆる民間防衛という発想である。

IISSの設立

一九五四年、リデルハートは「ミリタリー・コメンテーターズ・サークル」の設立に参加し、この組織が一九五八年に「戦略研究所」として発足することになる。これが、今日でも安全保障問題の研究で高い評価を得ているIISSの前身であるが、ここにも戦争や戦略研究の発展に対するリデルハートの功績が示されている。著者も長年にわたってIISSの会員であるが、ここが開催する会議の主要諸国の政策決定に対する影響力の大きさや、ここが出版する様々な著作の水準の高さを考える時、リデルハートの偉大さを改めて実感するほかない。実際、IISSでの研究に大きく貢献したハワード卿やオニール、さらにはフリードマン卿といった著名な研究者も、すべてリデルハートの愛弟子なのである。

その一方で一九五〇年代後半、制限戦争をめぐる理論が数多く提示され、これに関する文献も多数出版されたが、こうした理論や概念の源泉として用いられたのが、リデルハートではなくクラウゼヴィッツであったことは、今日から考えても極めて皮肉な現象であると言わざるを得ない。すなわち、早くからこうした概念の重要性を指摘し続けていたリデルハートではなく、『戦争論』の中で戦争の「政治性」を指摘したクラウゼヴィッツの論点がこの時代の注目を集め、さらには、制限戦争という戦略概念の源泉として引用されたのである。残念ながらこの傾向は、クラウゼヴィッツに対するあまりにも過大な評価とともに、今日にいたるまで続いているが、おそらく、近年のリデルハートの再評価とともに、制限戦争理論の発展に対する彼の貢献も認められることになるであろう。

戦術核兵器

また、リデルハートは戦術核兵器の使用問題をめぐる論争がアメリカを中心として展開される遥かに前から、その使用の可能性を完全に否定していた。ヨーロッパの破壊、そして世界の破壊は計り知れないものになると考えたからである。ケナンと同様、リデルハートは西側諸国の戦略として唯一意味のある選択肢として、通常戦力の増強を主張していたのである。

冷戦期において核兵器を中心とする米ソの軍拡競争は、国際社会の不安定化への力とともに安定化への力としても作用した。その経済的、社会的、政治的優先順位の結果、ソ連に対する通常戦力による防衛は西側ヨーロッパ諸国の力を遥かに超えたものであることは明らかであった。アメリカの核兵器に依存することによって初めて、ヨーロッパ諸国は安全保障の手段を得ることができたのである。また、同時に心理的な安心感も確保し得たのである。こうしたヨーロッパ諸国の戦略は、ある意味で無責任とも思えるし、事実、当時はそのように批判されたが、結局、これが西側諸国の輝かしい政治的、経済的回復に貢献したのである。実際、核兵器であれ通常兵器であれ、長期間かつコストの高い軍拡競争がソ連にとってあまりにも負担が大きいことが判明したため、その崩壊へとつながったのである。

その一方で一九六〇年にリデルハートは、実質的に当時の米ソを中心とする戦略論争からは退き、残りの一〇年間を自らの『回顧録』と第二次世界大戦の歴史に関する著作の執筆に費やすことになる。もちろん、軍人や研究者との交流は続けており、世界中からリデルハートを慕って訪ねて来る若き研究者に対しては、彼はいかなる支援も惜しまなかったのである。

リデルハートとケナンの功績

リデルハート、そしてケナンのアプローチは、戦争という現象に対してあまりにも分別がありすぎ、あまりにも繊細すぎ、そして、あまりにも冷静かつ合理的でありすぎたのかもしれない。だが同時にリデルハートとケナンは、新たに現れつつあった現象を戦争をめぐる一つの概念としてまとめ得た先駆者として、ともにその価値がもう少し正当に認められて然るべきであろう。そしてこの概念とは、西側諸国あるいは西欧化されたリベラル民主主義国家にとっては、極めて典型的なものになりつつあった。封じ込め、冷たい戦争、そして制限戦争といった概念は、こうした社会の中で、戦争を所与の現象として捉える見方に対してますます高まりつつある違和感を反映したものである。疑いなく戦争は、個人の価値観とますます対立するようになってきた。また原材料、工業製品、金融、サービス、情報といったグローバルな次元での貿易システムの中では、その重要性は大きく低下しつつある。今日の西側諸国の経済的繁栄は、こうした戦争とは相反するシステムに依存しているのである。

戦争はまた、人々の社会的期待と相反するものである。リデルハートやケナンは必ずしも国民に全幅の信頼を寄せていたわけではないが、権威主義の衰退や社会統制の緩和の結果、国民がますます負担を引き受けることを拒絶し始めている事実をいち早く理解していた。西側諸国のエリート層の中には、とりわけ現代社会の条件の下での戦争や軍事力の限界に気付いている者も多く、また、彼らは軍事的勝利を政治的勝利へと変換することの難しさについても理解するようになってきている。同時に、他者の視点から物事を理解しようとする傾向も強まり、戦争を誘発する人々の熱狂をどうにかして抑えようとする動きも高まりつつあるのである。

思想としての「リベラルな戦争観」

こうした条件の下で、防勢、すなわち政治的、経済的な国際秩序（西側諸国の利益と合致するようなかたちで作動している秩序）の維持というものが、西側諸国にとって唯一の賢明かつ正統な戦略として捉えられるようになってきた。

つまり、最小限の犠牲と流血で最大限の約束された防衛を生み出す戦略的技能が必要とされており、例えば経済力や技術力の優位といった西側諸国が得意とする領域を活用することが重要となる。そうした今日の状況を考えると、封じ込め、冷たい戦争、経済的強制、そして、制限戦争といったリデルハートの主唱した概念に帰着せざるを得ないのである。

確かに、核兵器の存在がこうした傾向を強めたことは事実であるが、やはりその根底にあるものは西側諸国の社会に通底するより広範な要件に起因するのであり、核兵器という要素はその中の一つにすぎない。こうした新たな戦略的志向は、実は核兵器の登場やその拡散以前から広がっていたのであり、多少の違いはあるとはいえ、戦争に対する西側諸国全体のアプローチを大きく特徴付けているものなのである。

こうした新たな戦略の枠組みと傾向は、二十世紀を通じてより広く、より深く浸透していった。なるほどこうした概念は、十八世紀以降、経済的、政治的リベラリズムの哲学及びその実践の中で既に示唆されていたものが、二十世紀以降、西ヨーロッパ及び北アメリカにおいてますます顕著になっていったのであるが、この傾向が強くなったのが、リベラル民主主義国家で主導的な役割を担う「啓蒙された世論」の中であったことは単なる偶然ではない。第一次世界大戦とその後のヴェルサイユ条約を受けて、イギリスとアメリカではこうした世論が政治を動かす潜在的な力として発展したのである。

また、第二次世界大戦後、経済及び政治的リベラリズムがいわゆる発展途上国の中で急速に拡大したことを受けて、戦争に対するこうした見方も同様に広がりを見せた。ある局面において、こうした傾向は絶対平和主義、孤立主義、そして一方的な軍縮に対する支持として表面化することがある。しかしながら、いまだに戦争の脅威が現実のものになっている今日の世界において、新たな政治的、経済的、社会的、そして文化的様式ともっとも対立しないかたちの国家戦略や軍事力の運用方法を模索する試みも始まっているのである。

そしてリデルハートこそ、こうした試みの先駆者と位置付けられるのである。

二十世紀を代表する戦略思想家

現代社会の新たな条件や戦争に対する敏感さを戦略理論の中に注入することに成功した最初の人物であるリデルハートが、自らをリベラル派であると位置付けていたことは大変興味深い。彼のものの考え方は、一般的に「ニュー・リベラリズム」として知られる政治的立場であるが、確かにリデルハートは、個人の権利の拡大とともに社会の変革を強く求めたのである。そして一九三〇年代後半までには、イギリスにとって望ましい防衛的な戦略として新たに発展を遂げた封じ込めや冷たい戦争に象徴される彼の概念は、彼がイギリスの中に見出したリベラル民主主義的な政治文化、組織、そして、価値と手を取り合うかたちで発展を遂げたのである。

このように「西側流の戦争方法」といった当時の政治、経済、社会、そして文化という文脈の下、二十世紀固有の戦略思想を構築しようと模索したリデルハートの功績を考えれば、今日でも人気の高い「間接アプローチ戦略」や「イギリス流の戦争方法」といった概念を発展させたとする戦略思想家としてのリデルハートの評価を遥かに超え、理論と実践の双方において「リベラルな戦争観」、そして「西側流の戦争方法」の構築を模索し続けた人物として、彼を二十世紀を代表する偉大な思想家と位置付けることができるのである。

どうやらリデルハートは、クラウゼヴィッツの戦略思想に象徴される十九世紀の戦争観に対して、その二十世紀なりの「解毒剤」の処方にほぼ成功したようである。彼の戦略思想に対する評価は、今後もさらに高まるに違いない。「クラウゼヴィッツ・ルネサンス」ならぬ「リデルハート・ルネサンス」の幕開けである。

エピローグ――「日本流の戦争方法」の構築に向けて

リデルハートの今日的位置付け

本書で繰り返し言及したように、リデルハートは二十世紀を代表する戦略思想家である。とりわけ二十世紀後半のリベラル民主主義という政体を標榜する西側諸国の戦争観の基礎となった概念の多くがリデルハートの主唱したものであったことを考える時、今後、リデルハートに対する評価はさらに高まるに違いない。

もちろん、彼の戦略思想には多くの問題点を含んでいた。例えば、ヴェトナム戦争時にアメリカの国防長官を務めたロバート・マクナマラが唱えたエスカレーションを前提とする「柔軟反応戦略」と同様に、リデルハートが主唱した数多くの机上の戦略は、現実の戦争では上手く遂行できないことが多いのである。クラウゼヴィッツはこれを「摩擦」という概念で表現し、これが現実の戦争と机上の戦争を区別する唯一の要素であると述べたのであるが、この点についてもクラウゼヴィッツの洞察は、リデルハートのものより遥かに深遠であったと言えよう。

だが、それにもかかわらず、「リベラルな戦争観」や「西側流の戦争方法」を模索し続けたリデルハートの功績、さらには、戦争研究や戦略思想の発展に貢献したリデルハートの大きな功績は、二十世紀のほかの戦略思想家の追随をまったく許さないのである。

リデルハートに対する著者の評価──軍事戦略の次元

では次に、本書のこれまでの議論からリデルハートの軍事戦略と国家戦略、とりわけ『戦略論』に対していかなる評価が導き出せるのであろうか。

第一に、リデルハートのクラウゼヴィッツ批判に関してであるが、彼は第一次世界大戦の過程及び結末に対して過度なまでに感情的反発を覚えていたため、この戦争での大量殺戮の真の社会的要因について冷静な考察を行うだけの余裕がなかったように思われる。リデルハートは、誤って一人の戦略思想家にすぎないクラウゼヴィッツの戦争観を都合の良いスケープ・ゴートとして選び、程度の差こそあれ彼の一連の著作の中でクラウゼヴィッツ批判を展開し続けたのである。

しかしながら、戦争という問題を政治的、経済的、文化的要因を含めたその時代の社会的文脈から完全に切り離して考察したリデルハートの手法こそ、反クラウゼヴィッツ的な誤ったやり方であると批判されて然るべきなのである。言うまでもなく、ある戦争の帰趨を一つの軍事戦略や国家戦略に求めること自体、明らかに無理があるが、あえて第一次世界大戦の様相にもっとも影響を及ぼしたとされる人物を一人選ぶとすれば、それは、疑いなくジョミニでありクラウゼヴィッツではない。

第二に、リデルハートは第一次世界大戦の惨禍、とりわけ西部戦線における塹壕戦での大量殺戮を二度と繰り返してはならないとする、あたかも宗教家のような情熱的な使命感があまりにも強かったため、その反動として「間接アプローチ戦略」や「イギリス流の戦争方法」の有用性を過大に評価したように思われる。これに関連して、リデルハートは極めて非現実的な願望、すなわち小規模な職業軍人を主体とし、機動と展開をその旨とする十八世紀の制限戦争への回帰といった幻想に囚われていったのである。残念ながら、リデルハートの著作には、こうした自説を正当化する目的のために歴史を歪曲するという愚を犯した痕跡が随所に見られるのである。

今日から振り返れば、フラーやフランスのシャルル・ド＝ゴールに代表される革新的な軍人と同様、母国の当時の国防政策に決定的な影響力を及ぼし得なかったという意味では、リデルハートを過大に評価することは誤りである。実際、アームチェア・ストラテジストと揶揄されるリデルハートのような「部外者」が、一国の国防政策に直接的かつ決定的な影響力を及ぼすことなど稀であり、彼もその例外ではなかった。と言うのは、概して「部外者」には同時代の実務者が直面する問題や、彼らがとり得る選択肢に関する知識に欠ける傾向があるからである。戦間期のイギリスの政策決定者が直面していた戦略問題や経済的制約をめぐる複雑な事情は、外部から到底理解できるものではなかった。当時、リデルハートが唱えた様々な戦略概念は今日から振り返っても正論であったと認められるが、実現の可能性は極めて低いものばかりであったと言わざるを得ない。

また、リデルハートはイギリス陸軍の機甲化戦力の必要性とその機甲化がもたらす機動力に関して極めて先進的な思考を抱いていたにもかかわらず、他方で、完全装備の野戦軍創設を実現するために必要な予算を正当化し得る唯一の足掛かりであった「大陸関与」政策を、真っ向から否定していたのである。さらに皮肉な事実は、とりわけ軍事戦略の次元でのリデルハートの挑発的とも思える様々な発言が、実際にはイギリス陸軍の機甲化推進を遅らせるといった逆の結果を招いてしまったことである。なぜなら、リデルハートの不必要なまでの挑発が、彼に対するイギリス軍指導者層の嫌悪感をいたずらに増大させることになったからである。

ダンチェフがリデルハートの最初の本格的な評伝の表題に「錬金術師」といった言葉を用いたこと、そして、この言葉には、本物を真似て偽物を捏造するといった否定的な意味が含まれていることは既述したが、思えばリデルハートは、自説を正当化する目的で確信犯的に歴史を弄んだという意味で、真に戦争の「錬金術師」であったのかもしれない。また、リデルハートは日頃から、自らの著書や論文に脚注を付すことの無意味さを繰り返し指摘していたが、仮にそうであっても、最低限、巻末に参考文献だけでもまとめて紹介しておくべきであった。と言うのは、この事実が今日におけるリデルハートの功績に対する否定的評価の一つの根拠となっているからである。

リデルハートに対する著者の評価——国家戦略の次元

他方、国家戦略をめぐるリデルハートに対する評価は、特に第十章で取り上げた三つの著作によって大きく高まることになろう。とりわけ、リベラル民主主義で現状維持国であるイギリス、さらには、同様にリベラルで政治的に満たされたヨーロッパ大陸や北アメリカの民主主義諸国の必要性に合致した「戦争方法」を提示し得たリデルハートの功績は、今後、大きく見直されることになろう。彼は、当時の流行とも言えるファシズム（そして、その後のソーシャリズムやコミュニズム）に対抗するために「リベラルな戦争観」を提示し、リベラル民主主義的な「戦争方法」、すなわち「西側流の戦争方法」の構築を模索した、言うなれば「リベラル民主主義の戦士」であったのである。

戦争とは優れて社会的な事象である。その意味で、二十世紀の戦争、さらには二十世紀の戦略思想について理解するためには、二十世紀の社会のあり方との関連に注目しながらこうした問題を考えることが非常に重要となってくる。そのため、リベラリズムという思想は言うまでもなく、当時、大きな注目を集めていたファシズムやソーシャリズム、さらにはコミュニズムという時代の流れを十分に念頭に置いた上で二十世紀の戦略思想を語るべきとするガットの指摘は正鵠を射ているのである。

確かに、思想としてのファシズムを知ることなく第二次世界大戦の軍事戦略や国家戦略は理解できない。実際、戦間期の「時代精神」とさえ呼べるファシズムの影響は、フラーやドゥーエの戦争観に色濃く反映されていたのである。また、ファシズムという政治思想と航空機や戦車に代表される「機械」を重要視する戦略思想には、何らかの関連があったはずである。このように、二十世紀思想史という枠組みの中で個々の戦略概念を捉えるという手法こそ、戦争を考える際に真に必要とされるものなのである。

そうした「時代精神」の中でリベラル民主主義の立場を最後まで保持し続けた数少ない戦略思想家の一人がリデルハートなのであり、この点こそ、戦略思想家としてのリデルハートの重要性を一段と際立たせているものなのである。リデルハートの戦争に対する立場は、今日では多くの諸国で普遍的に受け入れられている「リベラルな戦争観」であり、戦略思想の系譜の中でのその価値は高く評価されて然るべきなのである。

また、リデルハートの一連の著作での所論に関しても、それらが過度なまでに単純化され極度に挑発的であったことは事実であるが、同時に、そこには軍事戦略とそれに関連する国家戦略について読者に思索をめぐらすことを強いる計り知れない力《パワー》が秘められていたことも認めざるを得ない。換言すれば、彼の著作の中に存在する強烈なメッセージによって、例外なく読者はリデルハートの議論を手掛かりにしながら、知らず知らずのうちに自説を構築しているのである。この点について彼の著作は、同時代のほかの戦略思想家のものとは比較できないほどの大きな威力を発揮し続けている。論客としてのリデルハートの功績は、今日でもなおその輝きを失ってはいない。それだからこそ、真摯に戦争を研究しようと志す者は、何らかの手掛かりを求めて今なおリデルハートの著作を読み返すのであろう。

なるほど彼の戦略概念の多くは、必ずしも彼の独創《オリジナル》であるとは言い難く、その多くは他者の発想から拝借したものであるかもしれないが、同時に、リデルハートの戦略思想の源泉であると考えられる人物の誰もが、彼ほどそうした概念を単純化かつ明確化させ、それを積極的に提唱することによって大きな論争を巻き起こすことはできなかった。また、従来の戦争のやり方が危機に直面した時、世界中の多くの専門家がリデルハートによる戦略的価値をめぐる「逆転の発想」を興味深く受け入れるか、あるいは、少なくとも刺激的で十分に検討する価値を有するものと捉えた事実は重要である。

「人道的」な戦略思想家

時としてリデルハートの著作は、戦争研究や歴史理解にはあまり役に立たないと批判されることがある。端的に言って、クラウゼヴィッツとは対照的にリデルハートは、同時代の軍人や政治家に影響を及ぼすこと以外に関心を示していなかったのかもしれない。総じて、彼の著作は学術的と言えず、むしろ教条的でさえある。すなわち、史実に基づいた実証的な戦争史を描写することにはあまり関心を抱かず、むしろ、ある明確な目的の達成のために必要な何らかの処方箋を提示するため、あえて歴史の「つまみ食い」も辞さないといった姿勢で一貫している。

もちろん、仮に彼の主たる関心が第一次世界大戦での不必要かつ無意味な殺戮の再現を回避することにあったのだとしたら、こうしたリデルハートのやり方もある程度は理解できるものであろう。つまり、彼の一連の著作は、第一次世界大戦に対する彼なりの反発であり、仮に新たな世界大戦が勃発するのであれば、第一次世界大戦の惨禍、とりわけ西部戦線での膠着状態とそれにともなう大量殺戮だけは二度と繰り返すまいという強い衝動に突き動かされていたのである。その意味では、リデルハートを「人道的」な戦略思想家と呼ぶことも許されよう。結局のところ、彼は強い使命感に駆り立てられた思想家なのであった。

だが同時に付言すべきは、彼の戦略概念が、決して絶対平和主義の誘惑に惑わされなかったことである。単純化を恐れずに言えば、リデルハートは、むしろ現代の戦争が備えた残虐な一面を理性の力をもって少しばかり抑制しようと、楽観的に構えたのである。彼は今なお戦争という手段が、ある目的達成のためには有用であり続けていると認める一方で、ただ、第一次世界大戦で実証されたその破壊的傾向を可能な限り抑制しようと試みたのであり、また、それが可能であると信じていたのである。そのため、リデルハートは第一次世界大戦前後の兵器の発展とその火力によって、大規模な軍事力を保有する必要性が低下し、さらには、精選されたプロフェッショナルとしての軍人の職業意識をともなう十八世紀の制限戦争の再生が可能であると考えたのである。

しかしながら、こうしたリデルハートに対する肯定的な評価を十分に認めつつも、やはり彼が主唱した個々の軍事戦略や国家戦略、とりわけ今日でも彼の代名詞とも言える「間接アプローチ戦略」や「イギリス流の戦争方法」といった概念には、多くの欠点があったことは認めざるを得ない。結局、リデルハートの戦略概念の根幹を支えていたものは、同時代の軍事動向や国際政治情勢の冷徹な分析に基づいた精緻な理論と呼ばれるものには程遠い粗雑な原理や原則、さらには教条主義であり、実際、彼の立論は極めて感情的なものに突き動かされていたのである。

もちろん、このことが直ちにリデルハートの戦略思想の否定へとつながるわけではない。

著者の結論はその逆である。論客としてのリデルハートの功績はテロリズムの時代と呼ばれる二十一世紀の今日でもその輝きを失っていない。リデルハートは、クラウゼヴィッツに象徴される十九世紀の戦争に対して、二十世紀の立場からその「解毒剤」の処方を試みたのであり、その彼なりの処方箋が、戦車、航空機及び機甲戦理論であり、さらには、対ドイツ封じ込め政策や制限戦争理論であった。彼の議論の粗雑さは否めないものの、彼が主唱した概念や理論は、今なおより洗練されたかたちで継承されており、例えばその代表的な事例が、冷戦期のアメリカ陸軍によるNATOヨーロッパ正面での「エア＝ランド・バトル」ドクトリンや中東戦争でのイスラエルの戦略ドクトリン、さらには、核時代における対ソ封じ込め政策や制限戦争理論として結実することになる。また、冷戦終結後、多発する地域紛争や非通常戦争を解決するための手掛かりを求めてリデルハートの議論が見直されていることは、大いに注目すべき事実である。アメリカ軍による「ストライカー旅団」構想は、この一例にすぎない。

リデルハートの普遍性

ボンドは最近の論考の中で、リデルハートの議論はイギリスがその当時置かれていた特殊な状況の下に限って、ある程度の説得力をもち得たものであり、いわゆる普遍性を有していないと主張したが、仮にそうであれば、なぜリデルハートの著作が、今なお世界中の戦争研究者に読み継がれているのであろうか。

言うまでもなく、クラウゼヴィッツは主として同時代のプロイセン軍人を対象に『戦争論』を著した。同様に、海軍戦略で著名なアルフレッド・セイヤー・マハンは当時のアメリカの政治家や軍人に対して『海軍戦略』や『海上権力史論』を著した。さらには、ドゥーエは、主としてイタリア軍人を対象に『制空権』を著したのである。これとまったく同様に、リデルハートがイギリスの政治家や軍人を主たる対象として著作を発表し続けたことは事実である。なぜなら、リデルハートの目的はイギリスの国家戦略や軍事戦略に対して何らかの提言を行うことであったからである。

しかしながら、ここで取り上げた戦略思想家の著作が時間や場所を超えて今なお世界中で読まれている理由は、そこに何らかの普遍性が存在するからにほかならないのであり、リデルハートの著作も決してその例外ではない。問題は、その普遍性とはいかなるものであるかであるが、それが、「間接アプローチ戦略」であり、「イギリス流の戦争方法」であり、さらには「リベラルな戦争観」であり、「西側流の戦争方法」なのである。

確かに、リデルハートはその膨大かつ多彩な著作にもかかわらず、クラウゼヴィッツの『戦争論』に比肩し得る時代を超越した大著と呼ぶに値するものは存在せず、また、比較的知られており本書でも詳しく紹介した『戦略論』にしても、その歴史記述は恣意的かつ教条的な部分が多く、また、その中核的な概念でさえもすべてがリデルハートの独創とは言い難い。厳しい見方をすれば、彼の議論には体系的で一貫性のある哲学や思想と呼ぶに相応しいものなど存在しないと言えなくもない。だが同時に、「間接アプローチ戦略」や「イギリス流の戦争方法」といった二十世紀に対する彼自身の世界観に基礎を置く発想を軸に、一見、形容矛盾とも思える「リベラルな戦争観」の確立を目指したリデルハートの信念とその功績は、決して過小に評価されてはならないのである。と言うのは、まさにこの点にこそ、二十世紀という激動の時代を象徴する戦略思想家としてのリデルハートの価値が見出せるからである。疑いなく、リベラル民主主義的な「戦争観」に基づくリベラル民主主義的な「戦争方法」、すなわち「西側流の戦争方法」は、二十世紀、さらには二十一世紀の戦争や戦略思想を大きく規定している概念なのである。

「間接アプローチ戦略」の真髄

以下では、本書におけるこれまでの著者の論点を整理することにより、改めてリデルハートの戦略思想、とりわけ国家戦略の次元での戦略概念の重要性について考えてみよう。

リデルハートの著書や論文は多岐にわたり、その内容も少しずつ変化していくのであるが、少なくとも一九二〇年代から三〇年代初頭にかけての著作は、第一次世界大戦における国家戦略や戦争指導に対する批判と、彼がその源泉と考えたクラウゼヴィッツの戦略思想への批判で一貫している。リデルハートによれば、第一次世界大戦の惨禍はクラウゼヴィッツの信奉者が敵軍事力の撃滅、それも、正面からの攻勢に固執したために生じたものである。

確かに、第一次世界大戦での膨大な犠牲者数を考えれば、この戦争全般を否定的に捉えたリデルハートの姿勢は理解できる。実際、この戦争での惨禍を二度と繰り返してはならないという素朴な感情は、リデルハートに限らず、同時代のヨーロッパの人々に広く共有されていたものであった。だが同時に、常識的に考えれば一人の人物の思想が一つの戦争の形態を規定することなどあり得ない。明らかに、リデルハートはクラウゼヴィッツの戦略思想の影響を過大に評価しすぎている。

とは言え、リデルハートは必ずしも絶対平和主義に傾倒したわけではなく、仮に将来、再び大規模な戦争が生起した場合、いかにして最小限の犠牲で戦争目的を達成できるかについて思索をめぐらしたのである。そして、これに対する彼なりの回答が「間接アプローチ戦略」として知られるリデルハートのもっとも有名な概念であった。この概念は、軍事戦略の次元と同様、国家戦略の次元でも適用可能なものである。

「間接アプローチ戦略」の要点を単純化を恐れずにまとめればそれは以下のようになるであろう。

すなわち、軍事戦略の次元での「間接アプローチ戦略」とは、敵の軍事力の撃滅を目的とするのではなく、敵の均衡を心理的に崩し（ディスロケート）、敵を麻痺させる（パラライズ）ことを目的とするものである。換言すれば、敵の神経中枢、例えば交通・通信や補給線を目標とすることにより、最小限の犠牲で最大限の効果を得ようとするものである。当然ながら、敵の正面に対して攻撃を加えるのではなく、むしろ、側面や背後を狙うことが多くなる。そして、このような軍事戦略に必要とされる軍事力とは、迅速で柔軟性に富み、かつ、機動力を備えたものにならざるを得ない。ここから、リデルハートは、フラーとともに機甲戦理論の創始者と称されるのである。戦車が騎兵に取って代わり、航空機が火砲に取って代わることで、迅速に敵を麻痺させることが目的とされ、実際、それが可能になったのである。

残念ながら、この機甲戦理論は、ヨーロッパ大陸への大規模陸軍力の派遣を想定していなかった当時のイギリスでは、結実するにはいたらなかった。逆に、次なる戦争を常に意識せざるを得なかったヨーロッパ大陸諸国の軍人、例えば、ドイツのグデーリアンやソ連のミハエル・トハチェフスキー、さらにはフランスのド゠ゴールたちの努力により、この理論はヨーロッパ大陸で開花することになる。とりわけ、電撃戦の成功で知られるドイツの機甲化部隊の創設に対するリデルハートの影響は、決して少なくないものがあったことがガットの研究からも実証されたのである。二正面での戦いという戦略的ジレンマに常に悩まされ続けていたドイツにとって、迅速で柔軟性や機動性を備えた戦車や急降下爆撃機はとても魅力的なものと映ったに違いない。

また、この機甲戦理論は第二次世界大戦で終止符を打ったわけではなく、冷戦時においても、イスラエルやアメリカの軍事戦略理論として発展を続けた。当時、アメリカのマヌーバリストと呼ばれる戦略家が提唱した空地協同戦闘ドクトリン（その代表的事例が「エア゠ランド・バトル」）には、疑いなくリデルハートやフラーの影響が強くうかがわれる。そしてこの概念は、今日のアメリカ陸軍のトランスフォーメーション（変革）の目玉の一つである「ストライカー旅団」構想にまで引き継がれているのである。実際、こうした構想を主唱する論者は、常にリデルハートやフラーをその議論の出発点にしている。

「イギリス流の戦争方法」の真髄

「間接アプローチ戦略」という概念をそのまま国家戦略の次元に適用したものが「イギリス流の戦争方法」として知られるものである。もちろん、前述のようにこの二つの概念は基本的には同義であるが、本書では便宜上、国家戦略の次元での「間接アプローチ戦略」を「イギリス流の戦争方法」と定めて論述を進めてきた。「イギリス流の戦争方法」とは、国家戦略の次元においても正面から衝突するような方法を用いるのではなく、あくまでも間接的に敵を無力化するという思考である。

具体的には、軍事力に関して陸軍力は可能な限り小規模なものに留め、海軍力と空軍力が中心的な役割を担うことになる。そして、イギリスのヨーロッパ大陸への関与が必要不可欠になった場合に限り、小規模かつ機動力に富む軍事力を決定的な時期と地点に派遣するというものである。そうであれば、当然この軍事力は、水陸両用戦闘能力を備える必要がある。同時に、海軍力を用いた経済封鎖や、同じく海軍力による通商破壊といった方策が重要視される。加えて、同盟政策にも重点が置かれ、強固な同盟関係を形成することで潜在敵国を抑止することが強調されることになる。また、基本的には大規模な軍事力をヨーロッパ大陸に派遣することを想定していないため、当然ながら同盟諸国への財政支援が国家戦略の中心となってくる。

「間接アプローチ戦略」と「イギリス流の戦争方法」の問題点と限界

このような「間接アプローチ戦略」及び「イギリス流の戦争方法」の概念が、第一次世界大戦直後のイギリスの「時代精神」に見事なまでに合致したことは事実である。だが同時に、理論としての洗練度は別として、現実に、このような概念はどれほど有効なのであろうか。前述したように、リデルハートの戦略思想に対して示唆に富む反論を試みたのはハワード卿であった。以下、改めてハワード卿の議論を簡単に整理してみよう。

第一に、ハワード卿はヨーロッパ大陸国家に対してイギリスの海軍力が及ぼす影響は極めて小さなものに留まると、また、仮に影響を及ぼすことが可能であるにせよ、それにはかなりの時間が必要とされると指摘する。これに関連して第二に、仮に「間接アプローチ戦略」が有効に機能するとしても、それには、ヨーロッパ大陸の同盟諸国が敵と互角に戦っていることが前提条件となるのである。すなわち、「間接アプローチ戦略」が効果的に機能するためには、大陸での同盟諸国の存在が絶対に必要とされるのであるが、皮肉なことに、まさにこの理由によってイギリスは大規模な軍事力をヨーロッパ大陸に派遣せざるを得ないのである。換言すれば、大陸の同盟諸国を支援するためには、そして、「間接アプローチ戦略」を有効なものにするためには、ヨーロッパ大陸でのイギリスの陸軍力のプレゼンスが必要とされるのである。と言うのは、仮に大陸の同盟諸国が敗北した場合、このような戦略では手遅れになってしまうからである。第三に、ハワード卿は、このような戦略は既存の国際政治秩序に満足している国家間の戦争であればある程度の効果を期待できるものの、例えば、ナポレオンやヒトラーに代表される国際秩序そのものに異議を唱える敵に対しては、ほとんど効果がないと指摘する。

確かに、イギリスの歴史を紐解いてみても第一次世界大戦でのガリポリ上陸作戦やサロニカ作戦、さらには、第二次世界大戦でのノルウェー作戦やディエップ上陸作戦のように、「間接アプローチ戦略」の失敗と考えられる事例を見出すことは極めて簡単である。実際、こうした事例に代表されるイギリスの「間接アプローチ戦略」は、もうそれ以外に選択肢が残されていないという、まさに最悪の状況から生まれたものであると捉える方が自然である。すなわち、「間接アプローチ戦略」とはあくまでも必要性の産物であり、自由に選択した戦略ではないのである。

そうしてみると、やはりリデルハートの戦略思想は、理論としては極めて魅力的である一方で、現実にはあまり大きな効果が期待できないとの結論が得られるのである。さらに重要なことは、戦争とは一つの大きな社会的な事象であるため、大規模な軍隊の動員に象徴される総力戦は、二十世紀という時代と社会に固有の産物であり、リデルハートが主唱した戦略だけで、十八世紀の制限戦争の時代へと回帰することなど不可能なのである。

「日本流の戦争方法」？

本書のエピローグに代えて、以下では、なぜ今リデルハートが重要なのかといった問題を日本に引き寄せて考えてみたい。そして、著者が長年にわたって思いをめぐらせてきた問題、すなわち、日本が今後、独自の国家戦略思想、リデルハートの概念を援用すれば「日本流の戦争方法」を構築する必要に迫られている事実を、彼の戦略思想を参考にしながら論じてみよう。

「日本流の戦争方法」を考えるにあたってもっとも重要な要素の一つは「戦略文化」である。軍事戦略の次元のものであれ国家戦略の次元であれ、戦略というものがその地域や国家の文化に大きく規定されていることは言うまでもない。リデルハートは戦略文化という言葉を直接には用いていないものの、彼が戦争の様相を規定する要因として文化を重要視していた事実は、彼の著作から明確に理解できるはずである。そこで以下では、文化という要因を手掛かりとして、歴史上、その地域や国家に固有の「戦争方法」を構築し得たとされる事例を振り返ることにより、「日本流の戦争方法」を考える上での何らかの示唆を得ることから始めてみたい。

「ローマ流の戦争方法」と「ビザンツ帝国流の戦争方法」

最初に、「ローマ流の戦争方法」という概念が直ちに頭に浮かぶが、古代ギリシアの戦争方法の影響を強く受けたとされるこの「ローマ流の戦争方法」についてイタリアの政治哲学者ニッコロ・マキャヴェリは、第一に、ローマ市民軍の軍規の厳格さと窮乏に耐え抜くために彼らが示した驚くほどの献身性、第二に、軍事的栄光に対するローマ社会の並々ならぬ強い衝動と渇望、第三に、帝国主義的な征服を通じてのみ満たされるローマの領土獲得欲、を挙げて高く評価したとされる。確かに、カルタゴとの三次にわたるポエニ戦争において、軍律、名誉心、献身性などを特徴とするローマの戦士文化が最終的なローマの勝利のために重要な役割を果たしたことは否定できない事実である。こうした古代ギリシア及びローマの戦士文化については、近年の映画「アレキサンダー」や「トロイ」、さらには「300（スリー・ハンドレッド）」や「グラディエーター」などで鮮明に描き出されている。

この「ローマ流の戦争方法」とは対極に位置し、リデルハートが同時代のイギリスの国家戦略への類比《アナロジー》としてしばしば用いたのが「ビザンツ帝国流の戦争方法」であった。この戦争方法のもっとも顕著な特徴はあくまでも防勢に徹するというものであり、彼らは仮にほかに適当な手段が存在するのであれば、可能な限り戦闘を回避し、最小限の兵力や資源の運用で勝利を得ることこそ理想的な戦いであると考えていたのである。そして、こうした戦争方法こそが、長期間にわたる東ローマ帝国（ビザンツ帝国）の繁栄の秘訣とされたのである。

「イギリス流の戦争方法」と「アメリカ流の戦争方法」

そして、こうした「ビザンツ帝国流の戦争方法」を参考としながら、「イギリス流の戦争方法」という概念を強く唱えたのがリデルハートであった。彼によれば、伝統的にイギリスはヨーロッパ大陸の敵国を無力化するため、陸軍力派遣の代わりに自国の海軍力を中核とする経済封鎖に依存したのであり、これが、イギリスに成功と繁栄をもたらしたのである。リデルハートが主唱する「イギリス流の戦争方法」とは、本質的には海軍力をもって適用された経済的圧力のことであり、この戦争方法の究極目的は、ヨーロッパ大陸の敵の国民生活に対して経済的困難を強いることにより、敵の戦意及び士気の喪失を図るというものであった。

周知のように、冷戦後の今日においてアメリカは他国の追随をまったく許さないほどの軍事力、とりわけ空軍力を保有している。端的に言って、唯一アメリカだけが、今日、真の意味での「空軍力国家《エア・パワー》」の名に相応しい国家である。実際、空軍力の運用を中核とする国家及び軍事戦略は、今日までほぼ一世紀にわたってアメリカ政府が採用してきた政策であり、第一次世界大戦以降、同国が関与してきた戦争にはいずれも、空軍力の優勢が重視され、かつそれが実践されてきた事実が顕著にうかがわれる。もちろん、こうした思考には常備軍に対するアメリカ国民の一般的認識、とりわけ常備陸軍力に対する国民の忌避、そして同国の科学技術至上主義などが色濃く反映されている。こうして、空軍力を中核とする「アメリカ流の戦争方法」が確立されてきたのである。

こうした「アメリカ流の戦争方法」についてアメリカの国際政治学者サミュエル・ハンチントンは、「アメリカの軍事エスタブリッシュメントは、同国の地理、文化、社会、経済、そして歴史の所産であり、それらを反映したものである。（中略）アメリカ国民がドイツ人、イスラエル人、さらにはイギリス人のようなやり方で戦争を戦うよう教育できるとのロマンチックな幻想によって足元をすくわれてはならない。そうした幻想は反歴史的であるばかりか、非科学的なのである」と述べているが、こうした指摘はすべての国家に当てはまるものであろう。

「日本流の戦争方法」の構築

このような事実を踏まえて、「日本流の戦争方法」を構築する必要性及び可能性について少し考えてみよう。リデルハートが唱えたように、かつてイギリスは「イギリス流の戦争方法」と呼ばれる国家戦略を用いて大英帝国の維持及び運営を図ろうとした。また、今日までのアメリカは様々な批判を浴びつつも、その圧倒的な産業力と民主主義というイデオロギーを基盤とした「アメリカ流の戦争方法」を確立しつつある。もちろん、本書で検討してきたように、こうした概念がどれほどの妥当性を備えているかについては疑問も残るが、あるアプローチを示唆する広義の概念であると捉えるのであれば、これらは有用なものとなる。そうした中、将来、日本にとって重要となることは日本独自の世界観に立脚した「日本流の戦争方法」なるものを構築することであるように思われる。

言うまでもなく、「日本流の戦争方法」とはあくまでも抽象的な概念にすぎず、断じて戦争を積極的に肯定するものではない。むしろ、その意味するところは、例えば日本が置かれた地政学的条件や軍事力のあり方といった狭義の概念はもとより、日本の戦争観や過去の歴史、さらには、日本の文化的価値観などを十分に配慮した、日本独自の国家戦略思想なのである。

もちろん、このことが直ちに、過去において日本が独自の国家戦略を持ち得なかったことを示唆するわけではない。逆に、例えば第二次世界大戦後のいわゆる「吉田路線」には、もう少し高い評価が与えられて然るべきであろう。その一方で、二十一世紀の今日、日本がより積極的に国際秩序形成に参画すべきであるという意味において、新たなる国家戦略思想である「日本流の戦争方法」が必要とされているのである。

かつて一八七〇年代及び八〇年代、世界の主要諸国の多くが戦艦の建造に乗り出す中で、フランス海軍の「青年学派《ジュネコール》」と呼ばれる革新的将校は、戦争の将来像とフランスが置かれた戦略環境を検討した結果、もはや戦艦はフランス海軍には不要であると主張した。彼らによれば、将来の同国海軍の主力は、外洋での通商破壊戦に必要な高速巡洋艦と魚雷艇(後年は潜水艦)であった。

ここで「青年学派」の議論を紹介した理由は、やはり新たな発想の重要性を強調したいからである。戦争の新たな様相が明らかになりつつある二十一世紀の今日、過去の遺産にあまりにも固執することは危険である。新たな形態の戦争には新たな形態の国家戦略、軍事戦略、そしてより具体的な軍事力が必要とされるのであり、その一例が広義の意味での「エア・パワー」を中核とする小規模ながら高度にネットワーク化された統合戦力であるというのが著者の率直な結論である。こうした統合戦力が、かつてリデルハートが唱えたような「消防隊員」として、その機動力を用いて可能な限り早期に戦争や紛争の火種を消すのである。そして、当然ながらその統合戦力とは、統合文化に支えられ、さらには、日本独自の戦略文化に支えられたものである必要がある。

日本はいかなる国家か?

とは言え、「日本流の戦争方法」を構築するのは容易なことではない。かつてアメリカの空軍戦略思想家セヴァースキーが鋭く指摘したように、ローマが陸軍力国家であり、イギリスが海軍力国家であるのと同様、アメリカは空軍力国家であり、この三つの大国はそれぞれ自国に固有な戦略文化を基礎とした国家戦略と軍事力を活用して世界を支配し、かつ、平和をもたらしたのである。

そうしてみると、例えば空軍力国家としての資質に乏しい日本において、それ以上に、決して大国とは言えない日本において空軍力を基礎とする国家戦略が発展する可能性は存在するのであろうか。またアメリカには、勢力均衡の維持者として、最後の手段の保護者として、集団安全保障の調整者及び指導者として、そして人権の擁護者としての国家戦略があり、これらの国家戦略を遂行するための手段として空軍力が高く評価されているのであるが、はたして日本には、空軍力を活用するためのいかなる国家戦略が用意されているのであろうか。

よく考えてみれば、空軍力国家としてのアメリカとは対照的に、歴史的に日本は大陸国家的な傾向が強く、簡単には空軍力国家に発展し得ないように思われる。空軍力をめぐる政府の方針、防衛及び航空機産業の裾野の広がり、そして、とりわけ空をめぐる国民の意識を考える時、アメリカとの違いは決定的である。

かつてアメリカの海軍戦略思想家マハンは、国家のシー・パワー（広義の意味での海軍力）に影響を与える基本的なものとして六つの要因を挙げた。それらは、「地理的位置」「地勢（産物や気候を含む）」「領土の広がり」「人口数」「国民の性質」、そして「政府の性質（国家の制度を含む）」であるが、その中の「人口数」と「国民の性質」でマハンは、特に海運や漁業のような海上での活動に従事する人口を重視し、これに対する国民の志向を問題にしている。そして海上や植民地における自国民の活動を積極的に支援する政策の存在が、その国家を地球規模な勢力に高めていく最大の要因であると主張する。これがマハンの言う「政府の性質」であるが、こうした要因は、そのまま空軍力、さらには陸軍力にも当てはまるように思われる。

もちろん、大陸国家的という言葉もこれまでの日本の歴史及び現状を正確に表現し得ているものとは言い難い。日本にはかつてのドイツやロシア（ソ連）、そして中国のような陸軍力を備えておらず、陸軍力を基礎とする大陸国家的な国家戦略も存在しない。日本に与えられた地位をもっとも適切に表現するためにあえて言葉を探せば、残念ながらそれは「島国」ということになろう。日本は真の意味での大陸国家ではない。だが同時に、その地理的条件にもかかわらず、さらには食糧や産業資源などに対する海洋への高い依存度にもかかわらず、日本は古代アテネやヴェネチア、そしてイギリスに代表される海軍力国家（海洋国家）でもないのである。とりわけ海洋に対する国民の意識の希薄さを考える時、日本は海軍力国家としての資質に乏しいと言わざるを得ないのである。繰り返すが、こうした問題を考える上で重要なことは、国民及び国家の意識、すなわち世界観のあり方や意志といった要素なのである。

単純化を恐れずにモデルを示せば、例えば「ローマ流の戦争方法」とは、帝国中から集められた富と戦士国家としての市民のエートスを基礎とする陸軍力を中心とした「直接アプローチ戦略」であり、「イギリス流の戦争方法」とは、産業革命によってもたらされた財政力と自由主義経済を基礎とする海軍力を中心とした「間接アプローチ戦略」であった。また、「アメリカ流の戦争方法」とは、圧倒的な技術力及び工業力と民主主義を基礎とする空軍力を中心とする「直接アプローチ戦略」である。そうしてみると、「日本流の戦争方法」とは、何（物質的要素と精神的要素）を基礎とする、何（いかなるパワー）を中心とした、いかなる戦略なのであろうか。本書では、この問いに対する著者の回答を示すことは控えることにする。だが、ここで著者が強調したい点は、日本国民としてそろそろこうした問題を真摯に考える時期が来ている事実を、リデルハートの戦略思想は教えてくれているのである。

結局、日本にとって重要なことは、日本の国家目標を明確に定めることである。日本がどこへ向かおうとしているのか、国際社会においていかなる役割を果たす意志があるのかといった国家戦略の次元の問題を無視して、日本の軍事戦略や軍事力のあり方を議論しても無意味である。その意味において、今日、日本に求められていることは、明確な日本の国家戦略を定め、いかなる時に、どのような目的で、いかに軍事力を行使するのかを規定すること、すなわち、著者の言う「日本流の戦争方法」を早急に構築することなのである。リデルハートが繰り返し主張したように、軍事力が支えるべき国家戦略に問題があれば、軍事力そのものの有用性が損なわれてしまうのである。

主要参考文献

（英語文献・論文）

Michael Howard, *Clausewitz* (Oxford: Oxford University Press, 1983).

idem, *The Continental Commitment: The Dilemma of British Defence Policy in the Era of the Two World Wars* (London: Temple Smith, 1972).

idem, *War in European Society* (Oxford: Oxford University Press, 1976).

idem, "The British Way in Warfare: A Reappraisal," "Three People: Liddell Hart, Montgomery, Kissinger," in *idem*, *The Causes of Wars and Other Essays* (London: Temple Smith, 1983).

Peter Paret, *Understanding War: Essays on Clausewitz and the History of Military Power* (Princeton: Princeton University Press, 1992).

idem, *Clausewitz and the State: The Man, His Theories, and His Times* (Princeton: Princeton University Press, 1985)（ピーター・パレット著、白須英子訳『クラウゼヴィッツ――「戦争論」の誕生』中央公論社、一九八八年）。

idem, "Clausewitz," in *idem*, ed., *Makers of Modern Strategy: From Machiavelli to the Nuclear Age* (Oxford: Clarendon Press, 1986)（ピーター・パレット編、防衛大学校「戦

争・戦略の変遷」研究会訳『現代戦略思想の系譜――マキャヴェリから核時代まで』ダイヤモンド社、一九八九年)。
Brian Bond, *Liddell Hart: A Study of His Military Thought* (London: Cassell, 1977).
idem, British Military Policy between the Two World Wars (Oxford: Clarendon Press, 1980).
idem, War and Society in Europe 1870-1970 (London: Fontana, 1984).
idem, "Further Reflections on the Indirect Approach," *RUSI Journal,* No. 661 (March, 1971).
idem, "'Outsiders' Influence on Defence Policy-Part I," *RUSI Journal* , Vol. 127, No. 1 (March, 1982).
idem, "Liddell Hart and De Gaulle: The Doctrines of Limited Liability and Mobile Defense," in Peter Paret, ed., *Makers of Modern Strategy: From Machiavelli to The Nuclear Age* (Princeton: Princeton University Press, 1986)(パレット編『現代戦略思想の系譜』)。
Azar Gat, *The Origins of Military Thought from the Enlightenment to Clausewitz* (Oxford: Clarendon Press,1989).
idem, The Development of Military Thought: The Nineteenth Century (Oxford:

Clarendon Press, 1992).

idem, *Fascist and Liberal Visions of War: Fuller, Liddell Hart, Douhet, and Other Modernists* (Oxford: Clarendon Press, 1998).

idem, "The Hidden Sources of Liddell Hart' s Strategic Ideas," *War in History*, Vol. 3, No. 3 (July, 1996).

idem, "British Influence and the Evolution of the Panzer Arm: Myth or Reality?" (Part I), *War in History*, Vol. 4, No. 2 (April, 1997).

idem, "British Influence and the Evolution of the Panzer Arm: Myth or Reality?" (Part II), *War in History*, Vol. 4, No. 3 (July, 1997).

idem, "Liddell Hart' s Theory of Armoured Warfare," *Journal of Strategic Studies*, Vol. 19, No. 1 (March, 1996).

Brian Holden Reid, *J.F.C. Fuller: Military Thinker* (London: Macmillan, 1987).

idem, *Studies in British Military Thought: Debates with Fuller & Liddell Hart* (Lincoln: University of Nebraska Press, 1998).

idem, "British Military Intellectuals and the American Civil War: F.B.Maurice, J.F.C.Fuller and B.H.Liddell Hart," in Chris Wrigley, ed., *Warfare, Diplomacy and Politics: Essays in Honour of A.J.P. Taylor* (London: Hamish Hamilton, 1986).

R. O' Neill, *Liddell Hart and His Legacy* (London: KCL, 1988).

idem, "Sir Basil Liddell Hart," *Australian Army Journal* (April, 1970).

Alex Danchev, *Alchemist of War: The Life of Basil Liddell Hart* (London: Weidenfeld & Nicolson, 1998).

idem, "Liddell Hart and Manoeuvre," *RUSI Journal*, Vol. 143, No. 6 (December, 1998).

idem, "Bunking and Debunking," in Brian Bond, ed., *The First World War and British Military History* (Oxford: Oxford University Press, 1991).

Hew Strachan, "The British Way in Warfare Revisited," *Historical Journal*, 26 (1983).

idem, "The British Way in Warfare," in David Chandler, ed., *The Oxford Illustrated History of The British Army* (Oxford: Oxford University Press,1997).

Carl von Clausewitz, edited and translated by Michael Howard and Peter Paret, *On War* (Princeton: Princeton University Press, 1976).

John J. Mearsheimer, *Liddell Hart and the Weight of History* (Cornell: Brassey' s, 1988).

W. B. Gallie, *Philosophers of Peace and War: Kant, Clausewitz, Marx, Engels and Tolstoy* (Cambridge: Cambridge University Press, 1978).

Bernard Brodie, *War & Politics* (New York: Macmillan,1973).

J. P., Harris, *Men, Ideas and Tanks: British Military Thought and Armoured Forces,*

1903-1939 (Manchester: Manchester University Press, 1995).
David French, *The British Way in Warfare 1688-2000* (London: Unwin Hyman, 1990).
Alaric Searle, "Fuller and Liddell Hart: The Continuing Debate," *War in History*, Vol. 8, No. 3 (2001).
Jay Luvaas, "Clausewitz, Fuller and Liddell Hart," *Journal of Strategic Studies*, Vol. 9, No. 4 (December 1986).
K. Macksey, *Armoured Crusader: Major General Sir Percy Hobart* (London: Hutchinson, 1968).

（日本語文献・論文）


リデル・ハート著、江本茂夫・尾野稔訳『英帝国崩潰の真因——英国の防衛』実業之日本社、一九四〇年。

リデル・ハート著、神吉三郎訳『近代軍の再建』岩波書店、一九四四年。

リデル・ハート著、小城正訳『ロンメル戦記』読売新聞社、一九七一年。

リデル・ハート著、岡本鐳輔訳『ヒットラーと国防軍』（『ナチス・ドイツ軍の内幕』を改題）原書房、一九七六年。

リデル・ハート著、石塚栄・山田積昭訳『ナポレオンの亡霊——戦略の誤用が歴史に与えた影響』原書房、一九八〇年。

リデル・ハート著、森沢亀鶴訳『世界史の名将たち』（『覆面を剝いだ名将たち――統率の原理と実際』を改題）原書房、一九八〇年。

リデル・ハート著、後藤富男訳『第一次大戦――その戦略』原書房、一九八〇年。

リデルハート著、森沢亀鶴訳『戦略論――間接的アプローチ』原書房、一九八四年。

リデルハート著、上村達雄訳『第二次世界大戦』上・下、中央公論新社、一九九九年。

リデルハート著、上村達雄訳『第一次世界大戦』上・下、中央公論新社、二〇〇〇年。

佐藤徳太郎著『大陸国家と海洋国家の戦略』原書房、一九七三年。

浅野祐吾著『軍事思想史入門――近代西洋と中国』原書房、一九七九年。

伊藤憲一著『国家と戦略』中央公論社、一九八五年。

桑田悦著『攻防の論理――孫子から現代にいたる戦略思想の解明』原書房、一九九一年。

ブライアン・ボンド著、立川京一訳「リデル・ハートとリベラルな戦争観」（『防衛研究所戦史研究年報』第三号、二〇〇〇年三月）。

石津朋之「リデルハート――その軍事戦略と政治思想」（『防衛研究所紀要』第二巻第三号、一九九九年十二月）。

石津朋之「戦争を考える――リデル・ハートと『欧米流の戦争方法』」（『軍事史学』第三六巻第三・四合併号、二〇〇一年三月）。

石津朋之編著『リデルハート』〈戦略論大系④〉芙蓉書房出版、二〇〇二年。

石津朋之編著『戦争の本質と軍事力の諸相』彩流社、二〇〇四年。

石津朋之、ウィリアムソン・マーレー共編著『日米戦略思想史――日米関係の新しい視点』彩流社、二〇〇五年。

関連年譜

西暦	歳	年譜	関連事項
一八九五	0	イギリス人の牧師の子としてパリで生まれる	
一八九九	4		ボーア戦争勃発（10月～）
一九〇二	7		日英同盟締結
一九〇四	9		日露戦争勃発。英仏協商
一九〇五	10		日露講和条約調印。第一次モロッコ危機
一九〇七	12		英露協商
一九〇八	13	セント・ポール校に入学	
一九一一	16		第二次モロッコ危機
一九一二	17		第一次バルカン戦争（10月～）
一九一三	18	ケンブリッジ大学に入学	第二次バルカン戦争（6月～）
一九一四	19	第一次世界大戦に志願。キングス・オウン・ヨークシャー軽歩兵連隊の少尉に任官	サラエボ事件（6月）。オーストリア゠ハンガリーがセルビアに宣戦布告、第一次世界大戦勃発（7月）。ドイツがロシアに宣戦（8月1日）。ドイツがフランスに宣戦（8月3日）。イギリスがドイツに宣戦（8月4日）。ドイツ軍、リエージュ要塞攻撃（8月5日～）。タンネンベルクの戦

一九一五

20

フランスのアルベー近郊モーランコーで最初の戦場体験（9月下旬～）

い（8月20日～）。モンスの戦い、日本がドイツに宣戦（8月23日）。ドイツ軍、ナミュール要塞攻撃（8月25日～）。ル・カトーの戦い（8月26日）。イギリス海兵隊がオステンデに上陸（8月27日）。第一次マルヌ河の戦い（9月5日～）。マズール湖畔の戦い（9月6日～）。ドイツ軍、モーブージュ要塞攻撃（9月7日）。ドイツ軍がエーヌ河まで退却、「海までの競争」始まる（9月10日～）。第一次イープルの戦い（10月12日～）。イゼール河の戦い（10月18日～）

シャンパーニュの戦い（2月16日～）。ヌーヴ・シャペルの戦い（3月10日～）。イギリス海軍がダーダネルス海峡を通過（3月18日）。第二次イープルの戦い、ドイツ軍が西部戦線で最初に毒ガスを使用（4月22日～）。ガリポリ上陸作戦（4月25日～）。リールの戦い、アラスの戦い（4月26日～）。ルシタニア号事件（5月7日）。ルーの戦い（9月15日～）。シャンパーニュの戦い、アルトワの戦い（9月25日～）。イギリス及びフランス軍、サロニカ上陸（10月5日）。ダグラス・ヘイグがイギリス欧州大陸派遣軍司令官に（12

			月）
一九一六	21	ソンムの大攻勢に参加、三度目の負傷（7月）。『イギリスのソンムの大攻勢に対する印象』を著す（9月）	ヴェルダンの戦い（2月21日～）。ユトランド沖海戦（5月31日～）。ソンムの戦い（7月1日～）。ヒンデンブルグとルーデンドルフがドイツ軍最高指導部を形成（8月）。ロイド＝ジョージがイギリス首相に（12月5日）
一九一七	22		ウィルソン大統領による「勝利なき平和」演説（1月）。ドイツによる無制限潜水艦作戦始まる（2月）。ロシア「二月革命」（3月）。ドイツ軍がヒンデンブルグ・ラインまで撤退（3月16日）。アメリカがドイツに宣戦（4月6日）。アラスの戦い（4月9日）。シュマン・デ・ダームの戦い（4月16日）。ペタンがフランス軍司令官に（4月末）。メシンの戦い（6月7日～）。アラブ反乱軍アカバを占領（7月）。第三次イープルの戦い（パシャンデールの戦い、7月31日～）。カポレットの戦い（10月24日）。ロシア「十月革命」（11月）。カンブレーの戦い（11月20日～）。イギリス軍によるイエルサレム占領（12月9日）
一九一八	23	ジェシー・ストーンと結婚	ウィルソン大統領による「十四ヶ条」演説（1月）。ドイツとソ連がブレスト＝リトフスク条約

			締結（3月）。カイザー・シュラハト始まる（3月21日〜）。第二次マルヌ河の戦い（7月15日〜）。連合国側（フランス軍及びアメリカ軍）の反攻始まる（7月18日）。イギリス軍の反攻（8月8日〜）。アラブ反乱軍がダマスカス入城（9月）。オスマン帝国が降伏（10月30日）。オーストリア＝ハンガリーが休戦（11月）。ドイツが休戦協定に調印、第一次世界大戦が実質的に終結（11月11日）
一九一九	24		ヴェルサイユ講和条約調印、国際連盟成立（6月）
一九二〇	25	この年、フラーとめぐり会う	ヴェルサイユ講和条約発効（1月）
一九二一	26	『歩兵戦術理論』を刊行	ワシントン海軍軍縮会議（11月〜）
一九二二	27		ワシントン海軍軍縮条約調印。イタリアで「ローマ進軍」
一九二三	28		フランスとベルギーによる「ルール占領」
一九二四	29	「ナポレオンの誤謬」を発表	
一九二五	30	『パリス、または戦争の将来』を刊行	ロカルノ条約調印
一九二六	31	『テニスの達人を解剖する』を刊行	

一九二七	32	大尉で退役。「デーリー・テレグラフ」軍事問題担当記者になる。『近代軍の再建』を刊行	ジュネーブ海軍軍縮会議（6月～）
一九二八	33	アルデンヌ地方を訪問	ケロッグ＝ブリアン条約（不戦条約）調印
一九二九	34	『歴史上の決定的戦争』を刊行	「暗黒の木曜日」、世界大恐慌始まる
一九三〇	35	『真の戦争』を刊行	ロンドン海軍軍縮会議開催（1月～）。ロンドン海軍軍縮条約調印（4月）
一九三一	36	RUSIにて論文「経済的圧力かヨーロッパ大陸での勝利か」を発表	「フーヴァー・モラトリアム」。満洲事変
一九三二	37	『イギリス流の戦争方法』を刊行	ジュネーブ軍縮会議開催（2月～）
一九三三	38		ヒトラーが政権を掌握
一九三四	39	『ナポレオンの亡霊』及び『第一次世界大戦』を刊行	ドイツ・ポーランド不可侵条約調印
一九三五	40	「タイムズ」の軍事問題担当記者になる。ホーア＝ベリシア陸相の軍事顧問になる	ドイツによる徴兵制導入、再軍備開始。イタリアによるエチオピア侵攻。ルーデンドルフ『総力戦』刊行
一九三六	41	11月以降、「タイムズ」社の編集方針と対立するようになる	ドイツによるロカルノ条約破棄、「ラインラント進駐」。スペイン内戦（7月～）。日独防共協定調印

一九三七	42		ゲルニカ空爆。盧溝橋事件、日中戦争勃発。イタリアが日独防共協定に参加
一九三八	43		ドイツ、オーストリア合邦。ミュンヘン会談
一九三九	44	「タイムズ」退社、『英帝国崩潰の真因』を刊行	チェコスロヴァキア解体。ドイツによるポーランドとの不可侵条約破棄、イギリスとの海軍協定破棄。「鋼鉄条約」調印。ドイツとソ連が不可侵条約調印。ポーランド侵攻、第二次世界大戦勃発（9月1日）。イギリスとフランスがドイツに宣戦（9月3日）
一九四〇	45		チャーチルがイギリス首相就任。ドイツ軍パリ占領。日独伊三国同盟調印
一九四一	46		大西洋憲章発表。真珠湾奇襲攻撃
一九四二	47	「孫子」を読む	ディエップ上陸作戦（8月18日～）
一九四三	48		イタリア降伏（9月8日）
一九四四	49	『戦争を考える』を刊行	ノルマンディ上陸作戦（6月6日～）。アルデンヌの戦い（バルジ作戦、12月16日～）
一九四五	50		ドレスデン爆撃（2月13日～）。ドイツ降伏（5月7日）。広島に原爆投下（8月6日）。ソ連が日本に宣戦（8月8日）。日本ポツダム宣言受諾（8月15日）。日本が降伏文書に調印、第二次世界大戦終結（9月2日）。ニュルンベルグ国際軍事

一九四六	51	『戦争の革命』を刊行	裁判始まる。国際連合発足 インドシナ戦争（12月～）
一九四七	52		トルーマン・ドクトリン
一九四八	53	『丘の向こう側』を刊行	第一次中東戦争（5月～）。ベルリン封鎖（6月～）
一九四九	54		NATO（北大西洋条約機構）設立。ソ連の原爆実験成功
一九五二	57		アメリカ水爆実験に成功
一九五三	58	『ロンメル戦記』を刊行	ソ連で初の水爆実験
一九五四	59	「ミリタリー・コメンテーターズ・サークル」（IISSの前身）の設立に参加。『戦略論』（第二改訂版）を刊行	アルジェリア戦争（12月～）
一九六〇	65	『抑止か、防衛か』を刊行	
一九六二	67		キューバ危機
一九六五	70	『回顧録』を刊行	ヴェトナム戦争（2月～）
一九六六	71	ナイトの称号を授かる	
一九六七	72	『戦略論』（第三改訂版）を刊行	六日間戦争
一九七〇	75	ロンドン近郊で死去。死後『第二次世界大戦』が刊行される	

あとがき

振り返ってみれば、著者がリデルハートの戦略思想に関心を抱き始めてから約一五年が経過した。このたび、リデルハートについてこれまで研究してきたことを一つのまとまったかたちで出版できたことは、著者の望外の喜びである。ただ残念ながら、本書の執筆に際しては、日々の業務の合間をぬってパソコンに向き合うしかなかったため、必ずしも十分な時間がとれたとは言えず、また、本書を執筆するために必要とされる最新の著書や論文のすべてに目を通す余裕はなかった。もちろん、本書に対する読者の批判は甘んじて受けるつもりである。

最後になったが、本書を著者のイギリス留学時代の恩師、ロンドン大学キングス・カレッジ戦争研究学部名誉教授であるブライアン・ボンドご夫妻に捧げたい。学問に対する厳しい姿勢を自ら示して下さったボンド教授、そして著者がご自宅を訪問するたびにいつも温かい手料理で迎えてくれたマドレン夫人には、心から感謝の意を表したい。二〇〇八年夏には、ご夫妻とともに再びソンムの古戦場を訪れる予定である。

石津朋之

二〇〇八年一月、ロンドンにて

文庫版あとがき　リデルハート――二十世紀を代表する戦略思想家

はじめに

本書が最初に出版されてから一〇年余りが経過した。その間、戦略思想家としてのリデルハートに対する評価は益々高まっているように思われる。そして、その中で鍵となる概念が、「リベラルな戦争観」であり、「西側流の戦争方法」であるとされる。

そこで、以下ではリデルハートが示したこうした戦略概念について改めて整理しておこう。

「イギリス流の戦争方法」から「リベラルな戦争観」へ

最初に、国家戦略――リデルハートの言葉では大戦略――の次元における戦略概念についてであるが、リデルハートによれば、伝統的にイギリスは、一旦戦争となればヨーロッパ大陸の敵を無力化するため、陸軍力派遣の代わりに自国の海軍力を中核とする経済封鎖を用いており、この方策が、イギリスに勝利と繁栄をもたらした。

こうして「イギリス流の戦争方法」との概念が生まれたのであるが、この方策は本質的には海軍力を用いて適応された経済的な圧力のことであり、その究極目的は、ヨーロッパ大陸の敵国の国民生活に対して経済的困難を強いることにより、敵国民の戦意と士気の喪失を図るというものである。さらには、イギリスが誇る海軍力を用いることで敵国本土とその植民地間の交易を妨害し、また、小規模な上陸作戦――主として海兵隊――によって植民地そのものを奪取することにより、敵の戦争資源の枯渇を図ると共に自国の資源の確保にも繋げるというものであった。

自らも従軍し、負傷した第一次世界大戦での膨大な犠牲者数に衝撃を受けたリデルハートは、今後イギリスは、ヨーロッパ大陸での大国間の勢力均衡に多少の影響力を確保しつつも、基本的には不関与もしくは限定的関与政策に留まるべきであり、その間に、地球規模での大英帝国の維持と拡大を図るべきであると考えた。

また、仮に不幸にもヨーロッパ大陸で再び大国間で戦火を交える事態が生起すれば、イギリスはその「伝統」に回帰して、主として海軍力――さらには第一次大戦以降、新たに発展を遂げつつあった空軍力――と財政支援をもってヨーロッパ大陸の同盟諸国に対する責務を果たすべきであると主張したのである。

次に、リデルハートが「リベラルな戦争観」の主唱者として高く評価される理由は、一九三〇年代の激動するヨーロッパ国際政治の中で、彼が最後までリベラル民主主義の立場を崩さず、その枠組みの中で最適な軍事戦略と国家戦略を模索し続けたからである。

具体的には、アドルフ・ヒトラー率いる当時のナチス＝ドイツの台頭に直面し、リデルハートはリベラル民主主義国家で現状維持国であるイギリス、また、それゆえ自ら進んで戦争を実施することに利益を見出せず、自国民の強い反対によって国際問題の解決のために戦争に訴えること自体が困難である同国の時代状況に応え得る形の戦略を模索したのであり、その論理的帰結が、①封じ込め、②冷たい戦争（冷戦）、③抑止、④経済制裁、⑤集団安全保障、⑥限定的関与、⑦防御の優位、といった概念として具現化した。そして、これらの概念こそイギリスに代表されるリベラル民主主義国家の価値観に合致した「戦争方法」、すなわち「西側流の戦争方法」との思想に繋がるのである。

リデルハートが第二次世界大戦中、徴兵制度、戦略爆撃、無条件降伏、といった方策に対して断固として異議を唱えたのも、まさにこうした政策がリベラル民主主義の思想や理念と相反するものと考えられたからであった。

一九四五年以降のアメリカの国家戦略を規定した人物の一人とされる外交官ジョージ・ケナンは、こうした「西側流の戦争方法」を同じく民主主義国家で現状維持国であるアメリカ、さらには自らが信じるリベラリズムに合致する国家戦略として提言したのであり、その象徴が有名な対ソ封じ込め政策であった。ここに、リデルハートの戦略思想がケナンへと継承されたのである。

「西側流の戦争方法」——リデルハートからケナンへ

事実、ケナンが唱えたソ連に対する「長期にわたる、忍耐強く、確固とした封じ込め」は、リデルハートが一九三七〜四一年にヨーロッパ大陸でのドイツの台頭に対して描いた戦略と全く同じである。ケナンはまた、アメリカは全世界に向けて魅力的なモデルを示すことによって国際問題の解決を図るべきであると述べたが、これもリデルハートの発想と同一である。

さらにリデルハートと同様にケナンは、冷戦期の大量報復政策と戦術核兵器の使用についても反対の立場を崩さなかった。ケナンはまた、西側民主主義諸国は核兵器の先制使用に踏み切るべきでなく、その抑止力としての機能に留めるべきとしたが、こうした見解も驚くほどリデルハートのものに似ている。

実は、ここで重要な点はイギリスとアメリカというリベラル民主主義国家、さらには現状維持国が用いようとした国家戦略の共通性であり、リデルハートとケナンが共にいわば「リベラルな戦争観」を抱いていた事実なのである。

二十一世紀の戦争の様相

一方、軍事の次元におけるリデルハートの論点で特筆に値するものはゲリラ戦争をめぐる鋭い洞察であろう。国際社会の関心がアメリカとソ連による核戦争の可能性に集中した二十世紀後半の冷戦期に、リデルハートはゲリラ戦争に注目していたのである。

彼は、『戦略論』の中でゲリラ戦争について次のように述べている。「核抑止力は巧妙なタイプの侵略に対して抑止力として機能し得ないし、それゆえ、抑止力を発揮できない。核抑止力がこのような目的に対して不適切であるため、巧妙なタイプの侵略の生起を刺激し、助長する傾向にある。……（中略）……平和を欲すれば戦争を理解せよ。とりわけゲリラ方式と内部攪乱方式の戦争（＝反乱《インサージェンシー》：石津注）を理解せよ」。「ゲリラ戦争を抑止するために核兵器使用の脅威を示唆することは、あたかも蚊の大群を金槌で追い払おうとする話のように非合理的である。そのような政策が無意味であることは明らかであり、その当然の結果が、対抗手段として核兵器を使用できない侵蝕による侵略様式の生起を刺激及び助長することであった」。

　リデルハートは巨大な破壊力を備えた核兵器の登場が生み出したパラドクス、非通常戦争もしくは「非対称戦争」の可能性を早くから認識していたのであり、ここに、彼の先見の明が示されている。

　また、リデルハートは通常戦争（彼の言葉では正規戦）での戦争方法とゲリラ戦争を含めた非通常戦争（彼の言葉では非正規戦）での戦争方法の違いを鮮明に描き出している。「間接アプローチ戦略」を強く主唱するリデルハートが、「アラビアのロレンス」の戦い方に強く魅せられた理由も理解できるであろう。

ゲリラ戦争の実際の遂行方法についてリデルハートは、以下のような興味深い分析を行っている。「ゲリラ活動が成功するための主要な条件は、ゲリラが敵の配置や運動に関して信頼できる情報を入手すると共に、優れた土地勘をもって戦う一方、敵側を無知の状態にしておくことである。ゲリラ活動は、味方の安全と敵に対する奇襲を考えて、主として夜間に実施されるものなので、心理的光明といった要素が改めて重要となる。必要な細部資料と迅速な情報をどの程度入手できるかは、ゲリラに対する地域住民の支援の有無によって左右されるのである」。「ゲリラ戦争は少数の要員によって遂行されるが、多数の人々の支援に依存している。ゲリラ戦争は、それ自体が最も独立的な行動方式であるが、同時に、住民の同情によって集団的に支援された場合にのみ効果的に戦え、かつ、その目的を達成することができる。まさにこの理由により、仮にゲリラ戦争が民族独立のための抵抗や要求の申し立て、さらには、社会的及び経済的に不満を抱く地域住民の申し立てと結合すれば、それは、広い意味での革命的存在となり、その結果、ゲリラ戦争は最も効果を発揮できるのである」。

こうしてリデルハートは第二次世界大戦後、アメリカとソ連の間の冷戦という大きな対立構造の背後で、また、核兵器という「絶対兵器」（バーナード・ブロディ）を逆手に取る形で、民族及び国家の独立を旗印とする大きな流れがゲリラ戦争という方策を用いながら進展している事実を、早くから認識していたのである。「カモフラージュされた戦争」といった概念もリデルハートの独創であるが、彼によれば、この言葉はゲリラ戦争を含めた浸透戦争、すなわち、大規模な軍事力行使を伴わない戦争一般を意味する。

今日から振り返れば、軍事の次元におけるリデルハートの洞察も、あたかも二十一世紀の戦争の様相を先取りしたものであったかのようである。

おわりに

最後になったが、イギリスの戦争史家でリデルハートの愛弟子であるブライアン・ボンドは近年、リデルハートに関する興味深い著作をもう一冊上梓した。*From Liddell Hart to Joan Littlewood: Studies in British Military History* (Warwick: Helion and Company, 2015) であり、その内容も極めて興味深い。ぜひ一読を勧めたい。

また、同じくリデルハートの愛弟子であるマイケル・ハワード卿が二〇一九年十一月三十日に逝去された。まさに「巨星墜つ」である。ここに、謹んで哀悼の意を表したい。

二〇二〇年三月　　石津朋之

な 行

は 行

ま 行

や 行

ら 行

さ 行

た 行

索引

『リデルハートとリベラルな戦争観』（二〇〇八年二月　中央公論新社刊）を改題

中公文庫

リデルハート
——戦略《せんりゃく》家《か》の生涯《しょうがい》とリベラルな戦争観《せんそうかん》

2020年4月25日　初版発行

著　者　石《いし》津《づ》 朋《とも》之《ゆき》

発行者　松 田 陽 三

発行所　中央公論新社
〒100-8152　東京都千代田区大手町1-7-1
電話　販売 03-5299-1730　編集 03-5299-1890
URL http://www.chuko.co.jp/

ＤＴＰ　嵐下英治
印　刷　三晃印刷
製　本　小泉製本

Published by CHUOKORON-SHINSHA, INC.
Printed in Japan　ISBN978-4-12-206867-4 C1123

各書目の下段の数字はISBNコードです。978-4-12が省略してあります。

中公文庫既刊より

ク-6-1
戦争論（上）
クラウゼヴィッツ
清水多吉 訳
プロイセンの名参謀としてナポレオンを撃破した比類なき戦略家クラウゼヴィッツ。その思想の精華たる本書は、戦略・組織論の永遠のバイブルである。
203939-1

ク-6-2
戦争論（下）
クラウゼヴィッツ
清水多吉 訳
フリードリッヒ大王とナポレオンという二人の名将の戦史研究から戦争の本質を解明し体系的な理論化をなしとげた近代戦略思想の聖典。〈解説〉是本信義
203954-4

シ-10-1
戦争概論
ジョミニ
佐藤徳太郎 訳
19世紀を代表する戦略家として、クラウゼヴィッツと並び称されるフランスのジョミニ。ナポレオンに絶賛された名参謀による軍事戦略論のエッセンス。
203955-1

ク-7-1
補給戦 何が勝敗を決定するのか
M・v・クレフェルト
佐藤佐三郎 訳
ナポレオン戦争からノルマンディ上陸作戦までの戦争を「補給」の観点から分析。戦争の勝敗は補給によって決まることを明快に論じた名著。〈解説〉石津朋之
204690-0

ハ-12-1
改訂版 ヨーロッパ史における戦争
マイケル・ハワード
奥村房夫
奥村大作 訳
中世から現代にいたるまでのヨーロッパの戦争を、社会・経済・技術の発展との相関関係においても概観した名著の増補改訂版。〈解説〉石津朋之
205318-2

ミ-3-1
なぜリーダーはウソをつくのか 国際政治で使われる5つの「戦略的なウソ」
J・ミアシャイマー
奥山真司 訳
ビスマルク、ヒトラー、米歴代大統領のウソとは？ 国際政治で使われる戦略的なウソの種類を類型化し実例から当時のリーダーたちの思惑と意図を分析。
206503-1

サ-8-1
人民の戦争・人民の軍隊 ヴェトナム人民軍の戦略・戦術
グエン・ザップ
眞保潤一郎
三宅蕗子 訳
対仏インドシナ戦争勝利を決定づけたディエン・ビエン・フーの戦い。なぜベトナム人民軍は勝利できたのか。名指揮官が回顧する。〈解説〉古田元夫
206026-5

モ-10-1
抗日遊撃戦争論
毛沢東
小野信爾／藤田敬一
吉田富夫 訳
中国共産党を勝利へと導いた「言葉の力」とは？　毛沢東が民衆暴動、抗日戦争、そしてプロレタリア文学について語った論文三編を収録。〈解説〉吉田富夫
206032-6

か-80-1
兵器と戦術の世界史
金子常規
古今東西の陸上戦の勝敗を決めた「兵器と戦術」の役割と発展を、豊富な図解・注解と詳細なデータにより検証する名著を初文庫化。〈解説〉惠谷　治
205857-6

か-80-2
兵器と戦術の日本史
金子常規
古代から現代までの戦争を殺傷力・移動力・防護力の三要素に分類して捉えた兵器の戦闘力と運用する戦略・戦術の観点から豊富な図解で分析。〈解説〉惠谷治
205927-6

か-80-3
図解詳説　幕末・戊辰戦争
金子常規
外国船との戦闘から長州征伐、鳥羽・伏見、奥羽・会津、五稜郭までの攻略陣形図を総覧、兵員・装備・軍制の観点から史上最大級の内乱を軍事学的に分析。
206388-4

い-130-1
幽囚回顧録
今村均
部下と命運を共にしたいと南方の刑務所に戻った「聖将」が、理不尽な裁判に抵抗しながら、太平洋戦争を顧みる。巻末に伊藤正徳によるエッセイを収録。
206690-8

あ-89-1
海軍基本戦術
秋山真之
戸高一成 編
丁字戦法、乙字戦法の全容が明らかに！　日本海海戦を勝利に導いた名参謀による幻の戦術論が甦る。本巻は同海戦の戦例を引いた最も名高い戦術論を収録。
206764-6

あ-89-2
海軍応用戦術／海軍戦務
秋山真之
戸高一成 編
海軍の近代化の基礎を築いた名参謀による組織論。巨大組織を効率的に運用するためのマニュアルが明らかに。前巻に続き「応用戦術」の他「海軍戦務」を収録。
206776-9

い-131-1
真珠湾までの経緯
海軍軍務局大佐が語る開戦の真相
石川信吾
太平洋戦争へのシナリオを描いたとされる海軍軍人が語る日米開戦秘話。日独伊三国同盟を支持し対米強硬を貫いた背景を検証。初文庫化。〈解説〉戸高一成
206795-0

海戦の世界史

技術・資源・地政学からみる戦争と戦略

ジェレミー・ブラック 著

矢吹 啓 訳

Naval Warfare: A Global History since 1860 by Jeremy Black

甲鉄艦から大艦巨砲時代を経て水雷・魚雷、潜水艦、空母、ミサイル、ドローンの登場へ。技術革新により変貌する戦略と戦術、地政学と資源の制約を受ける各国の選択を最新研究に基づいて分析する海軍史入門

第一章――甲鉄艦の時代、一八六〇～八〇年
第二章――海軍の夢と競争、一八八〇～一九一三年
第三章――第一次世界大戦、一九一四～一八年
第四章――余波、一九一九～三一年
第五章――戦争の準備、一九三二～三九年
第六章――海軍の大決戦、一九三九～四五年
第七章――冷戦：米国覇権の時代、一九四六～六七年
第八章――冷戦：挑戦を受ける米国、一九六七～八九年
第九章――冷戦後、一九九〇年以降
第一〇章――未来へ
第一一章――結論

四六判・単行本

総力戦としての第二次世界大戦

勝敗を決めた西方戦線の激闘を分析

石津朋之 著

個々の戦いの様相と、技術、政治指導者及び軍事指導者のリーダーシップ、さらに政治制度や社会のあり方をめぐる問題などにも言及、20世紀の戦争をめぐる根源的な考察。

第一章　「電撃戦」と「フランスの戦い」
第二章　「バトル・オブ・ブリテン」
第三章　「大西洋の戦い」
第四章　「バルバロッサ」作戦
第五章　北アフリカ戦線
第六章　イタリア戦線
第七章　ノルマンディ上陸作戦
第八章　戦略爆撃
第九章　「マーケット・ガーデン」作戦
第十章　バルジの戦い

四六判　単行本